rororo computer

Herausgegeben von Ludwig Moos
und Manfred Waffender

«MacReiseführer» ist ein Werkstattbuch, das in sechs Touren Anwendungen am Macintosh zeigt: einen Schnell-Einstieg in das neue Betriebssystem 7.0, die Arbeit mit Grafik und 3D-Grafik, das Scannen und Bearbeiten von Bildvorlagen, Typografie und ihre digitalen Manipulationen sowie die Gestaltung von Grafik und Text in Layout-Programmen. Die Werkzeuge der gängigen grafischen Software werden zur besseren Wegbeschreibung exemplarisch mit Bildbeispielen in ihrer Anwendung und Wirkung gezeigt. Wer sich mit den gestalterischen Möglichkeiten des Macintosh vertraut machen will, findet hier die ideale Einstiegshilfe.

Anna Wagner
Guido Englich

MacReiseführer

Grafik, Scannen, Typo und Layout
in sechs erlebnisreichen Touren

Macintosh Werkstatt

Rowohlt
rororo

13.–17. Tausend März 1993

Originalausgabe
Veröffentlicht im Rowohlt Taschenbuch Verlag GmbH,
Reinbek bei Hamburg, November 1991

Die vorliegende Ausgabe ist eine grundlegend
überarbeitete und erweiterte Fassung des zuerst 1989
im Systhema Verlag, München, erschienenen
«MacReiseführer»
Umschlaggestaltung: Walter Hellmann
Gesamt-Konzept und Gestaltung:
MacLab, Produktentwicklung, Visuelle Kommunikation
Anna Wagner, Guido Englich, Berlin
Dieses Buch ist komplett auf Apple Macintosh SE 30
und Macintosh II CI in den Layout-Programmen
Aldus PageMaker 4.0 und Quark XPress 3.0 gesetzt.
Halbton-Vorlagen über Ricoh RS 632 und MacVision
3.0 digitalisiert. Die verwendeten Schriften sind Stone
Informal und Stone Sans.
Belichtung: MK Druck auf Varityper 4200 B-P, Berlin
Druck und Bindung: Clausen & Bosse, Leck
Printed in Germany
1990-ISBN 3 499 18193 2

Inhalt

2.1

34–53 Pixel Grafik Tour

Pixel-Grafik besteht aus schwarzen und weißen Pixeln, die sowohl am Bildschirm als auch im Ausdruck die gleiche Auflösung haben. Pixel sieht nach Computer aus, ist aber dennoch für viele Anwendungen ein interessantes Grafik-Format.

Die Tour zeigt, was es mit den Pixeln auf sich hat und wie man damit umgeht.

2.2

54–77 Objekt Grafik Tour

Objektorientierte Grafik-Sprachen definieren eine Zeichnung als mathematische Anweisung. Am Bildschirm zwar auch als Pixel dargestellt, werden diese «Formeln» jedoch im Druckbild zu glatten Kurven.

Die Beschreibung der objektorientierten Programme zeigt, wodurch sich der Umgang mit Objekten im Gegensatz zu Pixeln auszeichnet, und gibt einen kleinen Einstieg in das technische Skizzieren.

Die wahren Programme für Illustrations-Künstler sind PostScript-Programme. Am Beispiel der Programme FreeHand und Illustrator werden verschiedene Darstellungsarten und Tricks zum eleganten Umgang mit den Fähigkeiten der High-End-Grafik-Programme gezeigt.

Wer Modellbau-erfahren ist, wird schnell von den Vorzügen des virtuellen Modellbaus am Bildschirm begeistert sein. Hier gibt es fast keine Form, die nicht zu drehen, zu extrudieren, zu kleben oder sägen wäre. Und das ohne Materialverschwendung.

Die verschiedenen Wege zur dreidimensionalen Zeichnung zeigt die 3D Grafik Tour.

4

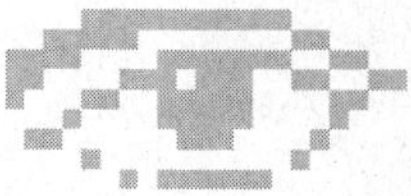

204–241 Scan Tour

Der schnellste Weg zum Bild: Digitize it. Für das Digitalisieren stehen Video-Digitizer oder Flachbett-Scanner zur Verfügung. In der Scan Tour erklärt Volker Schneider den Umgang mit Flachbett-Scannern, verrät Tricks und wichtige Formeln, damit aus der gescannten Vorlage auch ein gut belichtetes «Halbton-Raster mit differenzierbaren Grauwerten» wird.

5

242–289 Typo Tour

A

Durch die Verfügbarkeit von Schriftzeichen am Bildschirm wird Typografie erfahrbar. Einen Ausschnitt dessen, was am Mac mit Buchstaben gemacht werden kann, außer sie zu tippen, beschreibt die Typo Tour mit vielen Beispielen.

Ein illustriertes Glossar «am Rande», das typografische Fachausdrücke und DTP-typische Begriffe erklärt, kann keinem Mac-Setzer schaden.

In dieser Tour werden die beiden Layout-Programme, mit denen auch dieses Buch gestaltet ist, beschrieben: PageMaker und XPress.

Wie schon die Typografie erfährt auch die Layout-Arbeit an digitalen Geräten eine ungeahnte Befreiung. Ist es bei der einen die Verfügbarkeit von fast unendlich vielen Schriftschnitten, so steht hier das parallele Gestalten von Grafik, Bild und Text im Vordergrund.

Vor-Wörtliches

Die Geschichte des vorliegenden Buches ist für mich die Geschichte der neuen Selbsthilfe, der Selbstorganisation, der Quer-Einsteigerei und die Geschichte der «neuen Produktions-Situation» und «der Gunst der Stunde».

Die Selbsthilfe, die Selbstorganisation oder «die Sache, das Problem aus dem Mund in die Hand zu nehmen» ist ein hochsensibles Ding: wird sie von außen gelobt, die Selbsthilfe, wird's leicht pathetisch und altruistisch. Wird sie vorausgesetzt, wird's schnell zu praktisch und natürlich selbsthemmend. Vielleicht darf ich es hier mit Karl Valentin halten: «... einfach nicht ignorieren!» (Die Selbsthilfe, die Selbstorganisation.)

Als *Quer-Einsteigerei* bezeichne ich hier ein Phänomen, das offenbar evolutions-technisch von Zeit zu Zeit eintritt und höchst opportun ist: daß «Artfremde» in ein anderers Feld «quer-einsteigen», eindringen und dort, Konventionen über Bord werfend, kräftig entdecken, aufräumen und Originäres hervorbringen.

Unter *neuer Produktions-Situation* verstehe ich die Tatsache, daß eine historisch ein für allemal als ausgemacht erscheinende Regel die Gültigkeit verlieren könnte: Die Regel, nach der die Entwurfsmittel immer in der einen Hand und die Produktionsmittel immer in der anderen Hand sind – und es so bleiben wird bis zum St.-Nimmerleins-Tag.

Neue hochintegrierte Technologien und bisher nie gekannte Vernetzungen und neue Paradigmen wie «Small is Beautiful» u.a. machen es inzwischen möglich, daß diese Grenzen fallen: Der Entwerfer kann zunehmend Produzent sein, d.h. wenn er will, kann er auch immer mehr Anteile an den Produktionsmitteln besitzen.

Als *Gunst der Stunde* bezeichne ich den Umstand, daß wir erstmal nahezu alle gleich dumm dem PC, dann alle gleich schlau und angemacht dem Macintosh gegenüber saßen: Eine angenehme und schöpferische, mutmachende Gleichmacherei.

Ich erzähle die Geschichte so: Als Hochschullehrer für Industrial Design an der Hochschule der Künste Berlin darf ich schon über zwei Jahrzehnte erleben, was wir sachlich etwas ungenau, aber anschaulich die «Halbwertzeit des Wissens» und das «Vertauschen der Rollen» nennen.

Die Rolle des Klientel an einer Hochschule scheint vollauf zu wechseln. Wer eigentlich Geber oder Nehmer ist, ist nicht mehr ganz auszumachen. Und täglich offensichtlicher wird es, daß es sich wohl keine Gesellschaft mehr leisten kann, auf die jüngsten Interpreten unserer «Wirklichkeit» zu verzichten. Nicht mehr darauf verzichten kann, sie als Maschinisten zu rufen – sind sie es doch, die mit Videogames und all den elektronischen Features aufgewachsen sind.

Und in einer solchen Situation der unausgemachten Geber und Nehmer und offensichtlicher Altersstarre der Institution Hochschule ist Selbsthilfe, Selbstorganisation der Studierenden ein konstruktives Angebot.

Anna Wagner und Guido Englich waren bis 1990 Studierende des Industrial Design, und aus dieser Position heraus entstand in Selbstorganisation ihr erster MacReiseführer, der Vorgänger dieses Buches. Quer-Einsteiger nenne ich sie, weil sie in eine Domäne eingestiegen sind, die traditionell der Grafik zugeschlagen wird, der zweidimensionalen Gestaltung, der visuellen Kommunikation jüngerer Diktion. Aber Anna Wagners und Guido Englichs Einsteigen, ihre Entdeckung, Entwicklung und Schärfung neuer Artefakte (Beispiele...) hat bei uns in Berlin eine «Schule des Sehens und Machens» gefördert.

Und natürlich spielt das Ding, die Maschine beim «Sehen und Machen» keine geringe Rolle: Ist es doch kein repressiver PC (oder was man diskriminierend so nennen darf), sondern eben ein «elektronischer Griffel», also ein kopf-handverbundener oder hier Schirm- & Maus-verbundener, sich aus dem Schirm frech-freundlich herauslehnender, mentaler Partner.

Hans (Nick) Roericht
Berlin/Ulm, August '91

1

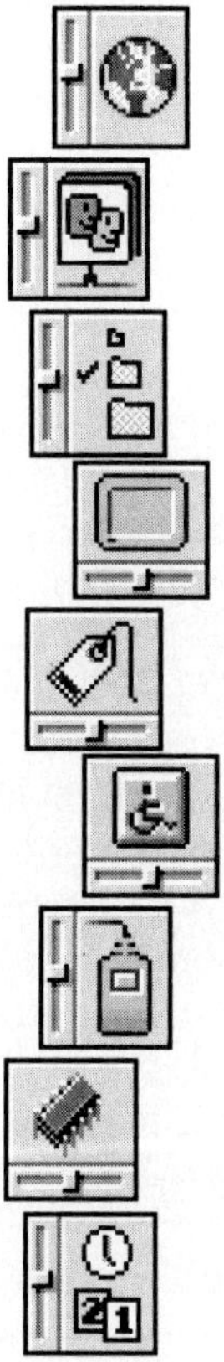

Einsteiger Tour

Reise durch die Benutzeroberfläche

Vom kleinen Mac Plus oder Classic bis zum dicken Mac IIfx ist die Benutzeroberfläche bei Macintosh identisch aufgebaut.

Wichtigstes Eingabe-Instrument ist die Maus, die analog zur Bewegung auf dem Tisch einen Pfeil auf dem Bildschirm bewegt.

Mit dem Mauspfeil werden aus den Menüs Befehle gewählt oder die Werkzeuge in den verschiedenen Programmen benutzt.

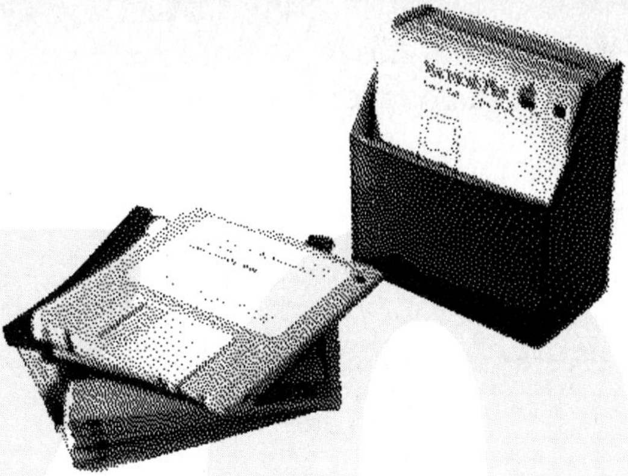

sieben

punkt

null

Gerade rechtzeitig vor Redaktionsschluß dieses Buches kommt das lang erwartete System 7.0.

War die Bedienung von Macintosh immer schon sehr einfach zu erlernen, so ist diese Einfachheit mit der neuen System-Version noch einen großen Schritt weitergegangen. Auf den folgenden Seiten zeigen wir einige der neuen Eigenschaften und die Umgangsformen mit dem Siebener-System.

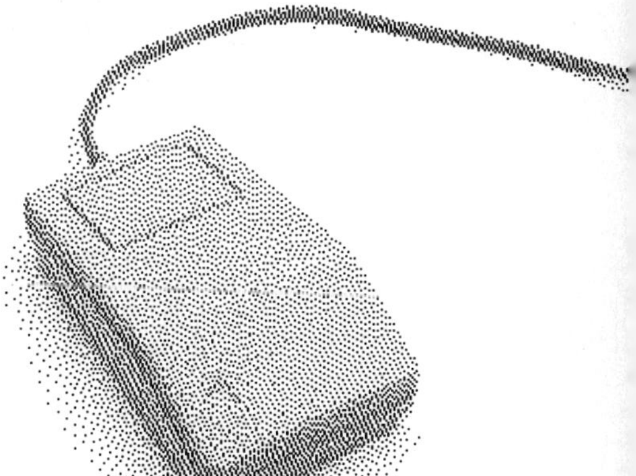

Was auf dem Schreibtisch liegt…

Der Desktop ist die Start- und Landebahn im Mac

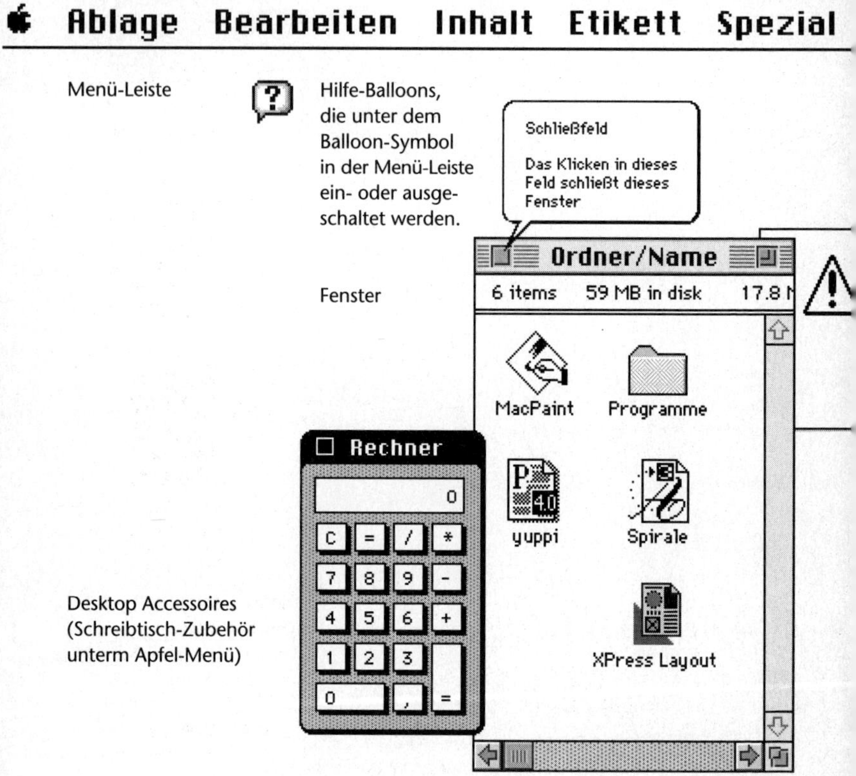

Der Desktop oder Schreibtisch ist die Fläche des Bildschirms, die nach dem Einschalten sichtbar wird: die Menü-Leiste, der Hintergrundbereich, Symbole von Festplatte und Disketten, sowie Fenster in beliebiger Anzahl.

Der Schreibtisch (Desktop) und die Dokumente, die auf ihm liegen, werden vom Finder, dem zentralen System-Programm bei Macintosh, verwaltet.

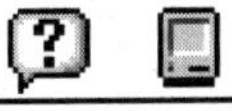

Symbole der Speichermedien auf dem Desktop: Festplatten, Disketten, Wechsel-Festplatten etc.

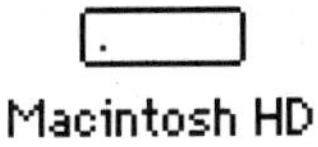

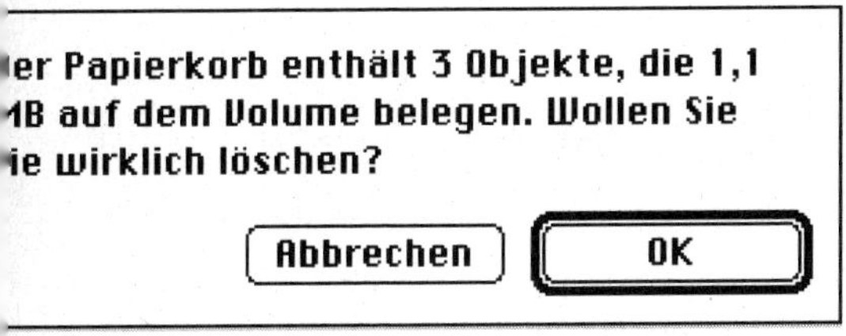

Dialog Box

Auf dem Schreibtisch werden Dokumente und Programme durch einfachen Klick aktiviert, durch Doppelklick geöffnet.

Sie können kopiert werden, indem ihre Symbole mit dem Mauspfeil von einem Disketten-Icon auf das andere (oder auf eine Festplatte) geschoben werden.

Jede Datei kann hier neu benannt oder gelöscht werden. Vom Schreibtisch aus werden Disketten initialisiert oder ausgeworfen, unter Menü Spezial wird der Mac ausgeschaltet.

Dokumente oder Programme werden gelöscht, indem ihr Icon auf den Papierkorb gezogen wird. Der volle Papierkorb geht in die Breite.

Disketten und andere Wechselspeicher werden ausgeworfen, indem ihr Icon auf den Papierkorb bewegt wird.

Fenster zum Mac

Was sie zeigen
und wie sie
benutzt werden

Das abgebildete Fenster stammt von einem Ordner.

In den Fenstern werden Programme und weitere Ordner

sowie Dokumente

durch Icons dargestellt.

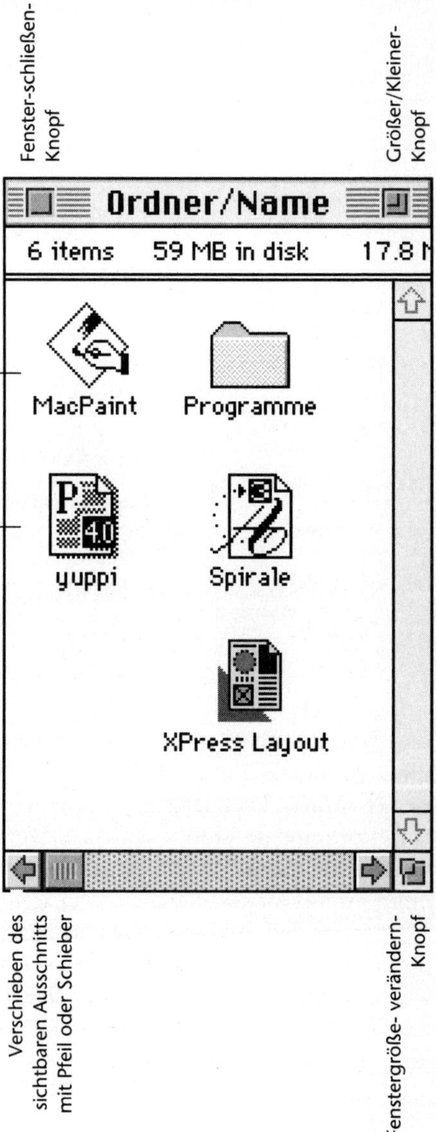

Leere Ordner gibt es unter dem Menü Ablage auf der Desktop-Ebene.

Auf dem Desktop können alle Dokumente oder Ordner neu benannt werden: Dazu wird die Textzeile angeklickt. Nachdem ein kleiner Rahmen um den Text erscheint, kann neu überschrieben werden.

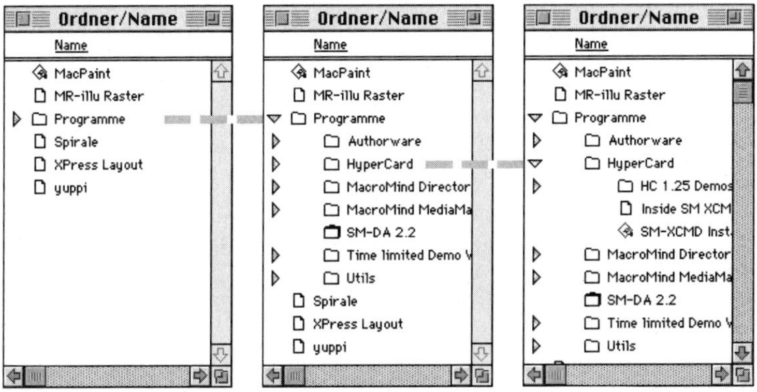

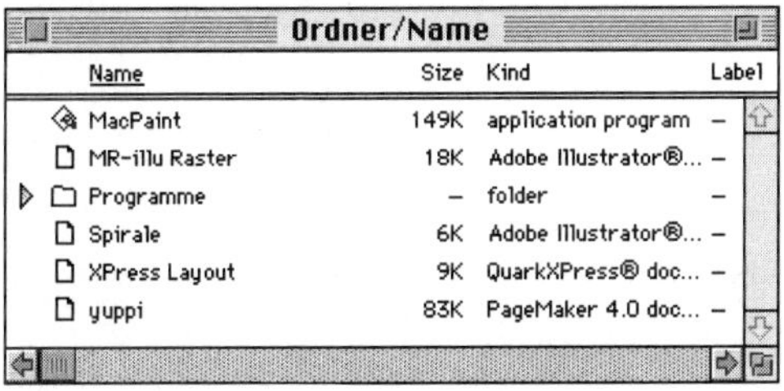

Der Inhalt eines Windows kann auch nach Namen, Art, Größe oder Datum geordnet werden: unter Menü Inhalt.
Seit System 7.0 können Ordner in Ordnern geöffnet werden, ohne daß dafür ein neues Fenster geöffnet wird. Durch den kleinen Dreieck-Schalter wird der Inhalt eines Unter-Ordners im selben Fenster eingerückt dargestellt.

Die Fenster bei Macintosh zeigen Informationen auf dem Bildschirm an. Der Inhalt von Disketten, Festplatten, Ordnern auf der Desktop-Ebene, aber auch der Inhalt von Dokumenten in der Programm-Ebene wird durch Fenster betrachtet. Fenster lassen sich stets in der Größe verändern und auf dem Bildschirm verschieben.

Das Gemeinsame im Verschiedenen

Menüs in unterschiedlichen Programmen

Im Betriebssystem von Macintosh ist die Struktur festgelegt, nach der die Benutzer-Oberflächen der unterschiedlichen Programme und Software-Produkte aufgebaut sind.

So hat jedes Programm die Menü-Leiste am oberen Bildschirmrand. Darüber hinaus sind die drei ersten Menü-Titel in jedem Programm gleich benannt (gleiche Befehls-Familie) und die in ihnen enthaltenen Befehle strukturell und inhaltlich ähnlich oder identisch. Wer also ein Programm kennt, findet sich auch schnell in einem neuen zurecht.

Das Apple-Menü ist als programmunabhängiges Menü in jeder Applikation identisch.

Das Ablage-, Datei- oder File-Menü:
Hier sind alle Befehle, die Dokumente als ganzes betreffen: Neues Dokument anlegen; ein vorhandenes Dokument aus dem Programm öffnen; das gegenwärtige Dokument schließen, speichern oder drucken; das Programm beenden.

Bearbeiten

Das Bearbeiten- oder Edit-Menü:
Als erstes ist hier immer der wichtige UNDO-Befehl, der einen fehlerhaften Befehl wieder rückgängig und ein Arbeiten diesseits des Ernstfalls möglich macht.

Dann sind hier die objektbezogenen Befehle: Kopieren, Ausschneiden, Einsetzen, Löschen..., Alles aktivieren...

Die Maus im Handgepäck
oder die Arbeit mit Maus und Pull-Down-Menüs

Menü-Leiste

Die Menü-Leiste zeigt die Namen von «Befehlsfamilien». Unter dem jeweiligen Menü-Titel sind Funktionen und Befehle zusammengefaßt, die sich in Wirkung und Art ähnlich sind.

Pull-Down-Menüs

Wird ein Menü-Titel mit dem Pfeil angeklickt, fährt darunter eine Anzahl von Funktionen/Befehlen hervor. Mit weiterhin gedrückter Maustaste wird der Pfeil bis zu einem gewünschten Befehl gezogen. Wird der Schalter dann losgelassen, führt Mac den Befehl aus.

Schwarz/grau

Nur die schwarz gezeigten Befehle lassen sich auslösen. Meist muß ein Objekt zuerst aktiviert werden, bevor es mit Hilfe eines Menü-Befehls bearbeitet werden kann.

Tastatur Befehle
Wenn hinter einem Befehl eine Tastaturkombination steht, kann die Funktion auch durch gleichzeitiges Drücken dieser Tastenkombination ausgelöst werden.
So ist am Mac eine ganz persönliche Arbeitsweise aus Tastatur- und Maussteuerung möglich.

Das Apple-Menü

Auf einen Griff: Programme unterm Apfel

Das Apple-Menü:
Hier können kleine Programme als Schreibtischzubehör (Desktop Accessory, DA-Programme) abgerufen werden, das sind Zusatz-Programme, die in jedem Anwenderprogramm über einem geöffneten Dokument benutzt werden können.

So war's vor System 7.0.

Einige der klassischen DA's im neuen Gewand.

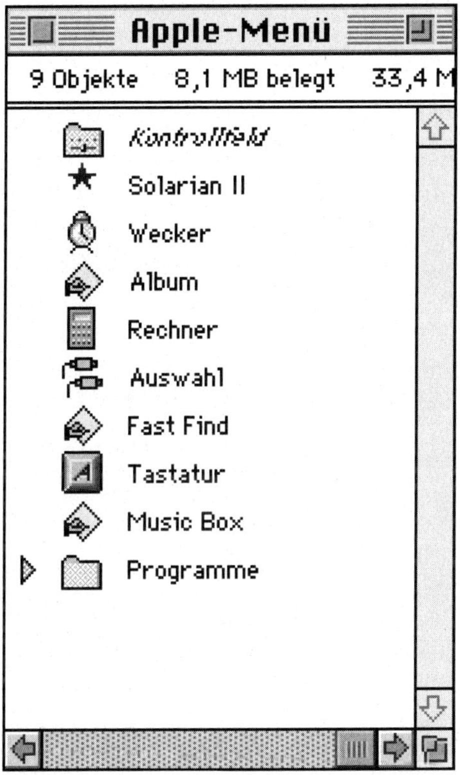

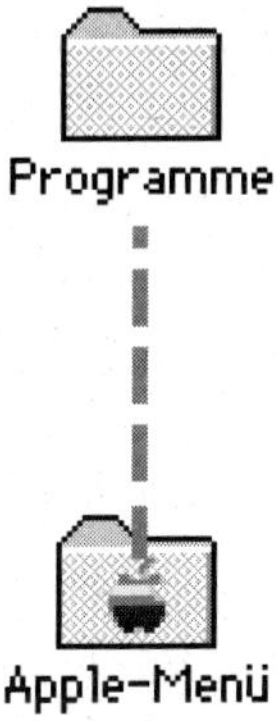

Ab 7.0 können in den Apple-Menü-Ordner auch normale Programme oder ihre Alias* gelegt werden… und siehe da, sie können anschließend unter dem Apple-Menü aufgerufen werden.
Das heißt ich kann mir häufig benutzte Anwendungen in den Apple-Menü-Ordner legen und muß nicht mehr bis auf den Desktop und in die entsprechenden Ordner, um sie zu öffnen.

* Was Alias-Dateien sind, finden Sie einige Seiten weiter.

Der System Ordner als Selbst-Organisator

Du wirst schon wissen, was du tust

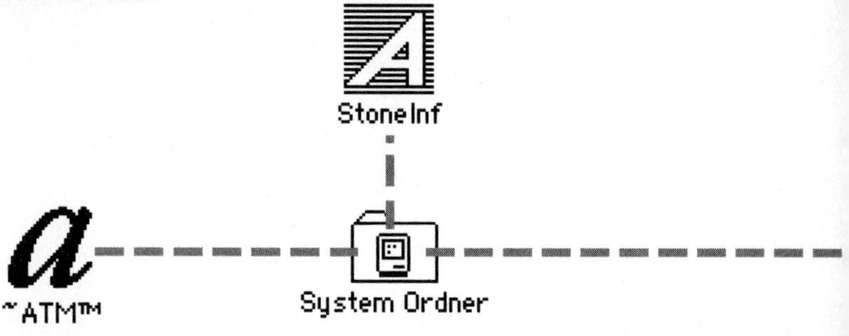

Inits, PrinterFonts, Desktop Accessories... werden nur noch auf den System Ordner geschoben und landen an der richtigen Stelle.

Schluß mit dem Chaos im System Ordner. Seit 7.0 finden alle Dateien, die ins System gehören, autmatisch ans Ziel, sprich in den passenden Unter-Ordner. Es ist dazu nichts weiter notwendig, als die Datei auf den System Ordner zu schieben. Bei ambivalenten Möglichkeiten fragt das System nach, ob es die Datei in den Ordner legen soll, den es für richtig erachtet.

Neben dem schon beschriebenen Apple-Menü-Ordner gibt es einen Kontrollfeld-Ordner, einen Ordner für Extensions, in den alle nicht zum System gehörenden Init's ihren Weg finden. Inits sind Zusatz-Programme wie z.B. Adobes TypeManager. Außer diesen gibt es Ordner für Voreinstellungen, die von vielen Programmen beim Start erzeugt werden und bislang irgendwo im System Ordner herumlagen, Ordner für Schriften und für Start-Programme.

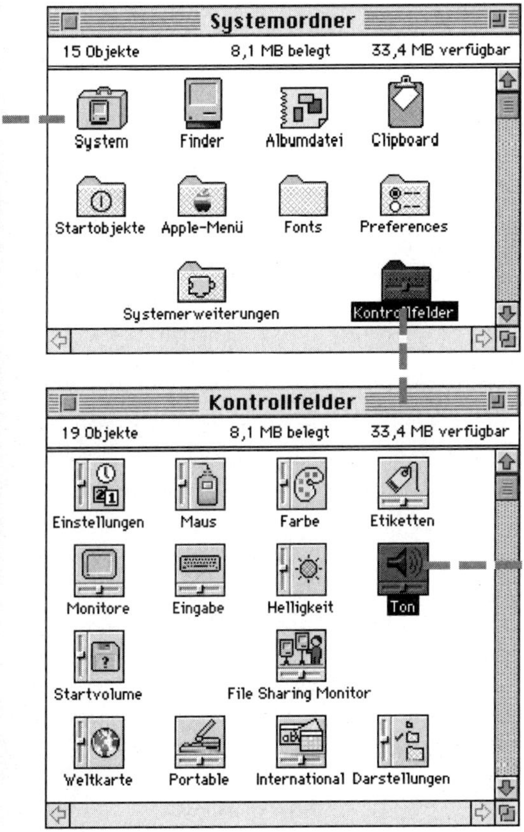

System-Zubehör findet automatisch in den passenden Ordner.

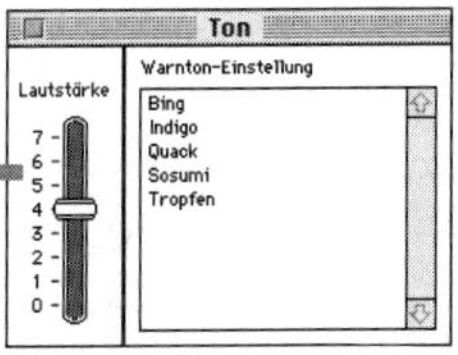

Für Kontrollfeld-Dateien gilt das gleiche wie für die meisten anderen System-Dateien unter 7.0, sie lassen sich direkt durch Doppelklick öffnen.

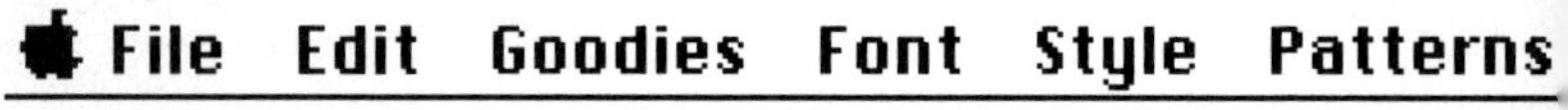

Die Namen von Programmen und Dokumenten im Hintergrund werden grau dargestellt.

Die Menü-Leiste wechselt jeweils in die Befehle des Vordergrund-Programms

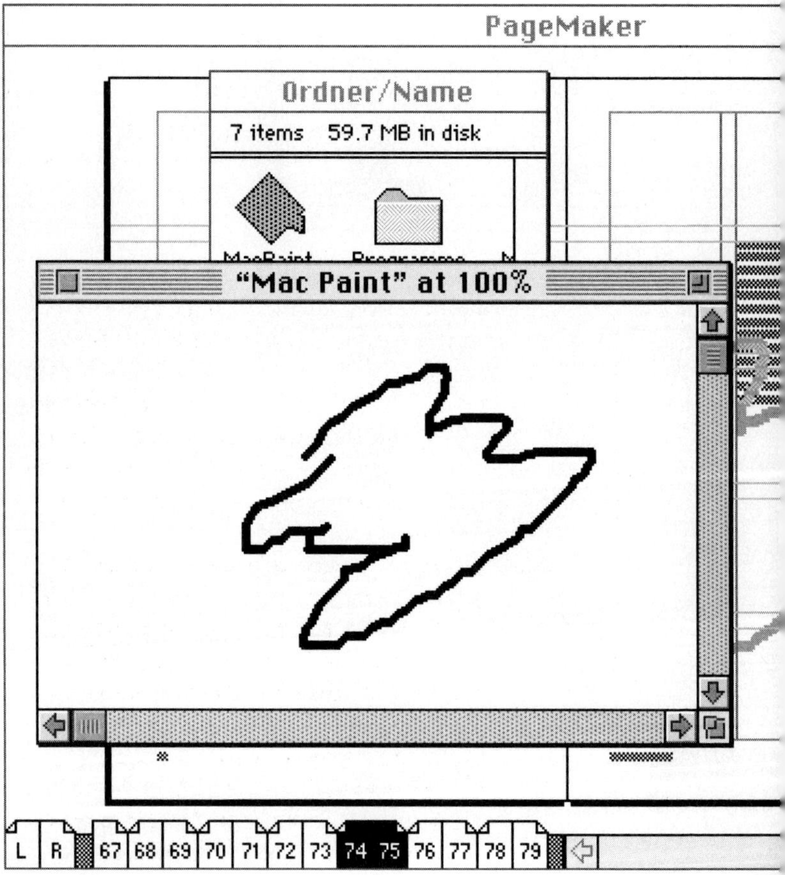

Der Finder ist die zentrale Schnittstelle aller Programme und zwischen Nutzer und Maschine: Der Mittelpunkt der Mac-Welt.

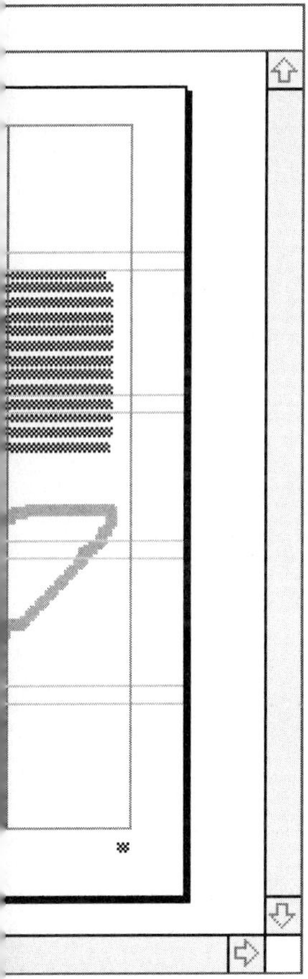

Unter System 7.0 bleibt dem Nutzer die Wahl zwischen Finder oder Multifinder erspart.

Der Finder arbeitet fortan im «kooperativen Multitasking»-Modus. Das bedeutet, je nach verfügbarem Arbeitsspeicher, können mehrere Programme übereinander geöffnet werden.

In der rechten Ecke der Menü-Leiste öffnet unter dem Finder-Knopf ein kleines Menü-Feld und zeigt die geöffneten Programme, wobei das aktuelle, also im Vordergrund liegende Programm, durch ein Häkchen gekennzeichnet wird. Wer vor lauter geöffneten Fenstern den Überblick verliert, kann mit dem Befehl *Hide* die Programme bzw. ihre geöffneten Dokumenten-Fenster im Hintergrund ausblenden.

Die Doppelgänger

Alias-Dateien erlauben den Zugriff von vielen Punkten

Von jeder Datei, jedem Programm, jedem Ordner, sogar von Festplatten oder anderen Speicher-Medien können sogenannte Alias oder Doppelgänger erstellt werden. Unter dem Ablage-Menü findet sich der entsprechende Befehl.
Alias-Dateien werden bei gleichem Icon durch die kursiven Titel gekennzeichnet.
Und was soll das?
Der «metaphorical desktop» des Macintosh, der jede Datei, jedes Programm durch Ikonen darstellt, die auch jedem Laien sofort verständlich sind, hatte bislang einen kleinen Nachteil: Die Dateien, die sich hinter dem Abbild verbergen, konnten nur von einem Punkt, nämlich durch den Doppelklick auf jenes Abbild geöffnet werden. Damit ist jetzt Schluß: Ohne daß Apple die Philosophie (und die zugehörige Gestaltung) der Benutzer-Oberfläche verlassen hat, können jetzt beliebig viele Abbilder auf dem Desktop plaziert und die Dateien von mehreren Punkten aus geöffnet werden.

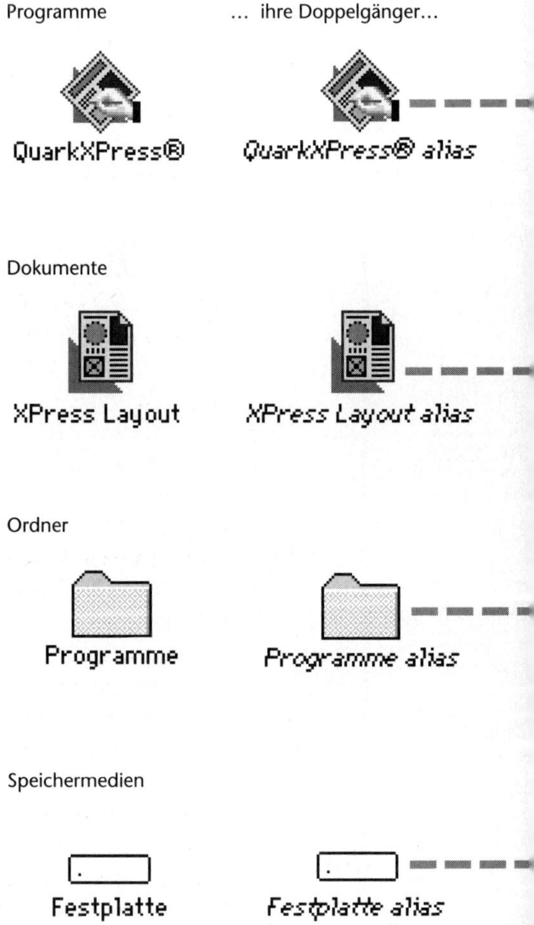

... und ihre Anwendung.

Startobjekte

Ein Programm-Alias kann in den Startobjekte-Ordner im System gelegt werden. Obwohl die Original-Datei in ihrem Ordner irgendwo auf der Festplatte liegt, wird das Programm über sein Alias beim Einschalten sofort geladen.

Desktop

Dateien mit besonderen Voreinstellungen, z.B. Stammseiten für Layouts, können auf den Desktop gelegt werden und öffnen von dort das Programm mit der gewünschten Einstellung.

Apple-Menü

Programme, die unter dem Apple-Menü erhältlich sein sollen, können auch als Alias-Datei in den Apple-Menü-Ordner gelegt werden.

Netzwerk

Wer im Netz mit anderen arbeitet, wird dieses Alias besonders schätzen: Ein Festplatten-Alias des einen, auf dem Desktop eines anderen Mac installiert, stellt bei Doppelklick selbständig die Netzwerkverbindung her. Die Einlog-Prozedur übernimmt das Alias.

Die Grafik-Formate bei Macintosh

Punktorientierte Bitmap-Grafik

Paint

Das punktorientierte *Paint-Format* ist die einfachste Art, ein grafisches Zeichen zu beschreiben: Jedem Bildschirmpunkt (Pixel) wird ein on- oder off-Code zugeschrieben, entweder schwarz oder weiß. Zeichnungen im Paint-Format werden Pixel für Pixel aufgebaut, verändert oder gelöscht (natürlich gibt es Werkzeuge, die das vereinfachen). Die Auflösung von Paint-Formaten beträgt 72 dpi (Dots per Inch). Im 1:1-Ausdruck sind Paint-Formate daher identisch mit der Auflösung an einem 72 dpi-Bildschirm.

Tiff

Ein punktorientiertes Format, das Graustufen und Farben speichern und darstellen kann, ist beispielsweise das *Tiff-Format.* Hier können jedem Bildschirm-Punkt bis zu 256 verschiedene Graustufen oder 16,7 Mio. verschiedene Farbtöne zugeordnet werden. Aber auch in diesem Format und den zugehörigen Programmen wird eine Zeichnung oder ein Bild pixelweise manipuliert.

Die punktorientierten Formate sind nicht beliebig vergrößerbar, da die Pixel (egal ob schwarz-weiß, grau oder farbig) ebenfalls vergrößert werden. Während Paint-Bitmaps immer in einer Auflösung von 72 dpi vorliegen, können für die Graustufen- und Farb-Bitmaps auch sehr viel höhere Auflösungen gewählt werden.

Objektorientierte Vektor-Grafik

Pict

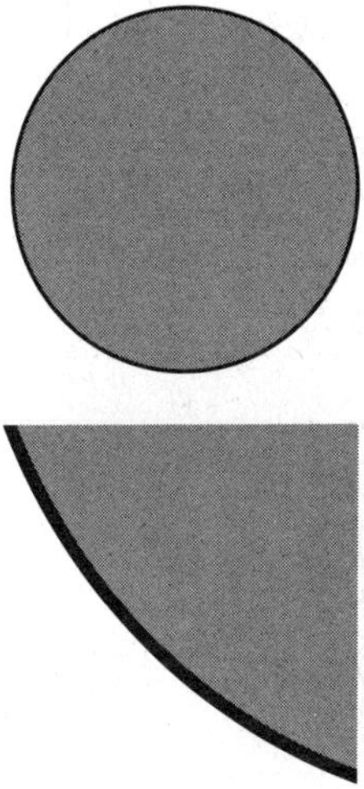

Das *Pict 1-Format* behandelt Zeichnungen als mathematische Objekte: Ein Kreis beispielsweise kann stets als ganzes Objekt aktiviert und verändert werden.
Pict 1 speichert schwarz/weiß und 8 Farben.
Das später entwickelte *Pict 2-Format* ist in der Lage 256 Graustufen und 16,7 Mio. Farben zu speichern. Beide Grafik-Formate beruhen auf der Macintosh-internen Grafiksprache Quick-Draw, die für die Bildschirm-Darstellung zuständig ist.

Gezeichnete Darstellungen im Pict-Format sind beliebig vergrößerbar, während für integrierte Graustufen- oder Farbbilder das gleiche gilt wie beim Tiff-Format.

PostScript

PostScript ist eine komplexe Seitenbeschreibungs-Sprache, die einen entscheidenen Beitrag zur DTP-Entwicklung geleistet hat. In dieser Sprache wird jedes grafische Element einschließlich Schriftzeichen als auflösungs-unabhängige «grafische Gestalt» beschrieben und dem Drucker oder Belichter mitgeteilt. Die Wiedergabe-Qualität in der Auflösung ist nach oben hin nur von der Ausgabe-Fähigkeit des (PostScript-) Druckers begrenzt. Sämtliche Manipulationen der «graphical shapes» sind möglich, so daß PostScript-Programme als High-End-Werkzeuge in der grafischen Gestaltung und im Desktop Publishing gelten können.

2

Pixel Grafik Tour

Scharf auf Pixel

Die unabhängigen Einzeller im Grafik-Programm

Die absoluten Vorteile von Pixel-Grafiken sind der geringe Speicherplatz und die damit verbundene Schnelligkeit beim Drucken. Pixel-Grafiken lassen sich in jedem Layout-Programm positionieren, aufrastern und einfärben.

MacPaint Zwo

SuperPaint 2.0

Pixel ist die Abkürzung für «Picture-Element», den kleinsten Bildpunkt, der auf dem Bildschirm dargestellt werden kann.

Zeichnungen, deren Aufbau und grafische Wiedergabe aus einzelnen Bildpunkten bestehen, werden als Pixel-Grafiken oder Paint-Formate bezeichnet und sind leicht an den typischen Treppen zu erkennen. Paint-Formate sind punktorientiert und die einfachste Art, ein grafisches Zeichen zu beschreiben: Jedem Bildschirmpunkt (Pixel) wird ein on- oder off-Code zugeschrieben, entweder schwarz oder weiß. Jedes dieser quadratischen Pixel wird auf dem Bildschirm als eine Einheit behandelt, d.h. wenn ich eine Linie, ein Rechteck oder Polygon gezeichnet habe, kann ich es später nur punktweise verändern.

Der Klassiker der pixelorientierten Programme ist MacPaint. In SuperPaint und Canvas kann neben anderen Zeichenarten auch Pixel-Grafik erzeugt und bearbeitet werden.

Die Auflösung von Zeichnungen im Paint-Format ist am Bildschirm und im 1:1-Ausdruck identisch: nämlich 72 dpi.

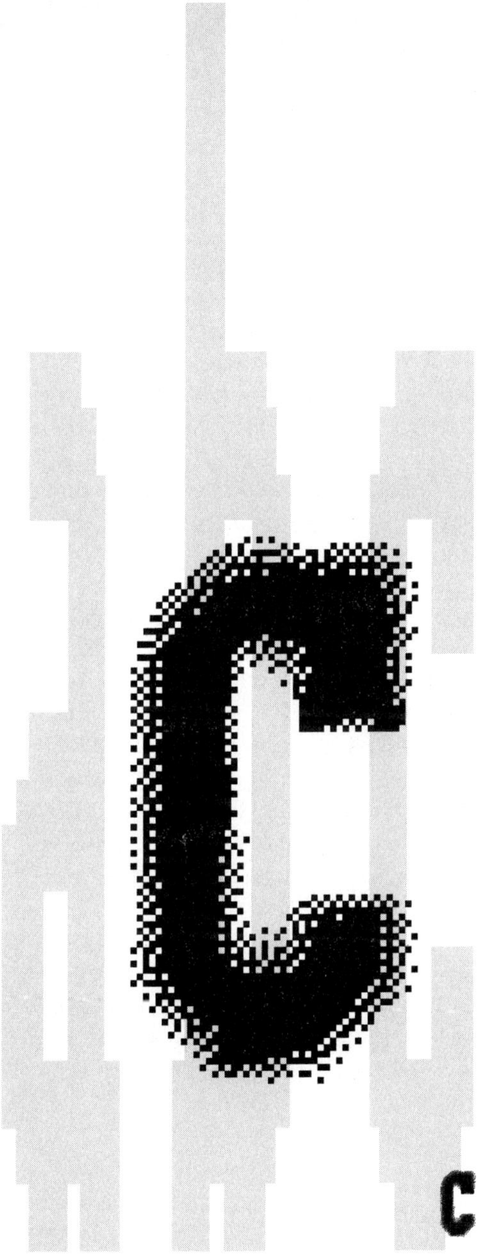

1 Inch im Quadrat.

DPI (dots per inch) bezeichnet das Maß der einzelnen Bildpunkte pro Längeneinheit. 72 dpi bedeutet, daß auf der Länge von einem Inch 72 Bildpunkte dargestellt werden. Ein Pixel ist also 1/72 Inch breit – damit hat es die gleiche Größe wie ein Pica-Point. (Eine Ausnahme machen die Bildschirme, deren Auflösung kleiner oder größer als 72 dpi ist.)

Die Auflösung von Pixel-Grafiken nimmt nicht zu, wenn sie über einen (z.B. 300 dpi-) Laserdrucker ausgedruckt werden.

Bei der Vergrößerung von Pixel-Grafiken vergrößern sich proportional auch die Treppungen.
Umgekehrtes gilt für das Verkleinern.

Die Werkzeuge zum Malen

Maus-Malen in Paint-Programmen

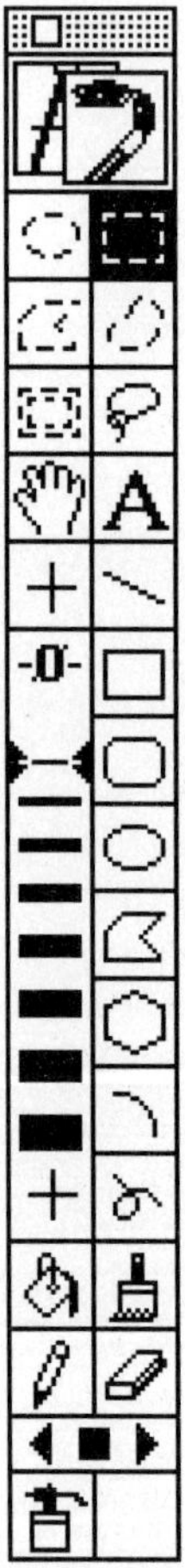

Toolbox aus
SuperPaint 2.0

Alle Paint-Programme haben eine ähnliche Benutzeroberfläche. MacPaint, eines der ersten Programme für den Mac, ist ein ausschließlich pixelorientiertes Malprogramm, während SuperPaint das parallele Arbeiten im Paint- oder Objekt-Modus erlaubt.

Pinsel und Zirkel im Kopf der Toolbox symbolisieren die Werkzeuge zum Malen (im Paint-Modus) oder Zeichnen (im Objekt-Modus). Eine Musterbox, in der Linien- und Flächenmuster bestimmt werden, steht sowohl im Mal- als auch im Zeichenmodus zur Verfügung.

Die Symbole der Toolbox lassen ihre Funktion gleich erraten. Einmal mit dem Maus-Pfeil auf das gewünschte Werkzeug geklickt, und es ist aktiviert. Bei gedrücktem Mausschalter wird mit dem Werkzeug auf der Zeichenfläche gearbeitet. Ein Doppelklick auf die Malwerkzeuge bietet die verschiedenen Pinselformen und -größen, Einstellungen für die Sprühdose oder Muster zum «selber rühren» für den Farbeimer.

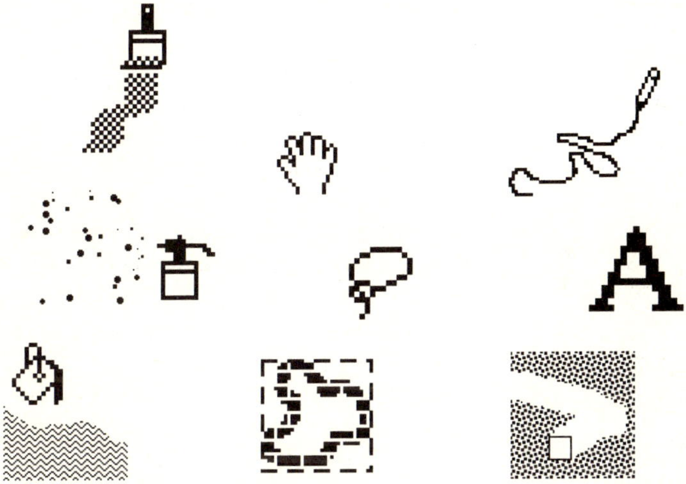

Pinsel, Spraydose und Farbeimer sind die Mustermacher im Mal-Programm. Ein Doppelklick auf eines der Werkzeuge bietet eine Palette an Pinselstärken und Sprühköpfen.

Der Farbeimer gießt ein vorher gewähltes Muster auf schwarze und geschlossene Flächen.

Lasso und gestricheltes Viereck sind Werkzeuge zum Aktivieren, wobei das Viereck die gesamte Fläche aktiviert, das Lasso nur die von ihm umkreisten schwarzen Pixel. Aktivierte Flächen können gelöscht, verschoben, kopiert, ausgeschnitten oder verzerrt werden.

Mit der Hand kann die Zeichenfläche verschoben werden.

Der Zeichenstift dient zum freihändigen Malen von ein-pixel-starken Linien. Er malt schwarz auf weiß oder weiß auf schwarz. So kann er auch zum Löschen von Pixeln verwendet werden.

Das A bringt den Text-Cursor zum Schreiben. Solange der Cursor blinkt, ist der Text aktiv und kann verändert werden. Anschließend hilft nur noch der Radiergummi. Dieser löscht die schwarzen Pixel in der Breite seiner Fläche.

Die Werkzeuge zum Zeichnen
Linien und Flächen in Paint-Programmen

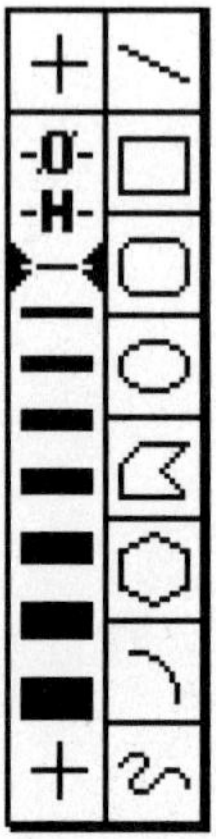

Die Funktion der Zeichenwerkzeuge ist leicht an ihrer Form zu erkennen. Mit ihnen werden Linien, rechteckige, elliptische oder runde Flächen erzeugt.

Bevor man eine Fläche oder eine Linie zieht, legt man ihre Strichstärke fest, indem die gewünschte Stärke angeklickt wird. Die Strichstärken für horizontalen und vertikalen Verlauf können unterschiedlich eingestellt werden. Ebenso können Linien und Flächen sofort mit Muster gezogen werden.

Bei gleichzeitig gedrückter Shift-Taste werden Quadrate oder Kreise mit der Maus gezogen.

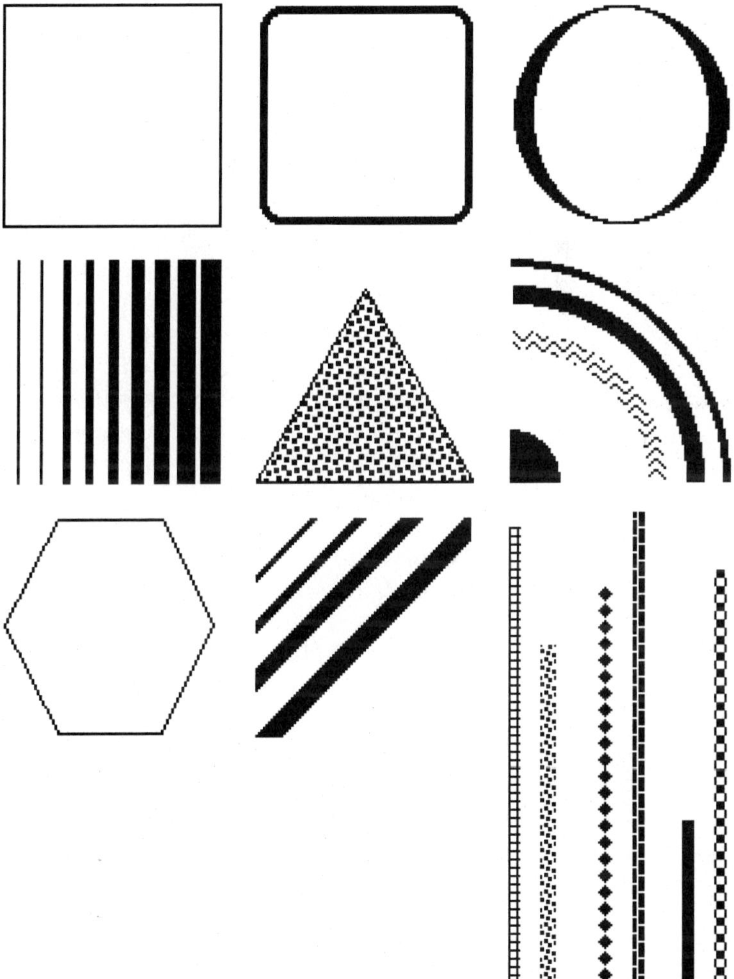

Paint Muster

Was ist im Farbeimer?

In jedem Paint-Programm lassen sich mit dem Farbeimer Muster aus einer vorkonfektionierten Palette auf schwarze oder umrandete Flächen gießen.

Dazu aktiviert man durch Anklicken den Farbeimer, wählt ebenfalls durch Anklicken ein Muster aus und klickt ein drittes Mal mit der Spitze des Farbeimers auf eine schwarze oder mitten in die umrandete Fläche, die man ausgießen möchte. Hat die umrandete Fläche irgendwo ein Loch, sei es auch nur einen Pixel groß, läuft die Farbe über das ganze Blatt. In diesem Fall geht man in der Menü-Leiste unter Bearbeiten oder Edit auf *Undo*, und der Unfall wird rückgängig gemacht.

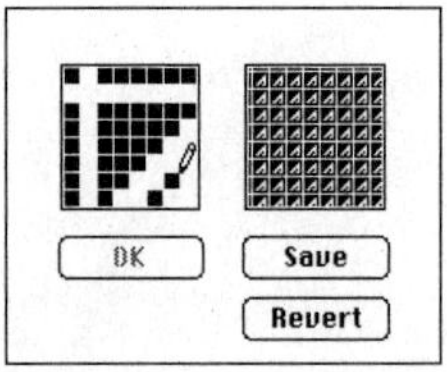

In vielen Programmen lassen sich auch Muster selbst gestalten: Durch Doppelklick auf eines der Muster öffnet sich das Bearbeitungs-Fenster. Hier werden in einem begrenzten Feld die einzelnen Pixel gesetzt, die vom Programm zum Muster addiert werden.

Muster-Paletten aus SuperPaint 2.0

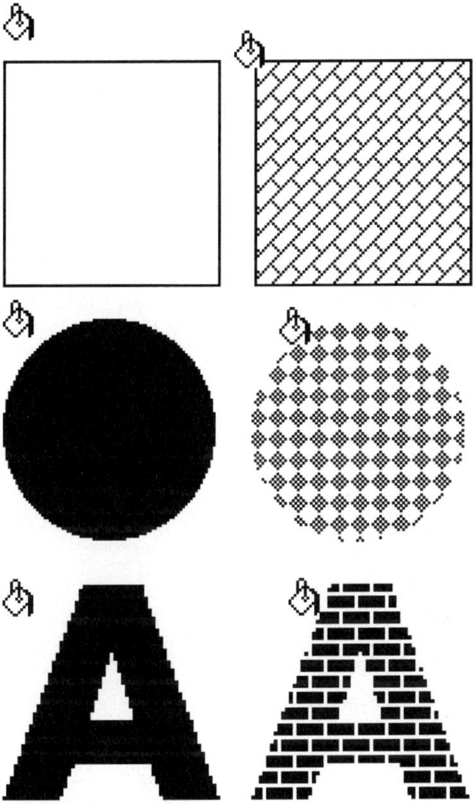

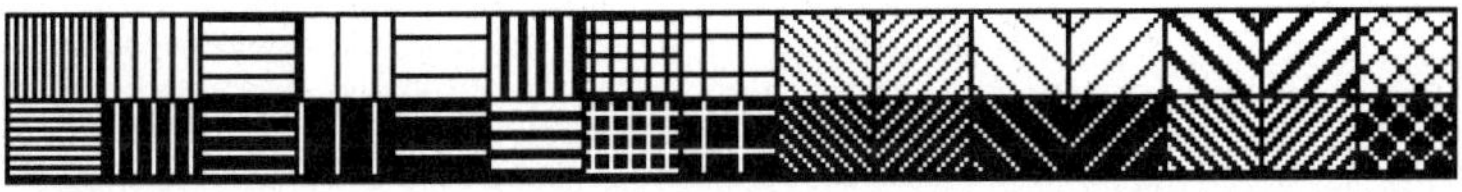

Spiegelungen
Pinsel und Spraydose

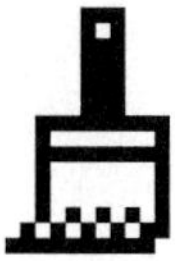

In MacPaint II und SuperPaint wird durch Doppelklick auf das Pinsel-Symbol das Fenster für die Pinselform geöffnet. In SuperPaint kann die Pinselform zudem noch bearbeitet werden.

In MacPaint II gibt es die Möglichkeit, für die Arbeit mit dem Pinsel mehrere Spiegelachsen zu wählen, unter Menü Edit mit dem Befehl *Brush Mirror…*

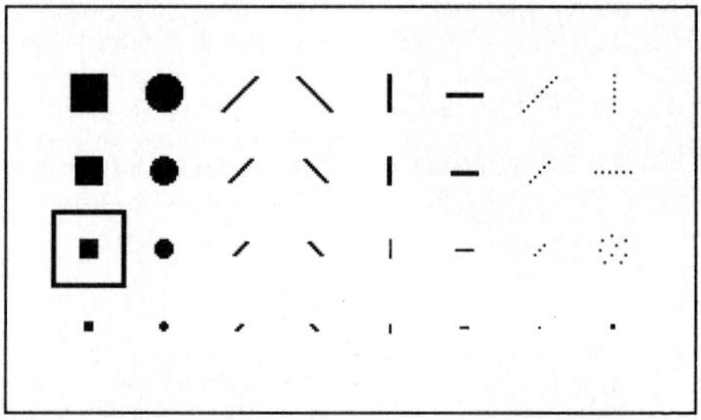

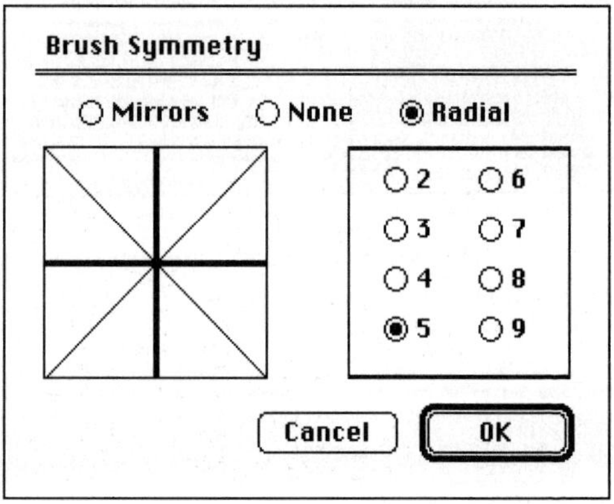

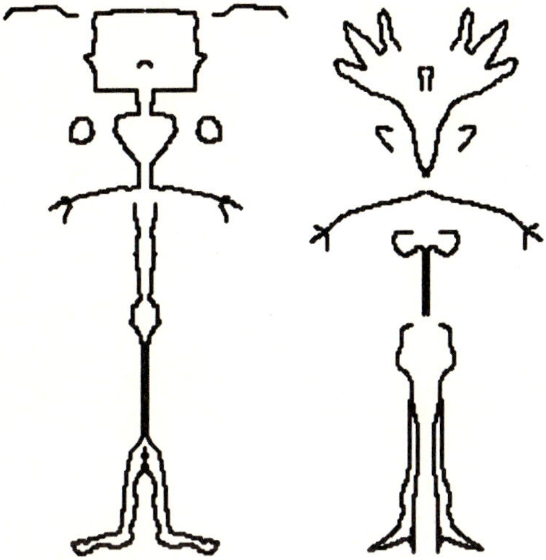

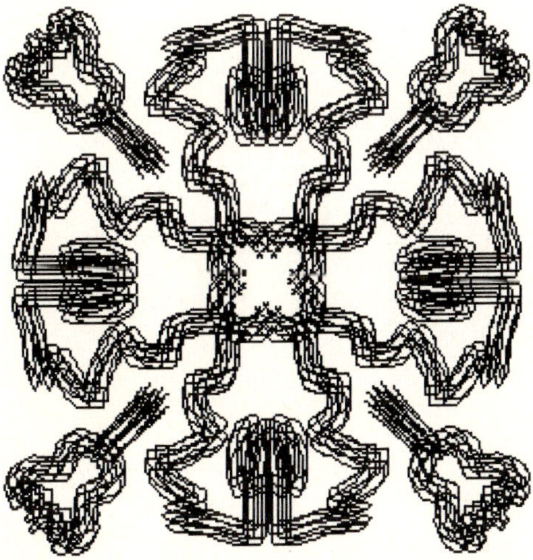

Spritz-Tour
Sprühen und Kleckern

Die Airbrush in SuperPaint kann mit verschiedenen «Düsen» bestückt werden: Für Effekte á la Jackson Pollock gut geeignet. Für feine Verläufe eignen sich PostScript-Programme oder Adobe PhotoShop besser.

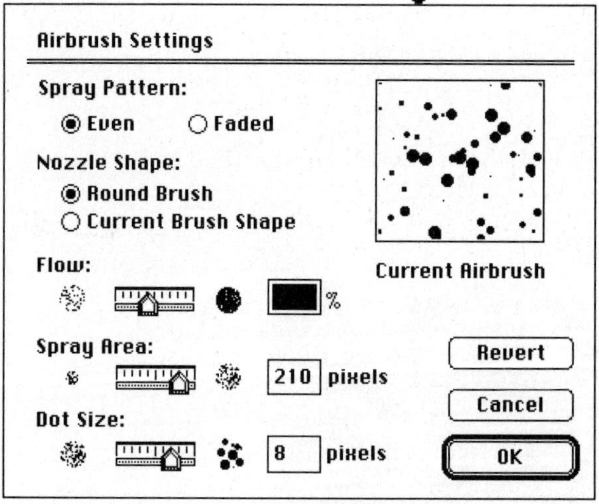

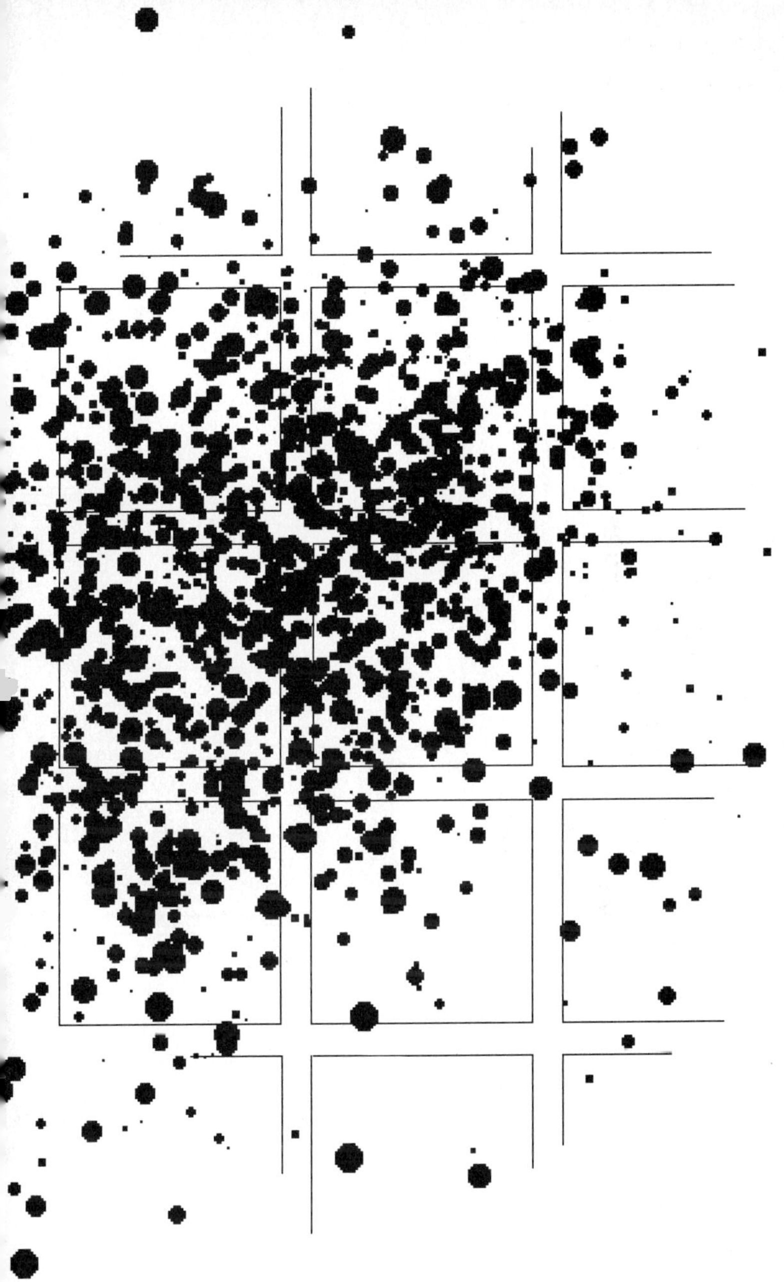

Multiple Paint
Futurismus in Pixel-City

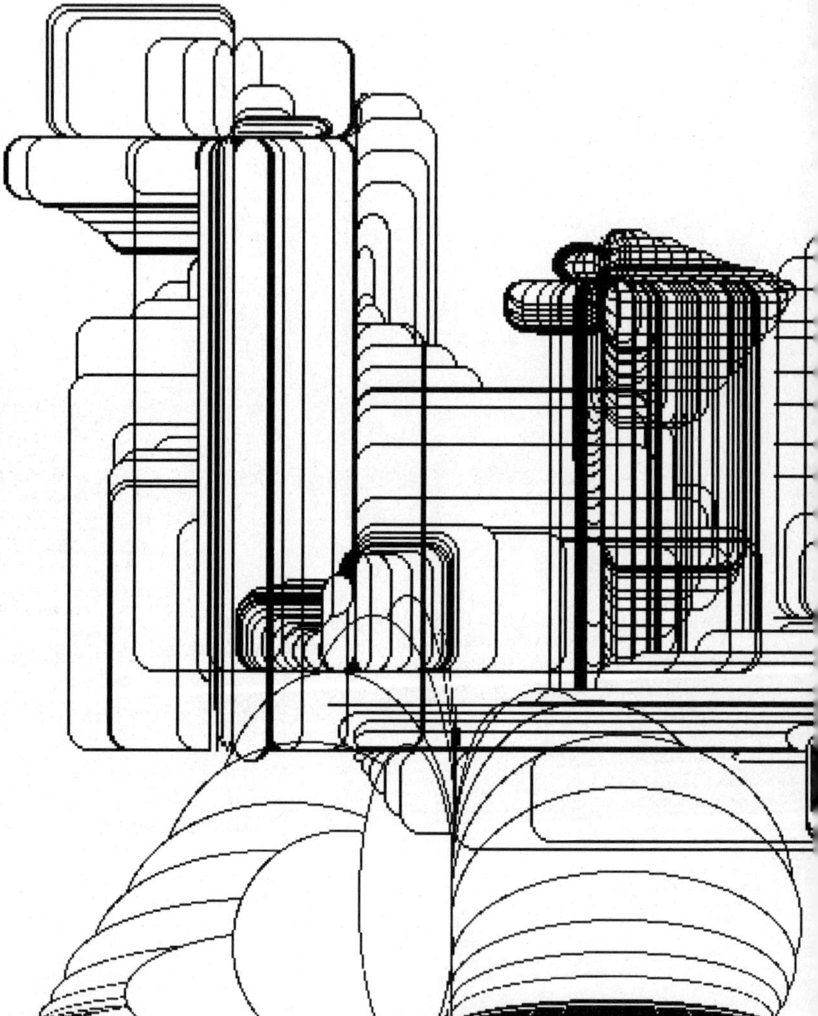

Was hier hochkomplex und nach viel Arbeit aussieht, ist in SuperPaint mit lockerem Handgelenk, Flächen-Werkzeug und dem Befehl *Paint Multiple* recht schnell und eindrucksvoll gezeichnet.

Retuschieren und Transformieren

Gescannte Vorlagen im Paint-Format

Paint-Formate können pixelweise mit dem Zeichenstift, Radiergummi, Lasso oder Auswahl-Werkzeug retuschiert werden.
Im Prinzip funktioniert diese Methode auch in den punktorientierten Graustufen-Programmen wie PhotoShop oder ImageStudio nicht anders, nur daß die Pixel dort sehr viel kleiner sind und unterschiedliche Grauwerte annehmen können. Siehe dazu auch die Scan Tour.

Gescannte Bilder, die im Paint-Format gespeichert wurden, können in allen Paint-Programmen nachbearbeitet und manipuliert werden.

Der Würfel ist mit einer Video-Kamera und MacVision digitalisiert, dann in Super-Paint retuschiert und mit einigen der Special Effects unter Menü Transform bearbeitet worden.

Stretch

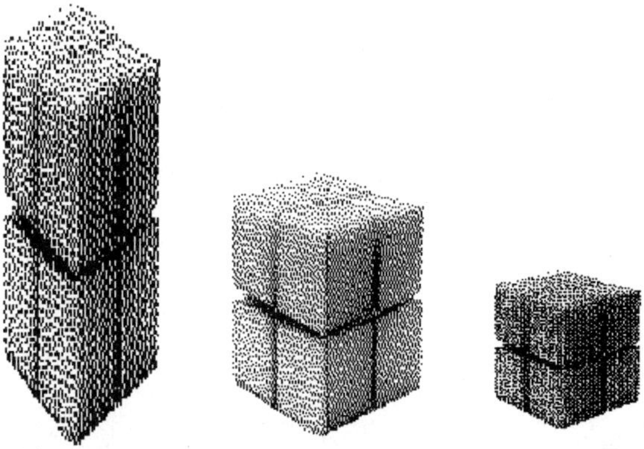

Distort

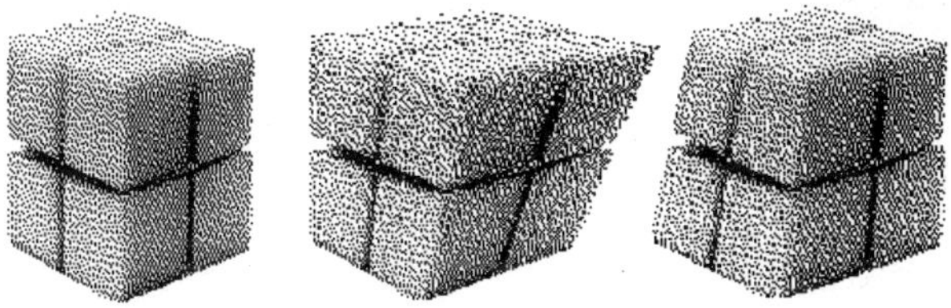

Slant

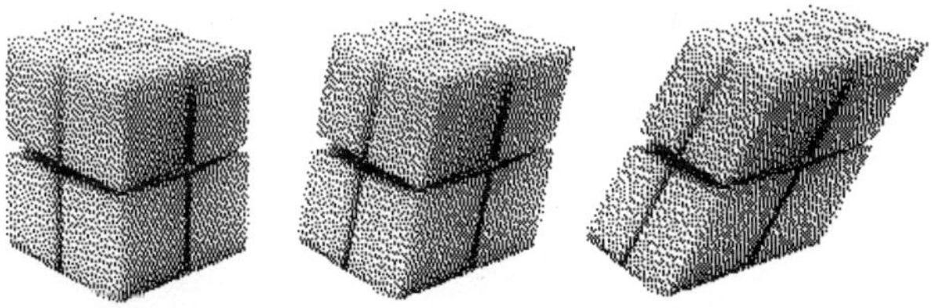

Free Rotate

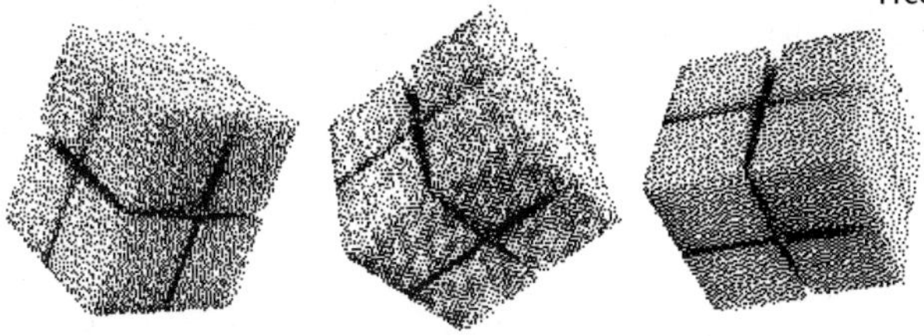

Wie sich etwas verändert

Mit Modellen erzählen...

Eine Evolution gegenständlich darstellen: Zeigen, wie etwas war, wie es sich entwickelt und wie es sein könnte. Eine Metamorphose durchführen. Einen Ist-Zustand mit einem hypothetischen vergleichen...

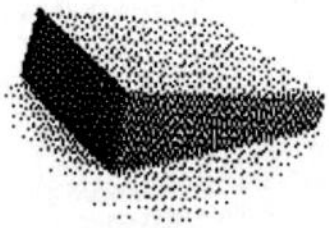

Bei der Abbildung von Modellen haben Paint-Formate oft eine besondere Pixel-Ästhetik. Diese Seite stammt aus einer Arbeit über Modelle im Design-Prozess. Die Modelle sind mit Video-Kamera und MacVision digitalisiert.

Metamorphose
«Blätterteig»

Objekt Grafik Tour

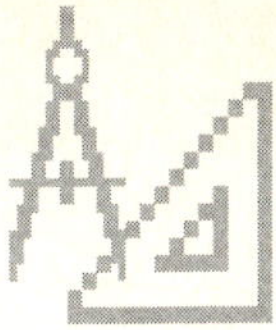

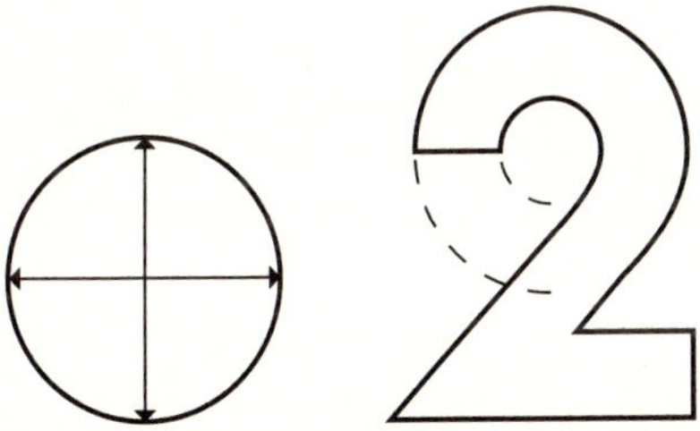

Was sind Objekte?

...und wie geht man damit um

MacDraw II

Canvas™ 2.0

Objektorientierte Programme definieren und speichern ein gezeichnetes Objekt als mathematische Anweisung.

Linien, Flächen, Kreise oder Polygone werden mit der Maus auf dem Bildschirm gezeichnet, nachdem das entsprechende Werkzeug in der Toolbox ausgewählt wurde.

Objekte lassen sich, auch nachdem sie gezeichnet sind, durch Anklicken wieder aktivieren und verändern: z.B. in der Größe, in Strichstärke, Muster und Füllung.

Ein aktiviertes Objekt erkennt man an den schwarzen Eckpunkten, an denen es mit dem Maus-Pfeil gestreckt, gestaucht, vergrößert und verkleinert werden kann.

Objekte können im aktivierten Zustand kopiert, ausgeschnitten oder als Ganzes mit der Reset-Taste gelöscht werden. Die Befehle zum Kopieren, Ausschneiden und Einsetzen finden sich in jedem Programm für Macintosh unter dem Menü Bearbeiten oder Edit.

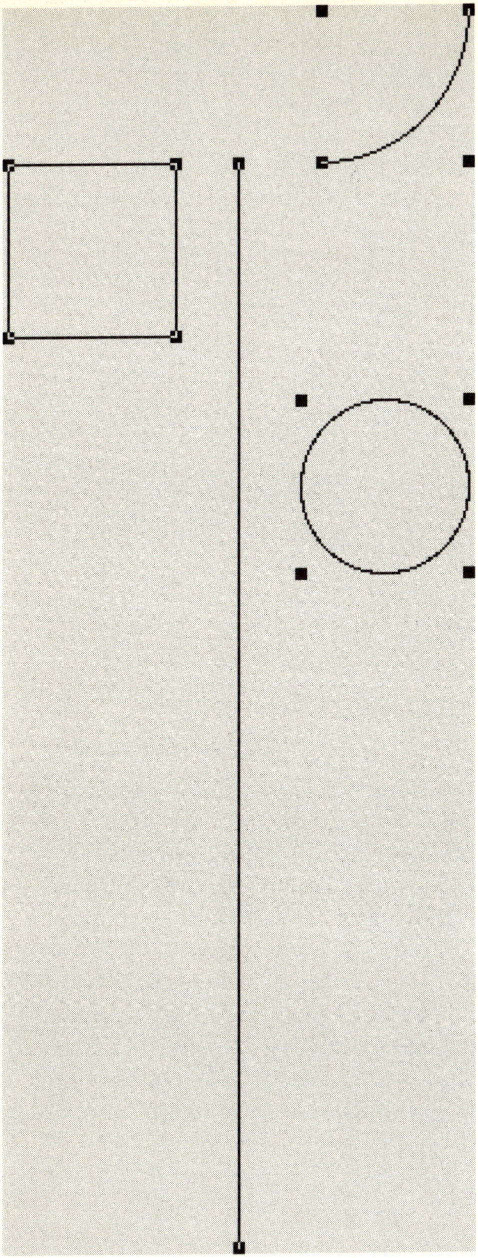

Ein aktiviertes Objekt wird immer durch die schwarzen Eckpunkte dargestellt. Dabei können Objekte sowohl Flächen als auch einzelne Linien oder Kurven sein.

Die Objekt-Grafik, die auf der Vorseite als Screen-Shot gezeigt wurde, hier nach Belichtung und Druck.

Grafik aus objektorientierten Programmen, auch Vektor-Grafik genannt, ist in der Auflösung nicht durch die 72 dpi begrenzt wie Pixel-Grafik. Zeichnungen werden in der vom Drucker zur Verfügung stehenden Auflösung gedruckt. Objekt-Grafik kann im PICT-Format gespeichert werden, das sich in sehr vielen Mac-Programmen importieren läßt. Beim Vergrößern oder Verkleinern einer im Pict-Format gespeicherten Grafik werden die Objekte nicht in ihrer Auflösung beeinträchtigt.

Objekte lassen sich in aktiviertem Zustand in Größe und Form verändern:
Anklicken und mit dem Pfeil auf einem der Eckpunkte bei gedrücktem Mausschalter in die gewünschte Richtung ziehen. Bei gleichzeitig gedrückter Shift-Taste werden die Objekte proportional verkleinert oder vergrößert.

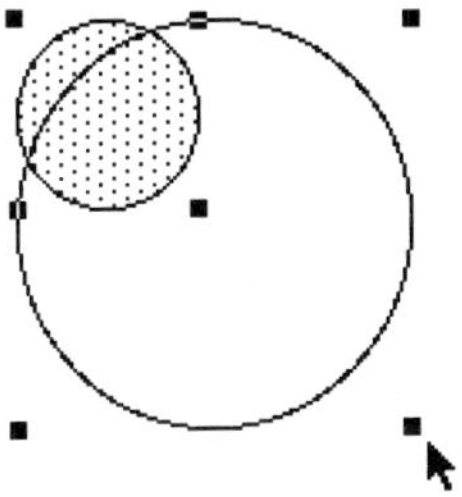

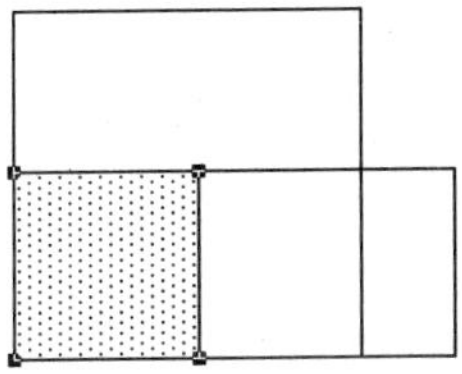

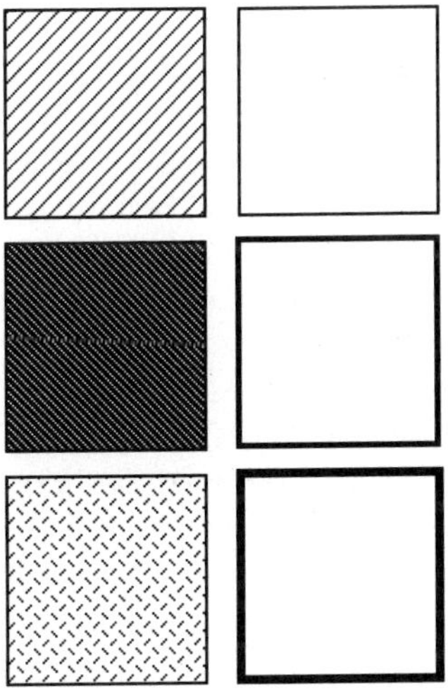

Die Füllung eines Objekts oder seine Linienstärke kann ebenfalls im aktivierten Zustand verändert werden:
Objekt mit dem Pfeil anklicken, dann mit dem Pfeil ein Muster oder die gewünschte Strichstärke aus der Palette wählen.

Technische Skizzen

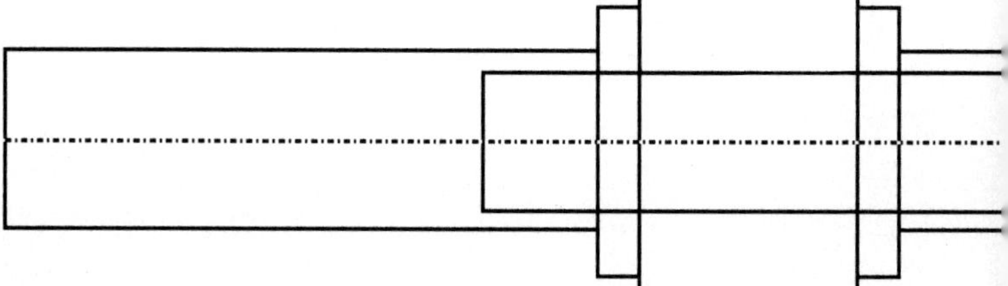

Wer technische Skizzen macht, wird sich nicht mit einem punktorientierten Grafik-Programm begnügen wollen.

Die treppenstufige Auflösung der Pixel-Zeichnungen ist für konstruktive Details in der Regel kaum geeignet. Wer glatte Linien und Kurven, Flächen mit verschiedenen Rastern und Mustern braucht, kann zu objektorientierten Programmen greifen.

Unter diesen Programmen ist MacDraw der Klassiker, ein rein objektorientiertes Programm. Canvas ist ein Allround-Grafik-Programm, das sowohl Objekte als auch Pixel-Grafik erzeugen kann.

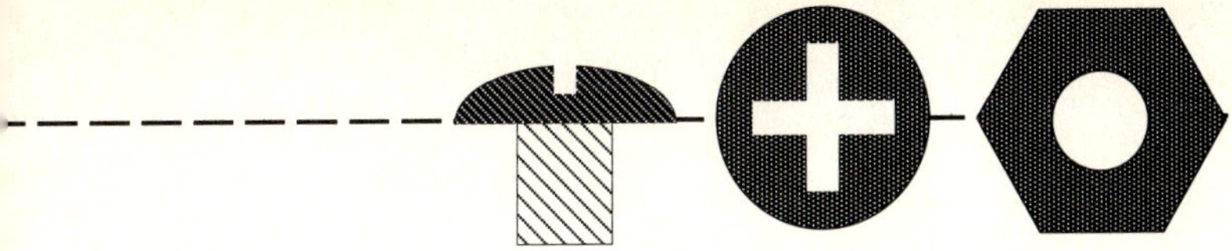

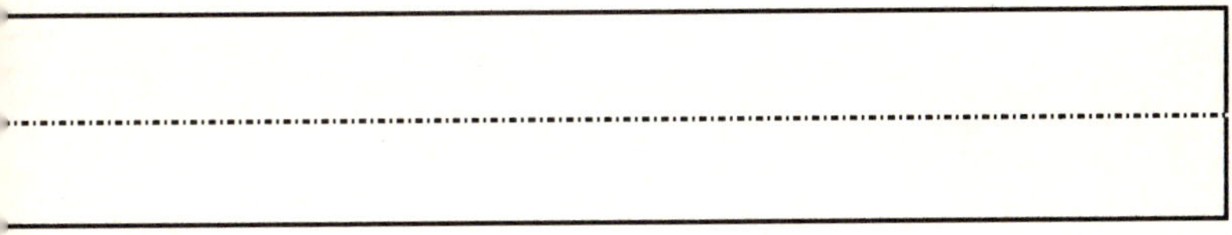

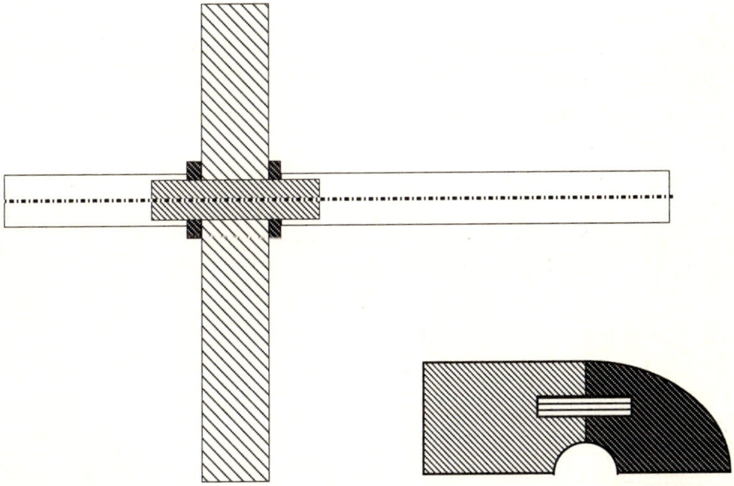

Automatische Längen-Messung

MacDraw als technisches Zeichen-Programm

Mit dem Befehl *Rulers...* wird das Lineal-Fenster geöffnet. Hier können Maßeinheiten und Maßstäbe der Zeichenfläche eingestellt werden.

MacDraw stellt ein Grid (Hintergrundraster) zur Verfügung, dessen Punktabstand von der eingestellten Lineal-Weite abhängt.

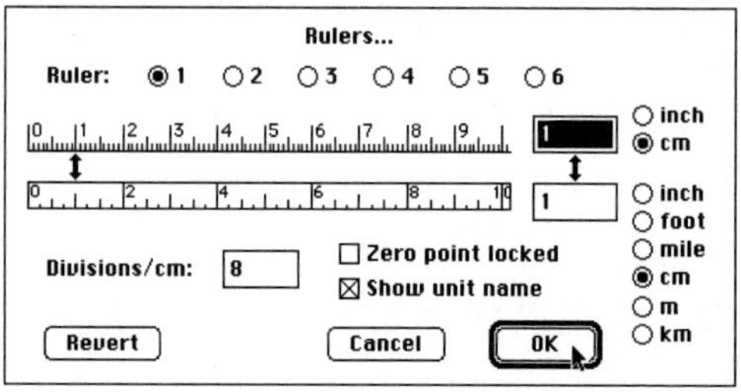

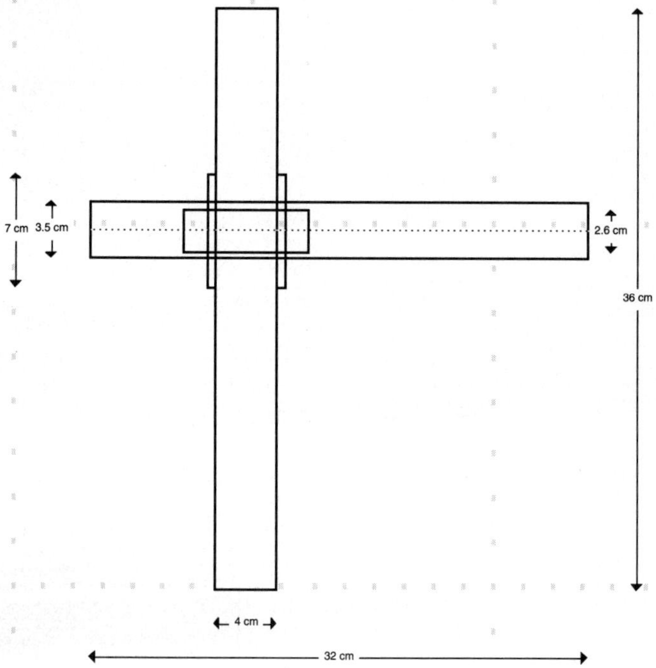

Automatische Längenmessung wird unter *Autosize Line...* gewählt. Zusätzlich können den Linien Pfeile an Anfang und Ende gesetzt werden. Die Form der Pfeilspitzen kann unter *Draw Arrows...* festgelegt werden.

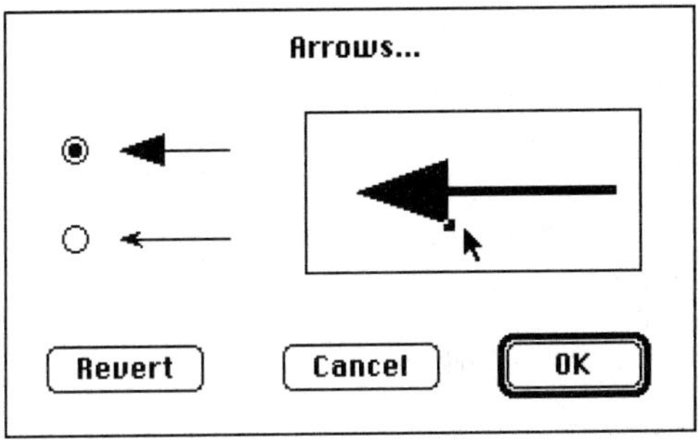

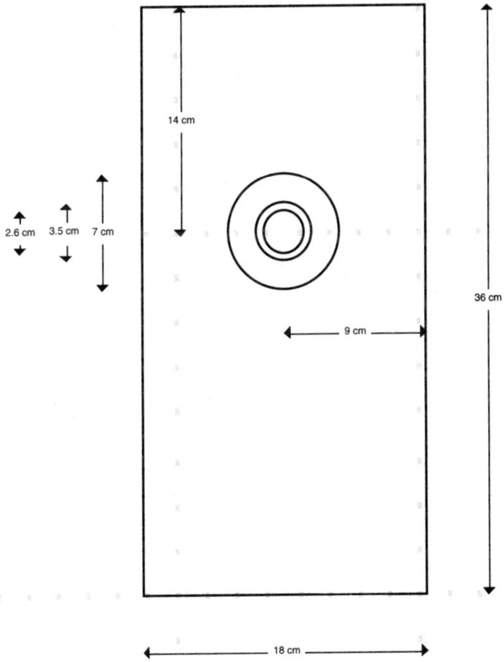

Die Werkzeuge

Die Werkzeugleiste zeigt die Symbole für verschiedene Zeichenformen. Die Handhabung funktioniert wie in allen Mac-Programmen: Das Symbol anklicken und mit dem Mauspfeil auf dem Bildschirm ein Objekt erzeugen.

In MacDraw kann über den Befehl *Show Size...* ein Fenster geöffnet werden, das beim Zeichnen eines Objekts die Größe einblendet bzw. die Cursor-Koordinaten auf dem Zeichenblatt angibt.

Mit gleichzeitig gedrückter Shift-Taste werden Quadrate und Kreise gezeichnet.

Ein Klick in das große/kleine Gebirge-Symbol vergrößert/verkleinert die Ansicht, zudem können verschiedenen Ansichten eigene Namen gegeben und Befehlstasten zugeordnet werden. Gerade bei kleinen Bildschirmen, wo häufig die Ansicht gewechselt werden muß, ein besonderer Komfort.

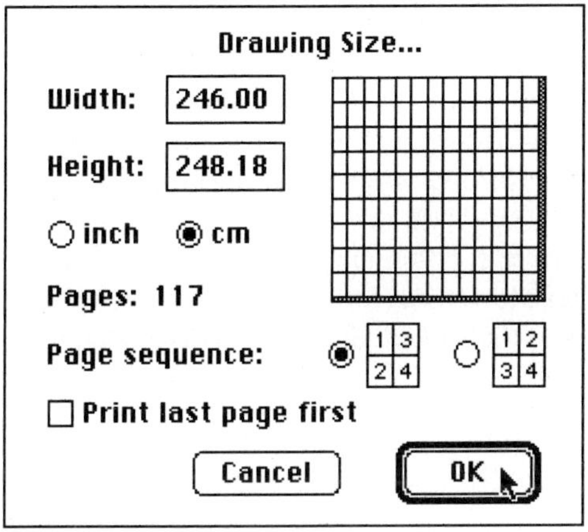

MacDraw bietet eine Zeichenfläche von über 6 qm, deren Größe unter *Draw Size...* eingestellt wird.
Das Programm hat einen Universal-Treiber für den Plotter-Ausdruck, der Geräte verschiedener Hersteller ansteuern kann.

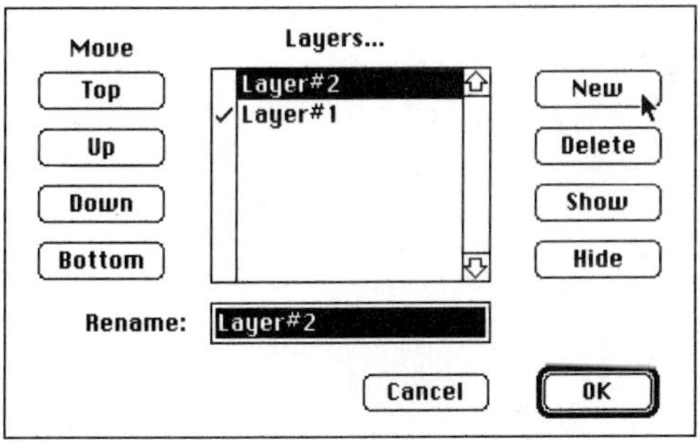

Mit dem Befehl *Layer...* lassen sich in einem Dokument beliebig viele Zeichenebenen übereinander legen, die unabhängig voneinander bearbeitet werden können.
Durch die verschiedenen Layer, die jeweils im Titel des Dokumenten-Fensters angezeigt werden, klickt man sich mit den Pfeilen im unteren Teil der Werkzeugleiste.

Muster und Raster

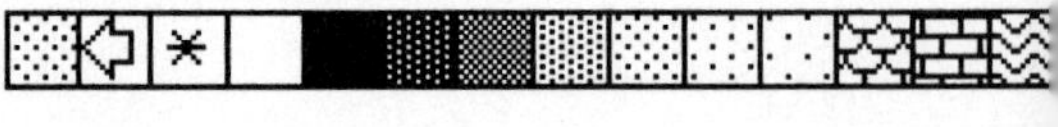

Ein aktiviertes Objekt wird durch Anklicken des gewünschten Musters in der Pattern-Leiste gefüllt. Diese Leiste läßt sich über die Pfeil-Tasten am linken und rechten Rand von Anfang bis Ende durchfahren.

Doppelklick auf ein Muster oder Befehl *Pattern...* öffnet ein Fenster zum Bearbeiten der Muster. An farbfähigen Macs besteht die Möglichkeit, die drei Grundfarben zu mischen.

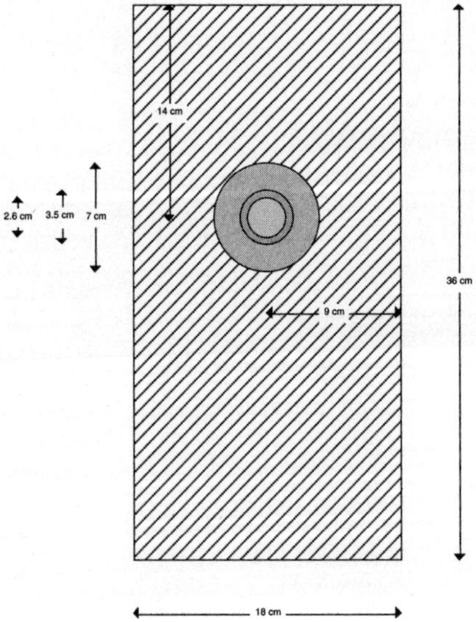

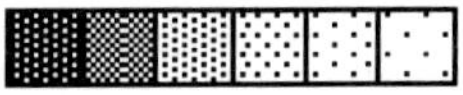

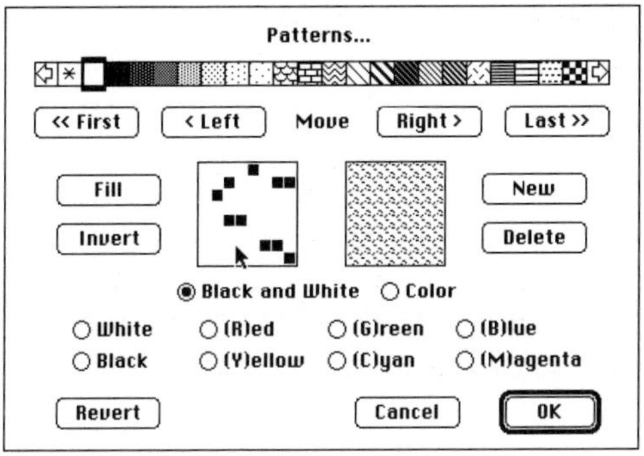

Die gepunkteten Raster werden auf PostScript-Druckern oder -Belichtern sehr fein dargestellt, die anderen als Bitmap-Muster.
Siehe auch die unteren Beispiele.

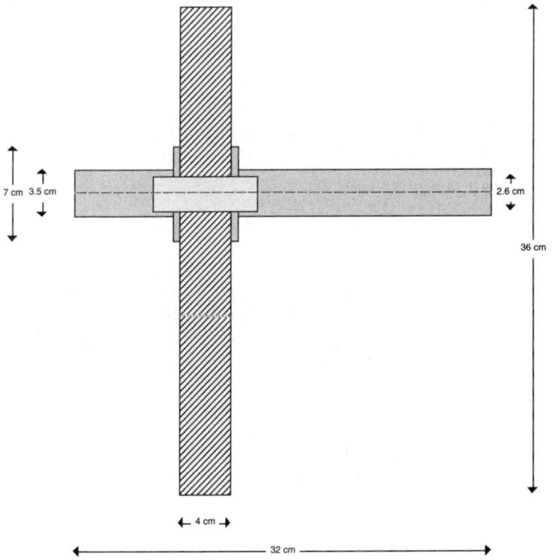

Bauteil-Lager im Mac

... oder die Zeichen-Bibliothek in MacDraw

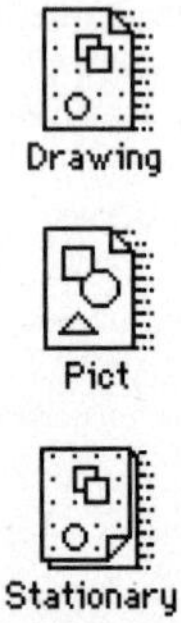

Das Programm bietet drei Speicherformate an: MacDraw-Dokumente, Pict-Formate, die in anderen Programmen geöffnet werden können, und das Stationary-Format, in dem bestimmte Einstellungen eines MacDraw-Dokuments als Musterdatei gespeichert werden.

Das Stationary-Format erlaubt es, einmal gefundene Einstellungen, z.B. für Muster, Strichstärken etc., die mehrmals verwendet werden sollen, nicht stets neu zu definieren.

Ein Objekt, das in der Bibliothek gelagert werden soll, wird aktiviert.

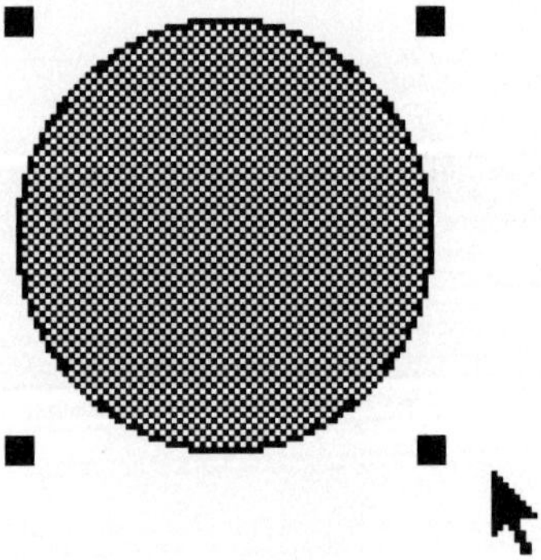

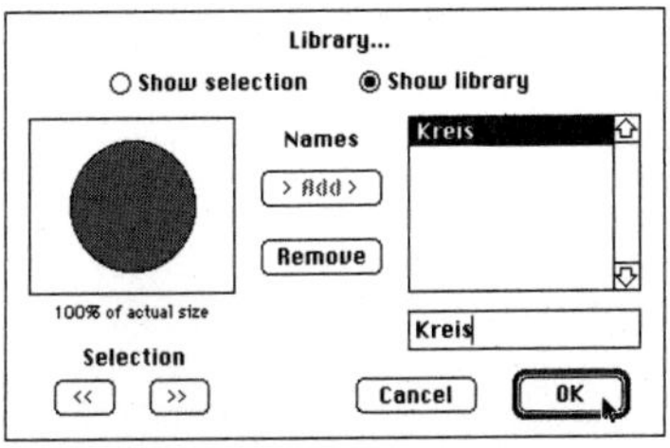

Mit dem Befehl *Library…* wird das Bibliothek-Fenster aufgerufen:
Das Objekt ist sofort im Sichtfenster. Es wird benannt und über OK automatisch in der Bibliothek abgelegt.

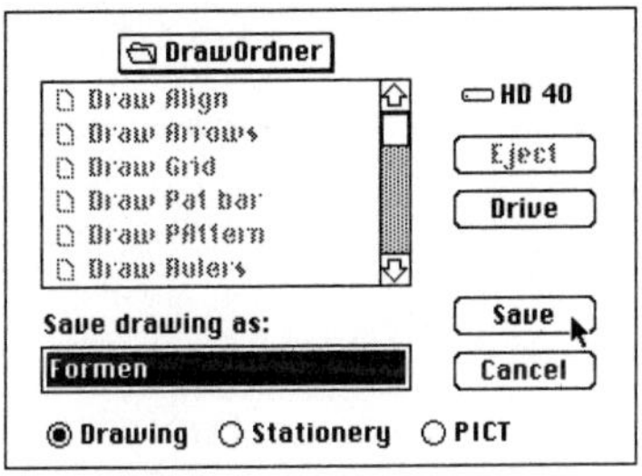

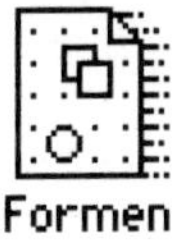

Die Elemente der Bibliothek werden als MacDraw-Dokument gesichert. Eine Bibliothek kann demnach so groß sein, wie es die maximale Zeichenfläche eines Dokuments zuläßt.

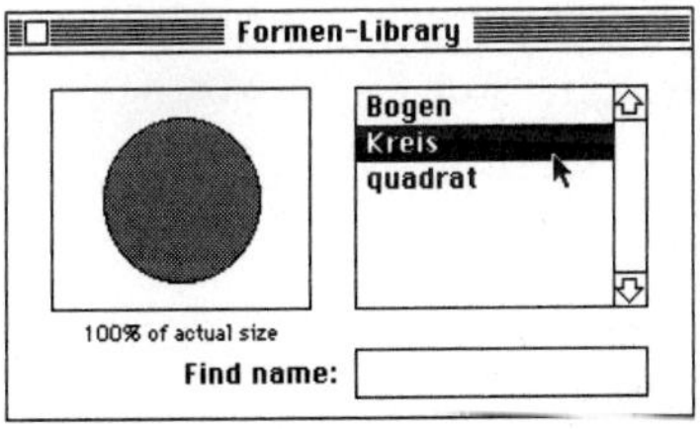

In jedem Dokument kann die Bibliothek über den Befehl *Open as Library…* geöffnet werden.
Entweder über Eingabe des Namens oder mit Durchfahren des Text-Feldes läßt sich das gewünschte Objekt ins Sichtfenster holen und über den Befehl *Copy…* in die Zwischenablage bringen.
Mit *Paste…* (Einsetzen) kommt das Objekt ins Dokument und kann hier weiterverarbeitet werden.

Ein Projekt-Leporello
mit MacDraw und SuperPaint

Die Zeichnungen sind in MacDraw erstellt und über die Zwischenablage in ein SuperPaint-Dokument exportiert worden. In SuperPaint sind die Elemente im Objektmodus plaziert, die Horizon-

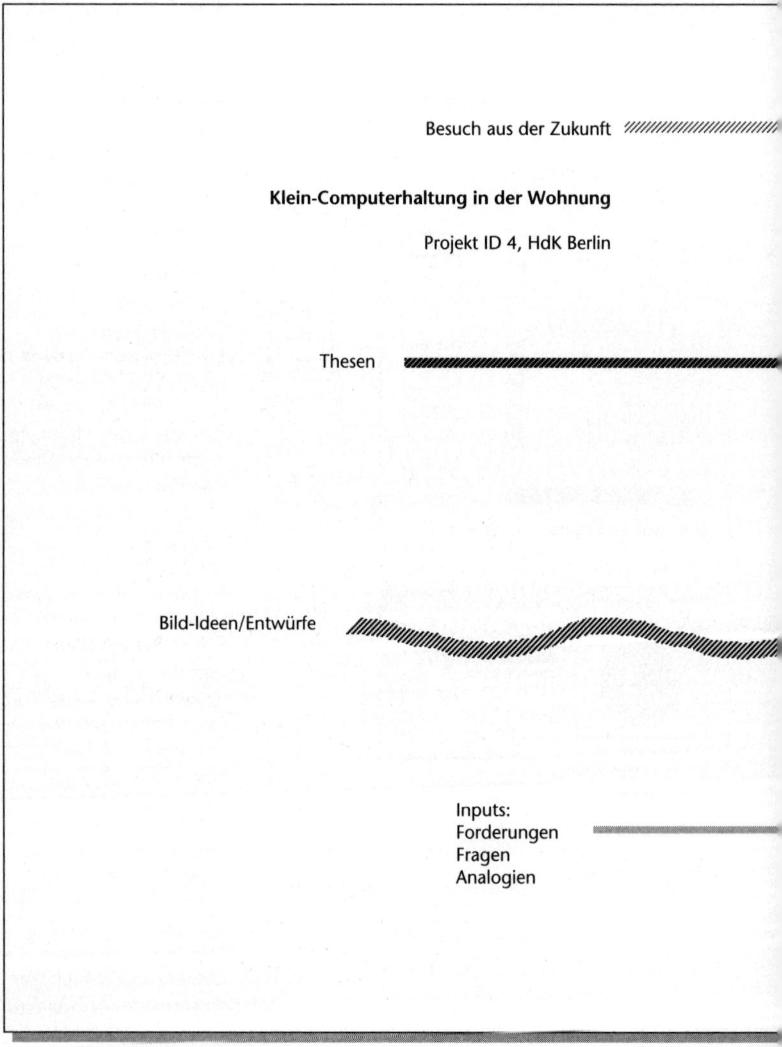

tal-Linien gezeichnet und die Texte geschrieben. Diese Dokumentation versucht den Entwurfsprozeß eines Design-Projekts in adäquater Form zu beschreiben: ein Leporello, dessen Layout sich horizontal entwickelt und in drei unterschiedlich farbigen Ebenen die Parameter des Entwurfs visualisiert:

1. Thesen,
2. Entwürfe/Bildideen,
3. Input: Fragen, Analogien...

Die Computer-Workstation als Nachrichtensatellit

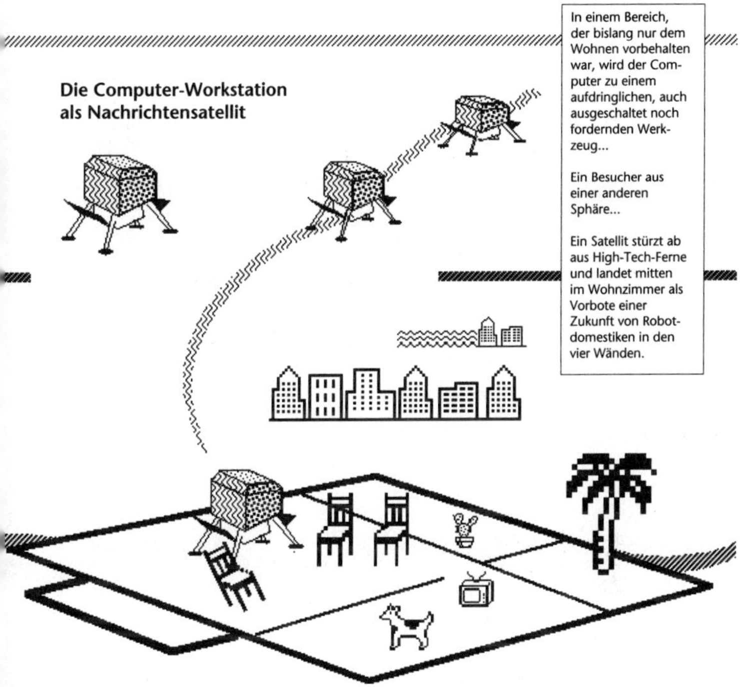

Ein neues Kapitel in der Vergesellschaftung von Produktionsmitteln

Das Bild des Satelliten gibt für die Arbeit am Computer einiges her:
Ich kann -Modem est Odem- Nachrichten empfangen und weitergeben...
Mehr noch: Ich kann Nachrichten erzeugen und bearbeiten... subversiv, autonom, selbstständig

1

Untersuchung bezogen auf die Hardware: Macintosh Plus, externes Laufwerk, Tastatur, Maus und Matrix-Drucker.

Is my home my office?
Arbeiten versus Wohnen

Der Computer ist ein Werkzeug und so mythisch oder suspekt wie ein Hammer oder die Schreibmaschine.

Privatsphäre und Arbeitssphäre durchdringen einander.

Wie arbeite ich da, wo ich sonst wohne?
Wie macht mich das Ding an?
Wie schaffe ich mir das Ding aus den Augen...?

Die Schreibmaschine verschwand in einer Tasche oder unter dem Schreibtisch, die Peripherie des Computers erfordert ein neues Management.

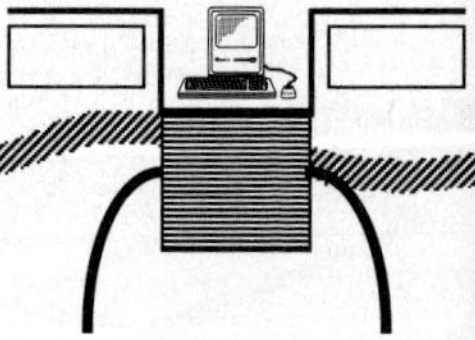

Offenes Bekenntnis oder hinter verschlossenen Türen?

Wandschrank, Tapetentür, Kabinett, Sekretär (Sekretär kommt von secret: geheimnisvoll, versteckt...)
Klipp-klapp der Computer im Sack respektive in der Box, im Schrank, o.ä.

2

Der Arbeitsplatz als autonome Station: ein Kabel rein, der Rest läuft drinnen.

Satellit als Selbstversorger

Bewohner des „globalen Dorfes"...
wie richtet ihr Euch ein, Satelliten eines
großen Kommunikationsnetzes...
suum cuique oder jedem seinen Satelliten...

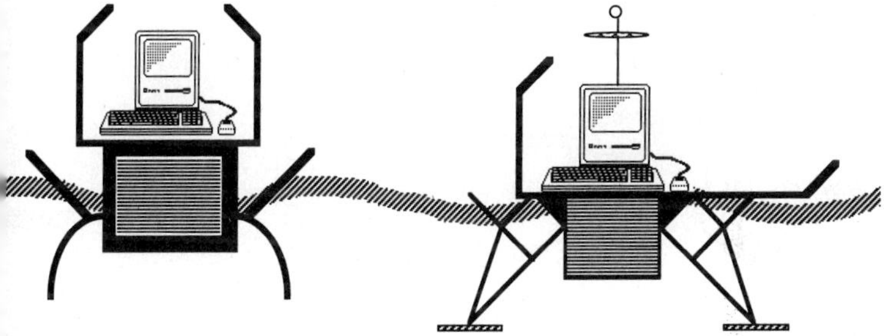

Wo bleibt die Gemütlichkeit?
Electronic Cottage...

Die High-tech-Herkunft soll nicht verleugnet werden... aber der Kontext des Privaten erlaubt größere Freiheit in der Wahl von Material und Form

3

Die Organisation der Hardware... Wohin mit den lauten Peripheriegeräten: Drucker, Harddisk, etc.

Kopf und Bauch
oder
Nutzung bestimmt die Konfiguration

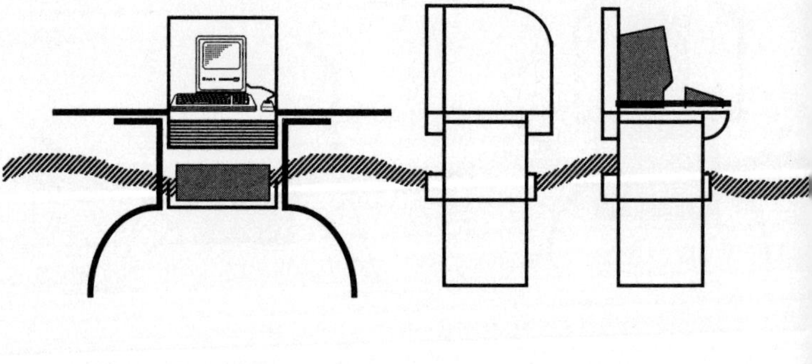

Cockpit und Maschinenraum

Die Steuerarbeit findet im Cockpit statt...
Die mechanischen und lauten Regungen des Matrixdruckers werden unter Deck verbannt: ins Triebwerk oder den Bauch des Satelliten.

Später kann das Cockpit geschlossen werden.

4

Auf den Matrixdruckern ImageWriter II und ImageWriter LQ können Farbbänder mit vier Grundfarben eingesetzt werden.

Einige Programme können diese Farben direkt ansteuern: So lassen sich in einem Druckgang bis zu sieben Farben (aus Mischtönen) drucken.

Programme, die auf den ImageWritern farbig drucken, sind z.B. SuperPaint und Canvas, aber auch das Layout-Programm XPress.

Überprüfung der Thesen am Modell

Stauraum statt Raumstau

Die Arbeitsflächen lassen sich getrennt hochklappen und bilden Abschirmung...
Zum anderen nehmen sie zugeklappt der Präsenz des Computers die Aufdringlichkeit, wenn er unbenutzt ist:

Der Arbeitsplatz schrumpft auf das Nötigste.

Stand by
oder Clipper Class

5

Die ad-hoc-Motive...*
Mal eben was tippen im schnellen Zugriff...
* Stand-by
Dann wieder die längere Klausur...**
Überquellende Aschenbecher, Zurücklehnen, nachdenken, ungestört sein wollen mit sich und seinem Werkzeug...
** Clipper-class

In SuperPaint kann die Musterpalette gegen die Farbpalette unter Menü Options mit *Show Color Palette...* ausgetauscht werden.

Im Objekt-Modus wird für ein aktiviertes Objekt die Farbe durch Mausklick in der Palette ausgewählt.

In Canvas wird Farbe in einem PopUp-Menü unter der Werkzeugleiste oder in der Element-Info-Box gewählt.

Wie ich den Bildschirm gerne hätte...

Viele arbeiten ähnlich, aber ähnlich ist noch nicht gleich.
Für das Recht auf Unterschiede in der Ähnlichkeit...

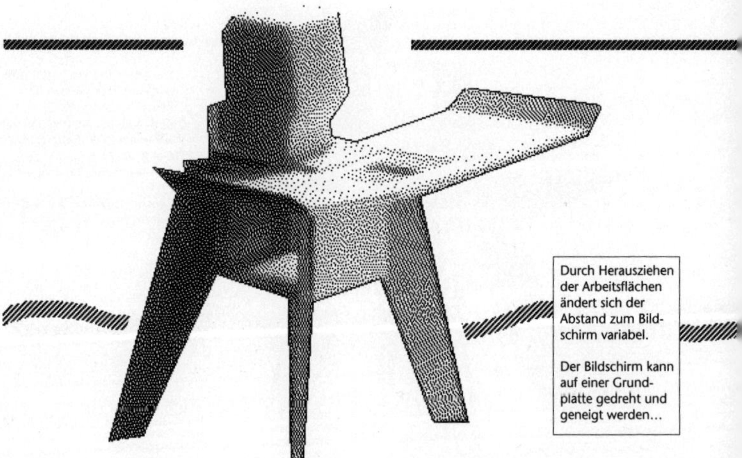

Durch Herausziehen der Arbeitsflächen ändert sich der Abstand zum Bildschirm variabel.

Der Bildschirm kann auf einer Grundplatte gedreht und geneigt werden...

Mensch-Maschine-Schnittstelle

... hier müssen die Bedürfnisse des Benutzers bestimmend sein: Computer und Drucker können und sollen leise arbeiten.
Wie ich in den Bildschirm schauen will, läßt sich nicht in DIN-Normen ausdrücken.

6

FOREGROUND	Black	White	Red	Green	Blue	Orange	Purple	Yellow
BACKGROUND	Black	White	Red	Green	Blue	Orange	Purple	Yellow

Farb-Palette aus SuperPaint.

Ausblick und weitere Entwicklung...

1. Überprüfen der Hardware - Thesen in 1:1 Mock-ups.

2. Detaillösungen zur Hardwarehandhabung:
Wie fährt der Drucker aus seinem Gehäuse... gerade oder über die Diagonale nach unten...
Wie wird er geräuschgedämpft...

3. Die Kabelführung...

4. Material- und Formvariationen der Gestelle...

5. Diskettenfächer, Konzepthalter (angedeutet neben dem Bildschirm als schwenkbare Fläche...)

6. Licht...z.B. hinten an den Griff im Mac eine Lampe anklemmen...

7. Abdeckung...z.B. eine Stoffkapuze...

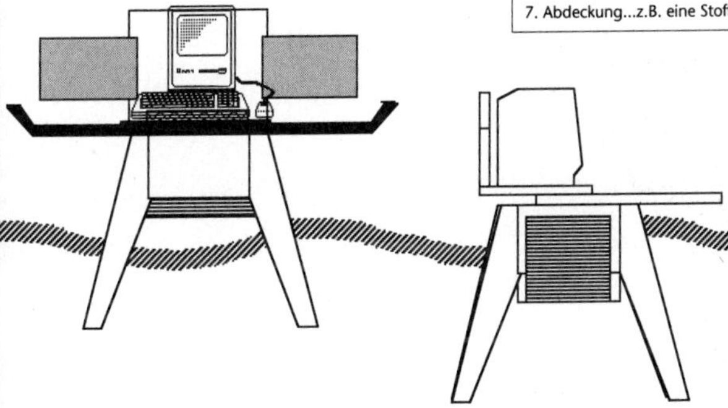

Projekt: Computer in der Wohnung/ID 4

1.Hypothesenbildung
2. Prototypen und Überprüfung...

Mac low tech production 6/87

7

2

PostScript Grafik Tour

Bézier-Kurven
Vom Hebeln feiner Linien

Adobe Illustrator

Aldus FreeHand 3.0

Der Mathematiker Bézier fand Funktionen zur Beschreibung komplexer Kurven und Linienverläufe, wobei Kurven oder Kurvenabschnitte durch die Endpunkte der Tangenten an den Angelpunkten beschrieben werden.

Zwei PostScript-Grafik-Programme, die mit Béziers Kurven arbeiten, sind Aldus FreeHand und Adobe Illustrator.

In beiden Programmen können Templates (als Zeichenvorlagen) geladen und nachgezeichnet werden. Darüber hinaus lassen sich aber auch alle konstruktiv orientierten Zeichnungen in diesen Programmen erstellen, wenn die Möglichkeiten numerischer Eingabe bei der Bestimmung von Größen beim Scheren, Drehen, Skalieren und bei der Zuordnung von Elementen genutzt werden.

Das Zeichenwerkzeug, mit dem im Illustrator gerade Linien oder Kurven erzeugt werden.

Der Screen-Shot zeigt, wie in Illustrator aktivierte Kurvenverläufe dargestellt werden: An Tangentialhebeln oder den Angelpunkten der Bézierkurven läßt sich der Linienverlauf vielfältig verändern, indem mit dem Mauspfeil die Hebel verkürzt, verlängert, verschoben werden oder direkt am Angelpunkt oder der Kurve gezogen wird.

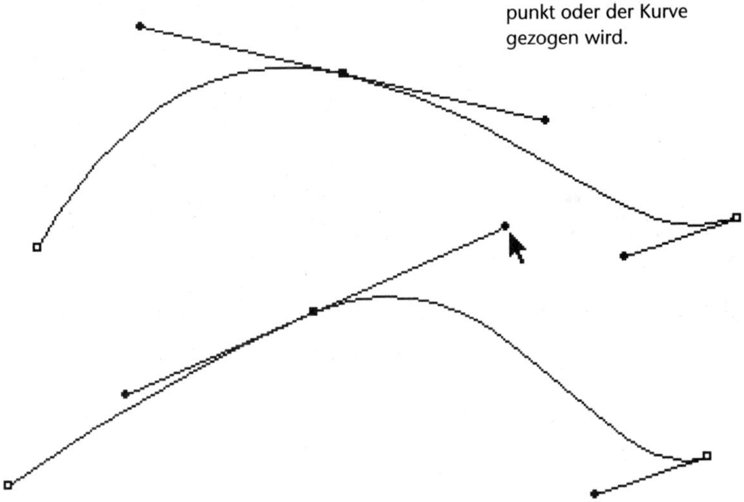

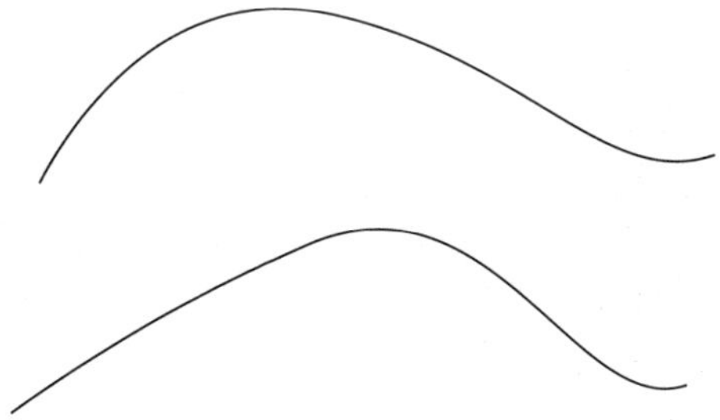

Die Linien und Raster von PostScript-Grafiken sind in der Auflösung nur durch das Ausgabegerät begrenzt. Am Bildschirm werden sie mit 72 dpi dargestellt, auf PostScript-Laserdruckern oder Filmbelichtern können sie in der jeweils zur Verfügung stehenden Auflösung ausgegeben werden.

Automatisches Durchpausen

Autotrace in Illustrator und FreeHand

Open a Template or click None... Mit diesen Worten eröffnet Illustrator, wenn ein neues Dokument angelegt wird. Paint- und Pict-Formate können als Zeichenvorlagen, sogenannte Templates, mit dem Befehl *Open* als graues Bild in den Hintergrund eines neuen Dokuments gelegt und nachgezeichnet werden. Templates können im Illustrator nicht verändert oder mitgedruckt werden.

Mit Autotrace können Vorlagen automatisch nachgezeichnet werden.

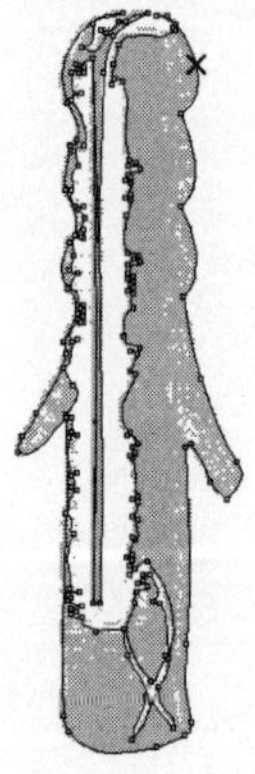

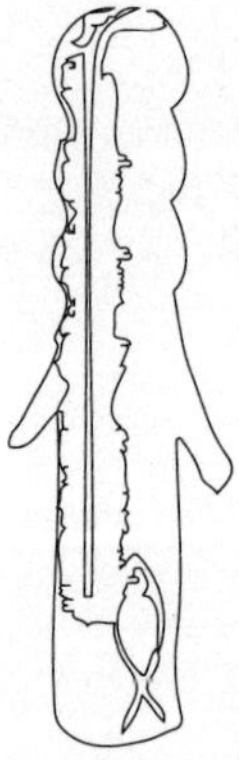

Das Autotrace-Werkzeug ist als PopUp hinter dem Freihand-Tool in der Toolbox von Illustrator. Mit dem Kreuz wird die Vorlage an einer Stelle angeklickt, und das Programm zeichnet die Konturen in Bézierkurven nach.

Je dichter die Pixel der Vorlage nebeneinander sitzen, desto besser ist das Resultat.

Jedoch müssen für Reinzeichnungen einer Vorlage meist noch viele Bézier-Hebel gezogen werden, an denen die Kurven verändert werden können, bis die Zeichnung stimmt.

In FreeHand werden die Vorlagen (Paint-, Pict- und Tiff-Formate) über den Befehl *Positionieren...* direkt im Dokument plaziert. Mit dem Autotrace-Tool wird bei gedrücktem Mausschalter wie mit einem Flächen-Werkzeug über die Vorlage gezogen. Klickt man zweimal auf das Autotrace-Tool so erscheint ein Fenster, in dem die Kurven-Funktion beeinflußt werden kann.

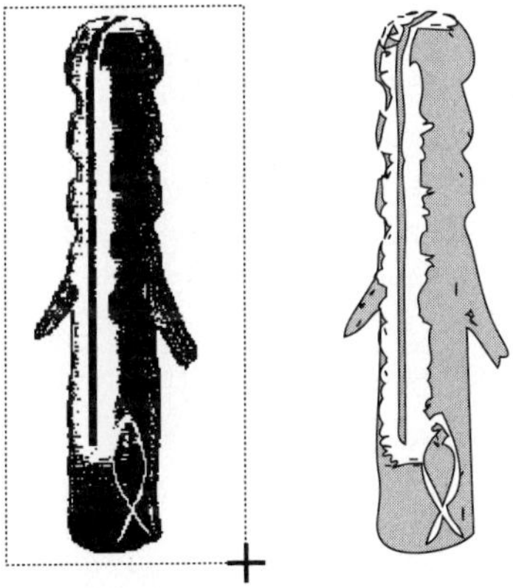

Ist die Vorlage, wie in den Beispielen, ein Paint-Format, empfiehlt es sich, sie vor dem Autotracing in einem Paint-Programm zu retuschieren. Mit dem Zeichenstift können die Kontur geglättet oder offene Stellen durch Pixel geschlossen werden.

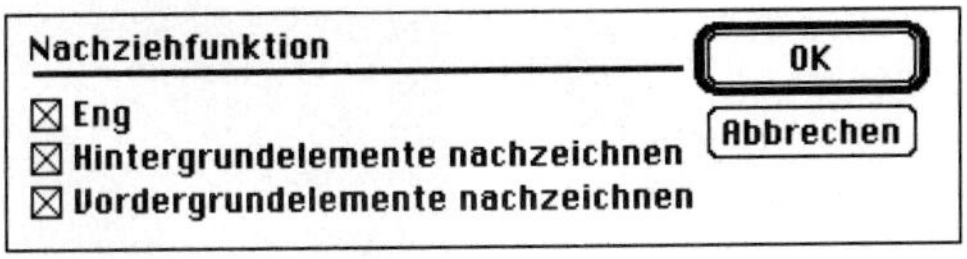

Vom Template zur Illustration

Zeichen-Vorlagen bearbeiten...

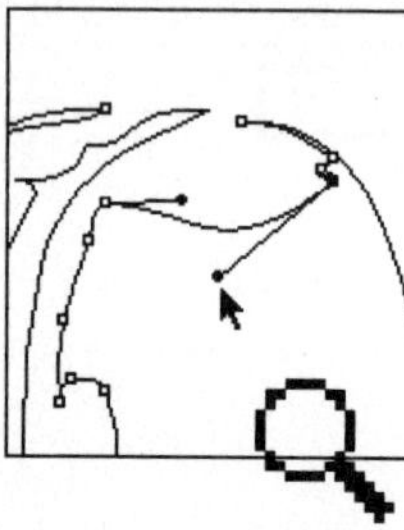

Die Autotrace-Zeichnung kann in den PostScript-Programmen weiter bearbeitet werden: Kurvenabschnitte lassen sich verändern, indem an Hebeln oder Punkten gezogen wird. Auch ganze Teile der Kurven können gelöscht werden, indem Kurventeile oder Punkte aktiviert und durch Drücken der Reset-Taste entfernt werden. Mit der Lupe läßt sich die Zeichnung für Feinarbeit vergrößern.

Autotrace ist sicher keine Universal-Lösung für Illustrationen, aber auf diese Weise erstellte Grafiken können einen lebendigeren Charakter haben als konstruierte Zeichnungen. Mit einiger Nacharbeit lassen sich aus gescannten Vorlagen feine PostScript-Zeichnungen erstellen.

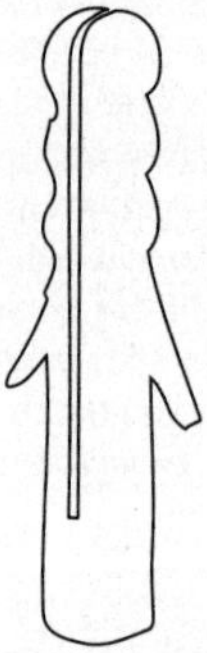

Beispiele verschiedener Raster und Strichstärken

Um im Illustrator der Zeichnung verschiedene Strichstärken und Raster zu geben, werden die Kurven oder Flächen durch Anklicken aktiviert. Unter Menü Style wird mit dem Befehl *Paint* das unten gezeigte Fenster geöffnet: Unter Fill werden die Raster oder Farben für Flächen, unter Stroke die Linienfarbe bestimmt. Verschiedene Strichstärken können unter Weight in Punkten angegeben werden.

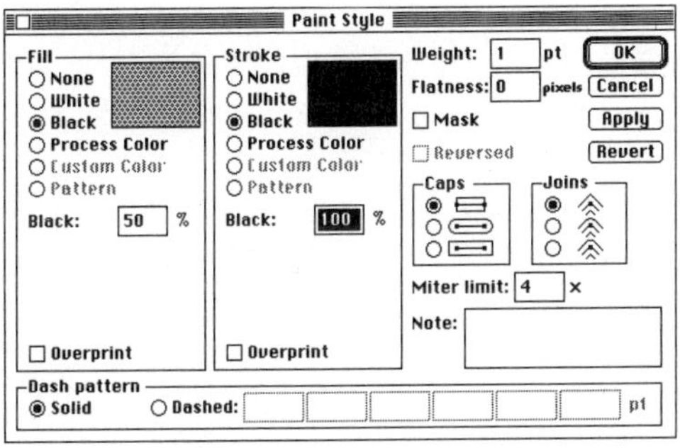

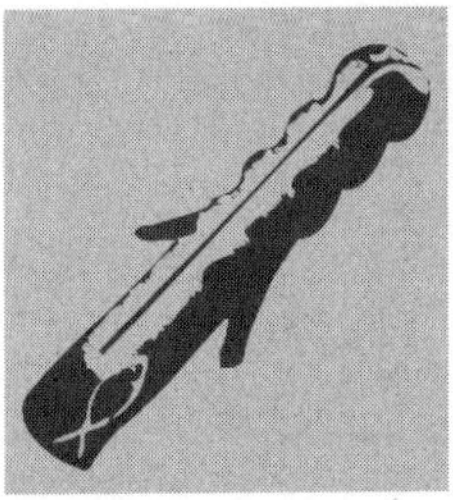

Werkzeuge
in Illustrator und FreeHand

Die Werkzeug-Symbole und Fenster dieser Seite stammen aus Illustrator. Die Arbeit mit den Werkzeugen und der Option-Taste ist in Illustrator und FreeHand identisch.
In Illustrator können die Werkzeuge auf numerische Eingabe umgestellt werden, durch ein PopUp-Werkzeug in der Toolbox (siehe Seite 119).

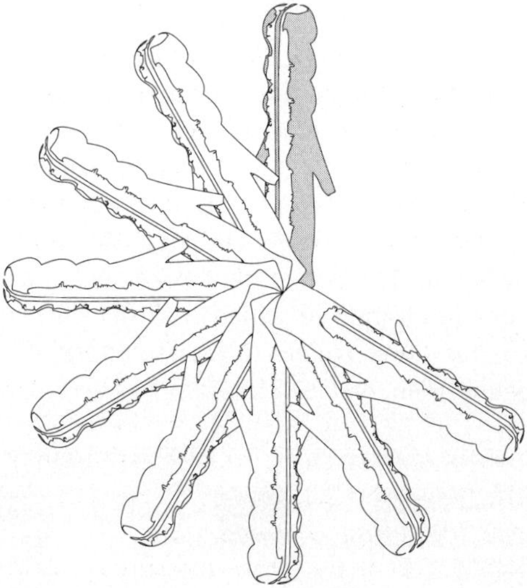

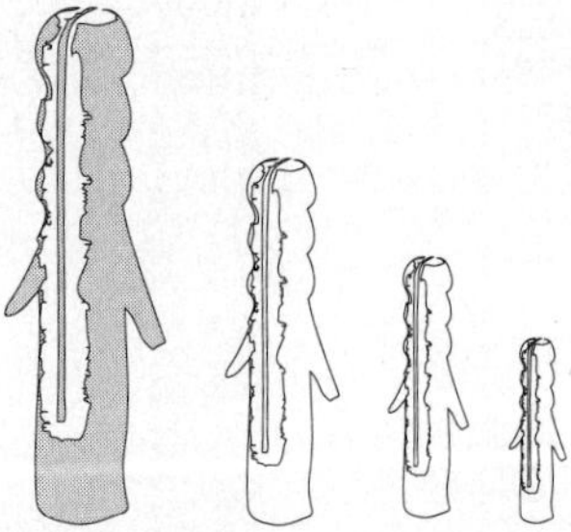

Vergrößern…

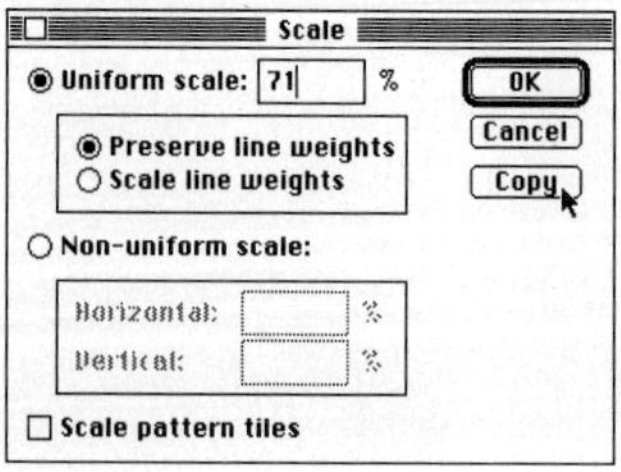

Drehen…

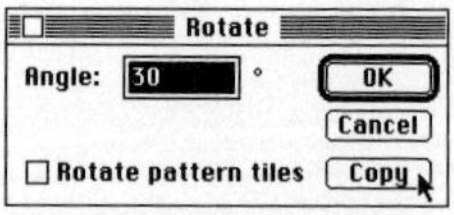

Wer eine kopierte Manipulation mehrmals wiederholen will, gibt den Befehl *Transform again* unter dem Menü Edit (oder Command D).

Die Werkzeuge zum Manipulieren der Zeichnungen: Drehen, Vergrößern – Verkleinern, Spiegeln und Scheren (rotate, scale, reflect and shear) werden in der Tool-Box durch Anklicken ausgewählt und können dann auf die aktivierten Teile einer Zeichnung angewendet werden.

Diese Werkzeuge lassen sich sowohl «freihändig» als auch numerisch anwenden. Dazu klickt man mit Maus und gleichzeitig gedrückter Option-Taste auf eine Stelle am Bildschirm, die als Bezugspunkt für die gewünschte Manipulation gelten soll. Nach dem Klicken kommt automatisch das Window für numerische Eingaben.
Mit *O.K.* wird der aktivierte Teil in den neuen Zustand versetzt; mit dem *Copy*-Befehl wird eine Kopie des aktivierten Teils in den neuen Zustand gesetzt.

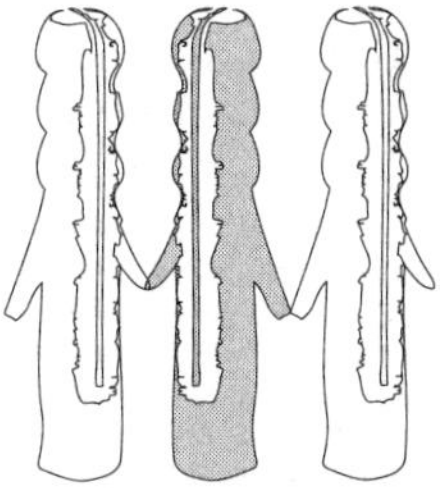

Spiegeln...

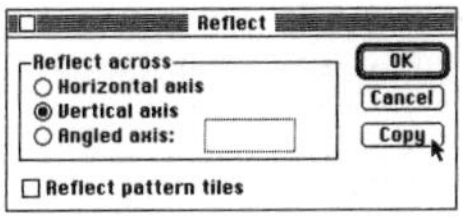

Scheren...

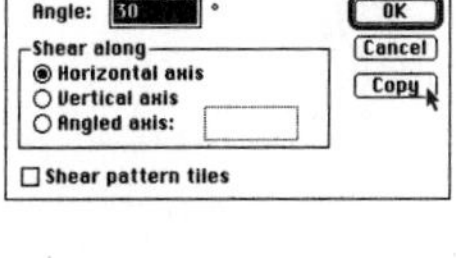

Nachzeichnen per Hand

Vorlagen im Illustrator durchpausen

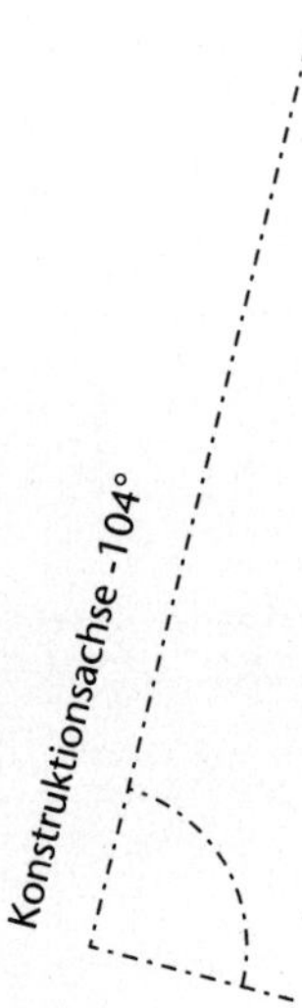

Für das manuelle Nachzeichnen stehen im Illustrator verschiedene Werkzeuge zur Verfügung. Die Vorlage im Paint- oder Pict-Format wird unter mit dem Befehl *Open…* als Template geöffnet.

Um das Nachzeichnen zu vereinfachen, werden als erstes in der Vorlage die Achsen gemessen. In diesem Fall steht eine Achse im Winkel von -104°. Nachdem dieser Wert unter *Preferences* im Feld *Constrain Angle* eingegeben ist, zeichnet Illustrator alle Flächen in diesem Winkel.

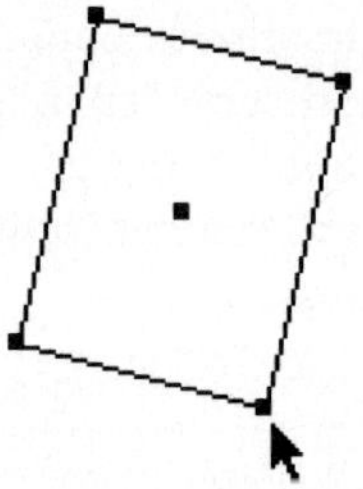

Mit dem Maßwerkzeug auf zwei Punkte klicken – das Maßfenster gibt die Entfernung und den Winkel zwischen den beiden Punkten an.

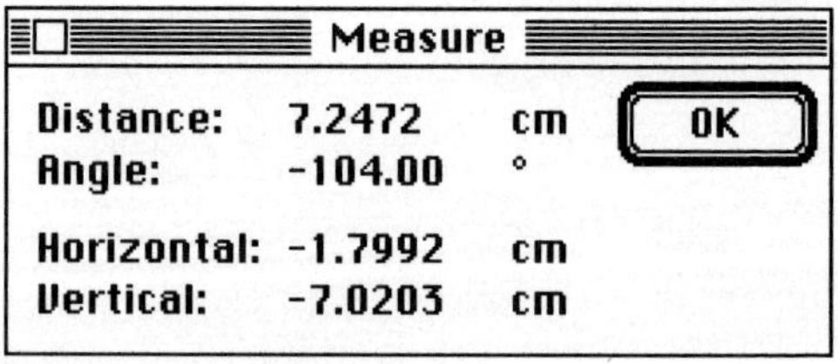

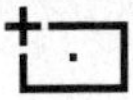

Für runde oder eckige Flächen das Oval- oder Rectangle-Werkzeug wählen und am Bildschirm eine Fläche zeichnen. Unter den PopUp-Tools der Werkzeugleiste kann eingestellt werden, ob die Werkzeuge von der Ecke oder von der Mitte aus zeichnen. Werden die Flächen ungruppiert, so lassen sich die Bézier-Punkte einzeln verschieben. Mit dem weißen Pfeil, der als PopUp in der Toolbox ist, können in gruppierten Zeichnungen ebenfalls einzelne Punkte aktiviert werden.

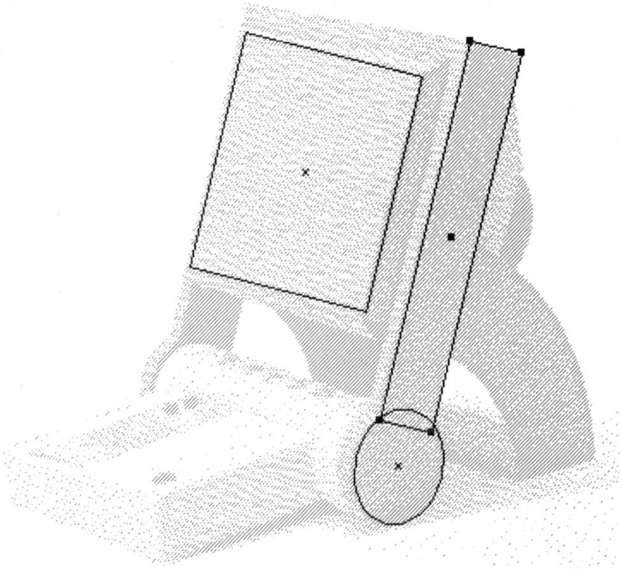

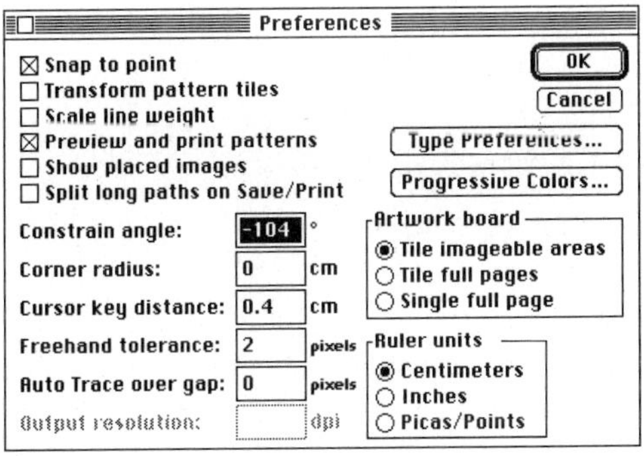

Preferences steht unter Menü Edit. Hier können dem Programm verschiedene Werte vorgegeben werden, z.B. der Konstruktionswinkel.

Kurven werden mit dem Zeichenstift gezogen: Dazu setzt man den Anfangspunkt der Kurve, läßt den Mausschalter los, setzt den Endpunkt der Kurve und zieht mit gedrücktem Mausschalter am Bézier-Hebel, bis die Kurve der Vorlage entspricht.

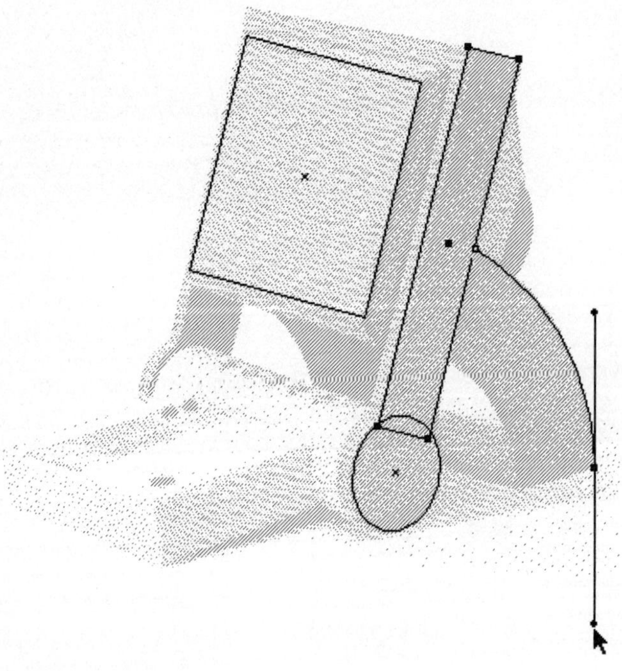

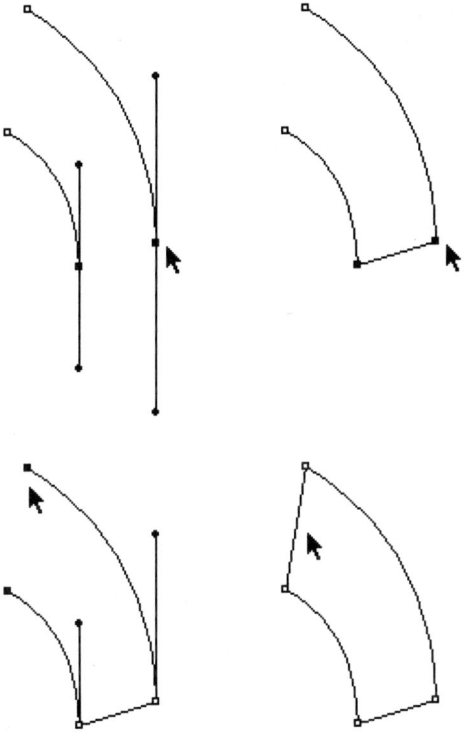

Die Kurven werden zu Flächen verbunden, indem je ein Endpunkt der Kurve aktiviert wird (mit Mauspfeil und gedrückter Shift-Taste), dann wird unter dem Menü Arrange der Befehl *Join...* ausgelöst.
Die Fläche kann im aktivierten Zustand gruppiert werden (unter Menü Arrange), so daß sie im Eifer des Zeichnens nicht versehentlich verändert werden kann. Gruppierte Flächen sind an den schwarzen Punkten, ungruppierte an den Outline-Punkten zu erkennen.

Zoom, Zoom, Zoom

Feinarbeit in der Vergrößerung

Die Lupe funktioniert in Illustrator und FreeHand auf die gleiche Art: Mit der Option-Taste wird verkleinert.

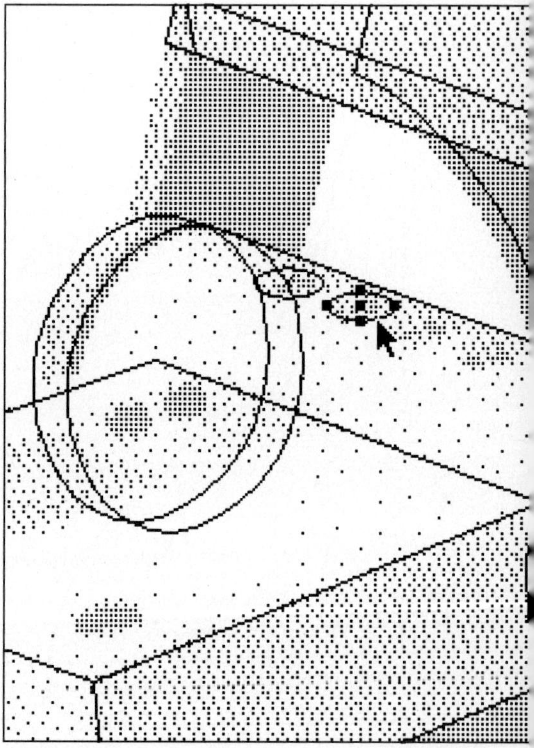

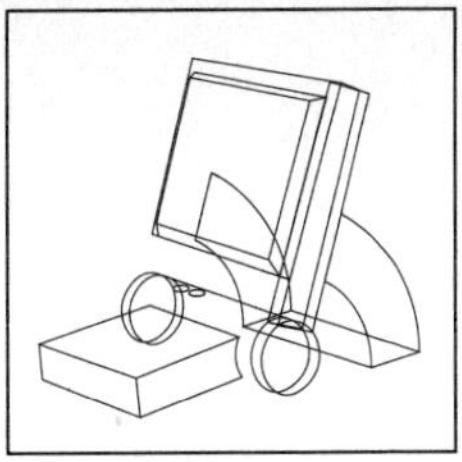

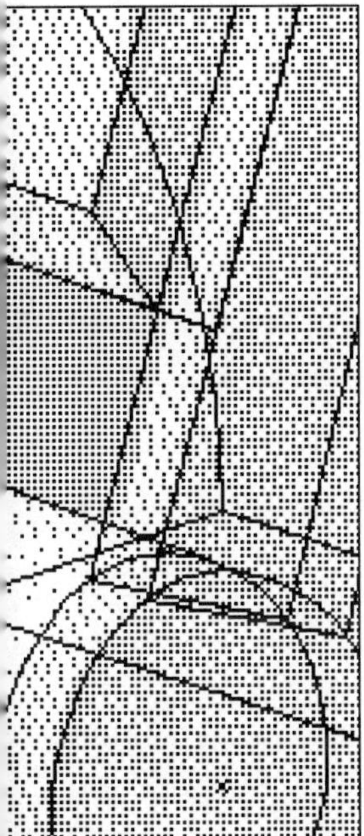

Mit der Lupe läßt sich in die Vergrößerung klicken, wenn Details und Linienverläufe der Vorlage genau angepaßt werden sollen. Im Illustrator können Templates ausgeblendet werden, wenn sie die Feinarbeit stören: Unter Menü View mit dem Befehl *Artwork only...* oder einfach mit Command W.

Solange die Flächen nicht gruppiert sind, lassen sich ihre Punkte einzeln verschieben. In gruppierten Flächen können die Punkte mit dem Outline-Pfeil, der sich als PopUp hinter dem normalen Auswahl-Pfeil befindet, einzeln aktiviert werden. Sind in den Voreinstellungen für Bézier-Punkte «magnetische» Eigenschaften eingestellt, lassen sich Flächen an ihren Eckpunkten paßgenau aneinander setzen.

Im *Preview* (unter Menü View) kann die Zeichnung in der Bildschirm-Simulation kontrolliert werden. Hier läßt sich überprüfen, ob Flächen richtig übereinander sitzen oder sich verdecken. Wo Flächen und Objekte nicht in der richtigen Reihenfolge sind, werden sie nach vorn oder hinten gebracht, indem sie mit *Cut* ausgeschnitten und mit *Paste in Front* oder *Paste in Back* wieder eingesetzt werden. Flächen und Objekte, die nicht mehr bearbeitet werden, können durch den Befehl *Lock* festgestellt oder durch *Hide* verborgen werden.

Voilà… das Finish

Strich, Raster oder Farbe

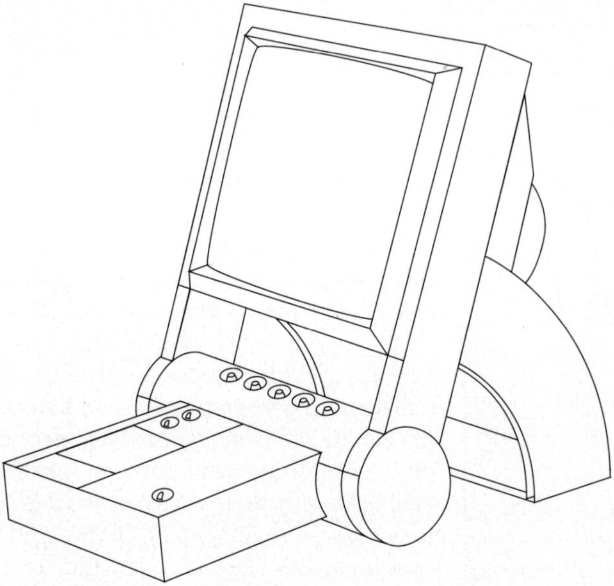

Wenn alle Flächen gezeichnet sind und nach der Kontrolle im Preview richtig übereinandersitzen, kann mit der Farbgebung begonnen werden.

In Schwarz-Weiß stehen Raster von 0 – 100% zur Verfügung, um der Zeichnung räumliche Wirkung zu geben. Die Fläche wird aktiviert, dann unter Menü Style mit dem Befehl *Paint* ein Fenster aufgerufen, in dem Flächen und Linien mit verschiedenen Rastern belegt werden können.

Metamorphosen-Macher
Automatische Formenübergänge

Um im Illustrator zwischen zwei Objekten eine Metamorphose durchzuführen, aktiviert man je einen Punkt an den beiden Objekten (mit Maus-Pfeil bei gleichzeitig gedrückter Shift-Taste) und klickt mit dem Blend-Werkzeug nacheinander auf die aktivierten Punkte.

Mit dem Blend-Werkzeug im Illustrator erzeugte Übergänge zwischen verschiedenen Linien.

Das Blend-Tool im Illustrator erzeugt Übergänge zwischen zwei Objekten. Haben die Objekte verschiedene Raster, Strichstärken oder Farben, so wird zwischen ihnen ein Verlauf dargestellt. Im Blend-Window kann die Zahl der Übergänge eingegeben werden. Bei Farbverläufen gibt das Programm einen optimalen Wert vor, der jedoch manuell verändert werden kann.

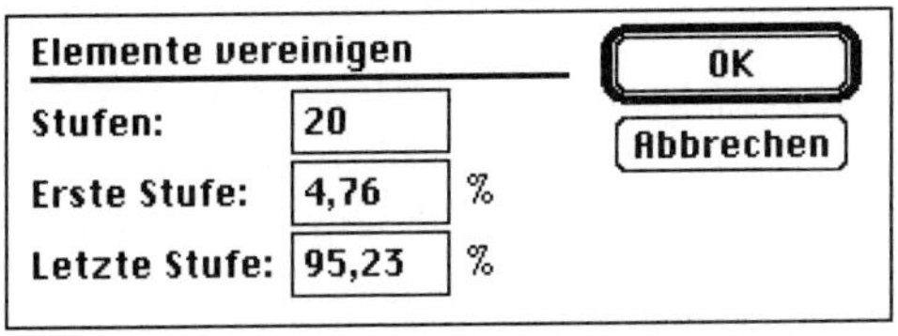

In FreeHand heißt der Befehl zum Überblenden *Elemente vereinigen...* unter dem Menü Elemente: Zwei Objekte werden ungruppiert, je ein Punkt an ihnen aktiviert und der Befehl ausgelöst.
Darauf erscheint das oben gezeigte Fenster, in das die Stufen-Anzahl eingegeben wird.

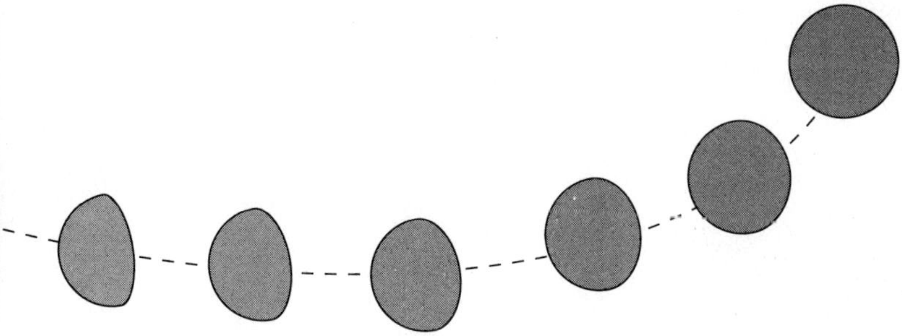

Raster und Farben
im Illustrator

Raster und Farben für Flächen und Linien sowie Strichstärken werden in Illustrator im Paint-Window unter Menü Style definiert. Ein kleines Bildschirmfenster zeigt den ausgewählten Farbton oder den ungefähren Helligkeitswert als Default-Raster (am SW-Monitor).

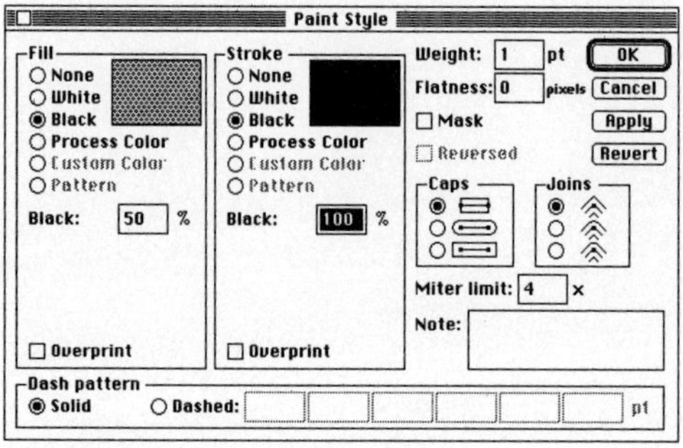

Paint-Window aus Illustrator zum Festlegen von Rasterfarben und Strichstärken.

Process Color:
Eigene Farben werden nach CMYK Tabelle gemischt. Mit einer 24-Bit-Grafikkarte ausgestattet, zeigt Mac jede Farbe als Vollton. Mit einer 8-Bit-Karte werden die meisten Farben durch ein Dither-Raster simuliert.

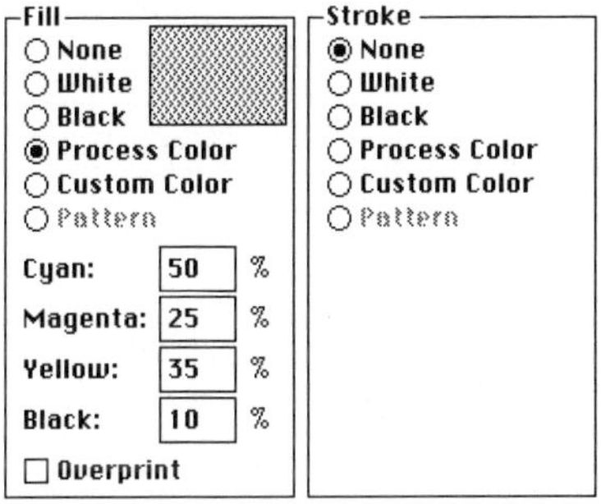

Custom Color:
Das untere Fenster zeigt den Zugriff auf die Pantone-Farben im Illustrator. Diese Farbtabelle liegt in einem extra Dokument vor, das aus Illustrator geöffnet wird. Tint verändert die Helligkeit der gewählten Farbe.

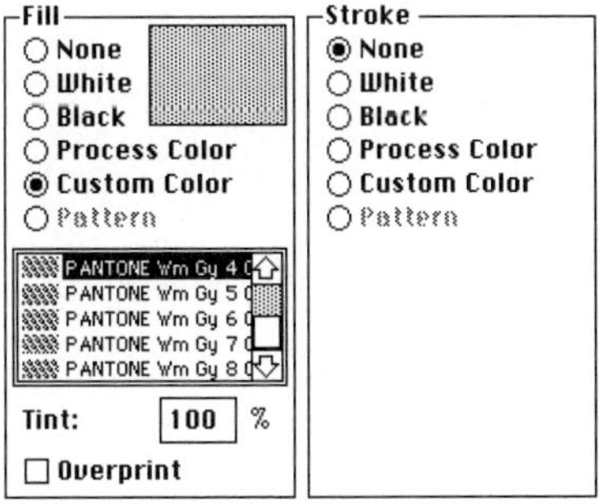

Pattern Language

Muster machen im Illustrator…

Die Figur, die zum Muster gemacht werden soll, wird mit einem Rechteck umgrenzt. Dabei muß das Rechteck hinter der Figur sitzen: *cut* und *paste in back*. Die Farbe der Figur und des Rechtecks werden Farbe des Musters. Beides aktivieren, kopieren und unter Menü Style auf *Pattern*.

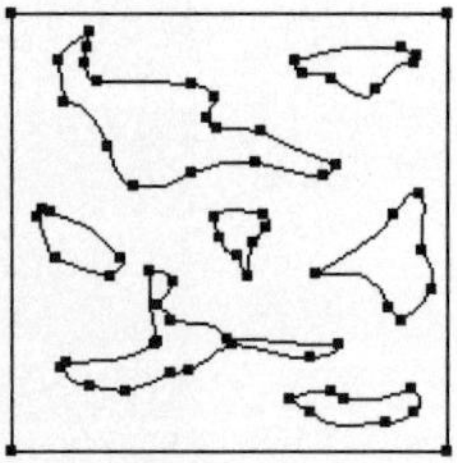

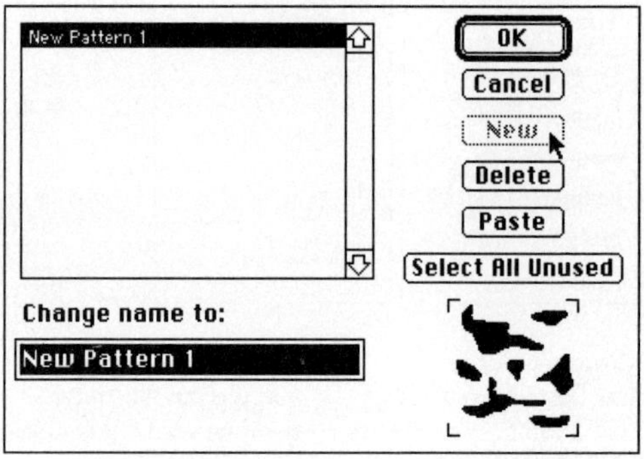

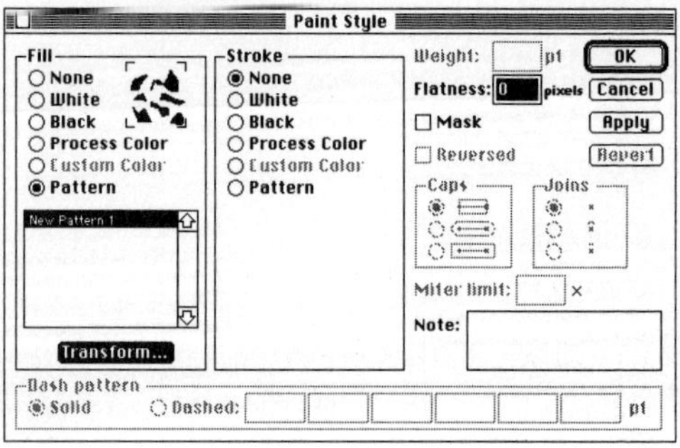

Flächen, Linien und Schriftzeichen können mit editierten Mustern belegt werden: Unter dem Menü Style ins Paint-Window *Pattern* anklicken.

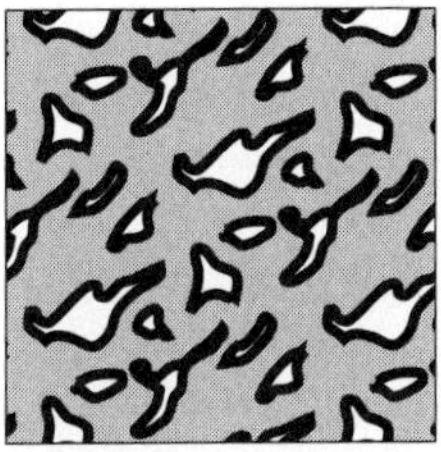

Muster weiß mit
2 Punkt Strich, Hintergrund 20% Raster, mit Transform 45° gedreht.

Muster schwarz,
Hintergrund weiß

Muster weiß,
Hintergrund schwarz

Muster können in ihrem Objekt verschoben, gedreht, vergrößert, verkleinert oder geschert werden: Im Paint-Window zuerst *Pattern,* dann *Transform* anklicken und die gewünschten Veränderungen eingeben.

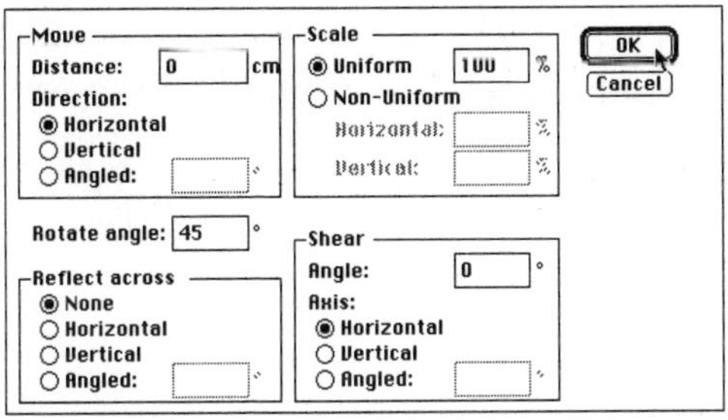

Linien, Füllungen und Farbpaletten

Die Oberflächen-Werkstatt in FreeHand

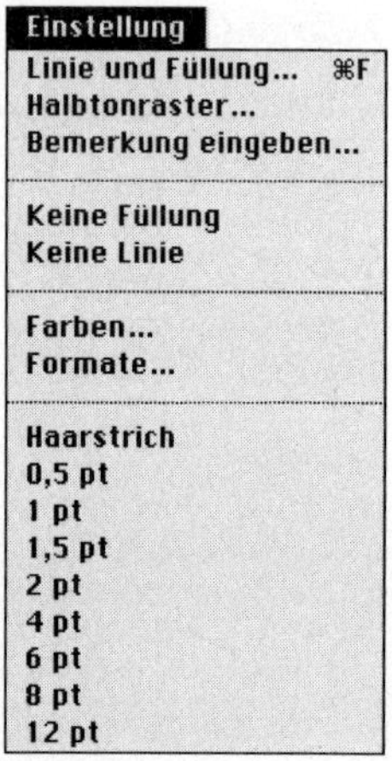

Seit der FreeHand Version 3.0 präsentieren sich die Befehle und Werkzeuge für Farben, Raster und Linien wesentlich übersichtlicher und einfacher benutzbar als in den Vor-Versionen. Alle Befehle und Prozeduren – erreichbar aus einem Fenster mit PopUp-Menüs – zum Füllen von Flächen finden sich unter dem Menü Einstellung durch den Befehl *Linie und Füllung*.

Für die schnelle Verfügbarkeit gewählter Farben ohne Umweg über die Menü-Befehle bietet FreeHand Farb- und Formatpaletten als extra Fenster auf dem Bildschirm.

Ebenso wie im Layout-Programm PageMaker, stammen doch beide Produkte von Aldus, können auch in FreeHand ausgewählte Farben in die Farbpalette aufgenommen werden. Aus diesem auf dem Bilschirm frei beweglichen Fenster können dann Farben für Flächen und Linien direkt angewendet werden.

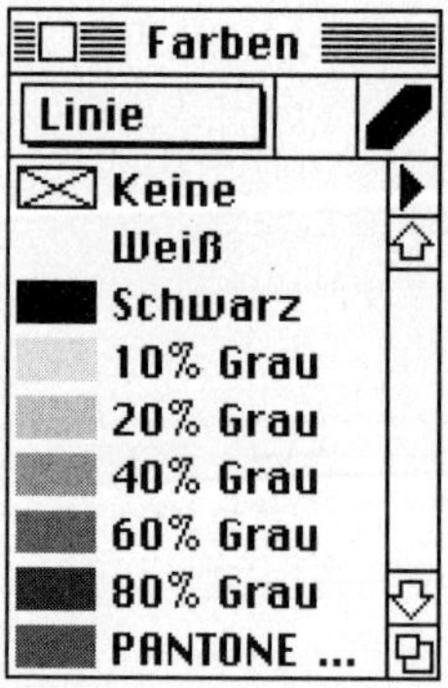

Spezielle Füll-Operationen (Muster etc.) können in die Format-Liste aufgenommen werden.

Die verschiedenen Füllungsprozeduren, von denen wir auf den nächsten Seiten einige vorstellen, als PopUp-Menü.

Das Linie- und Füllung-Fenster mit seinen PopUp-Menüs, die sich stets hinter den umrandeten Feldern verbergen, ist die Start-Plattform für alle Farb- und Oberflächen-Behandlungen in FreeHand.

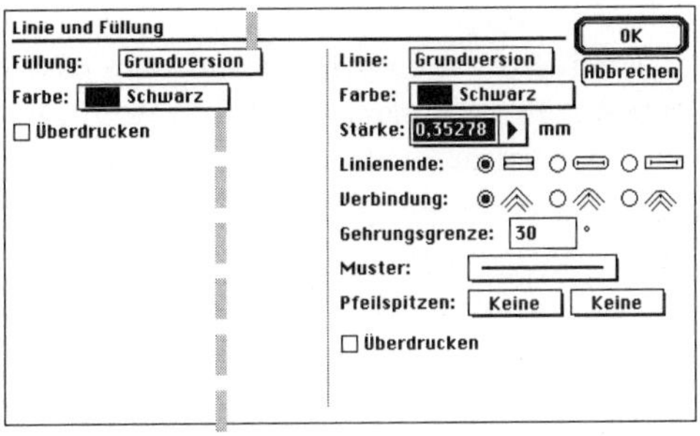

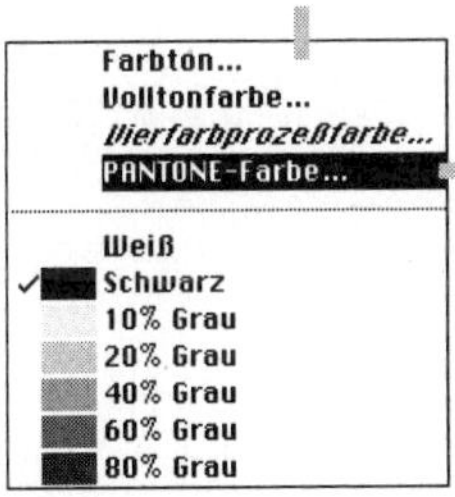

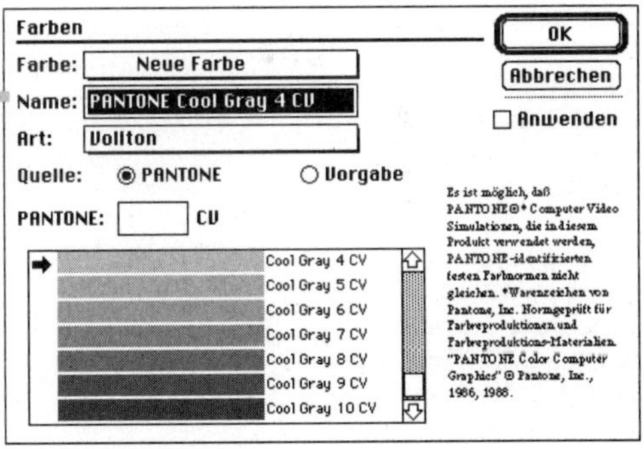

PopUp-Menü Farbe: Die hier ausgewählten Farben werden in die Farb-Palette übernommen. Die Pantone-Farben werden auch bei 8-Bit-Grafik-Karten als reiner Farbton am Bildschirm dargestellt.

Automatische Verlaufsraster
in FreeHand

In FreeHand lassen sich auf einfachem Wege Rasterverläufe erzeugen und zwar sowohl graduell in paralleler Richtung als auch radial von einem Punkt ausgehend. Die Verlaufsfüllungen *Abgestuft* oder *Radial* stehen als PopUp-Befehle im Linie- und Füllung-Fenster.

Auch die Rasterweite sowie die Art des Rasters können in FreeHand vom Benutzer selbst bestimmt werden: Der Befehl *Halbtonraster* öffnet das entsprechende Fenster.

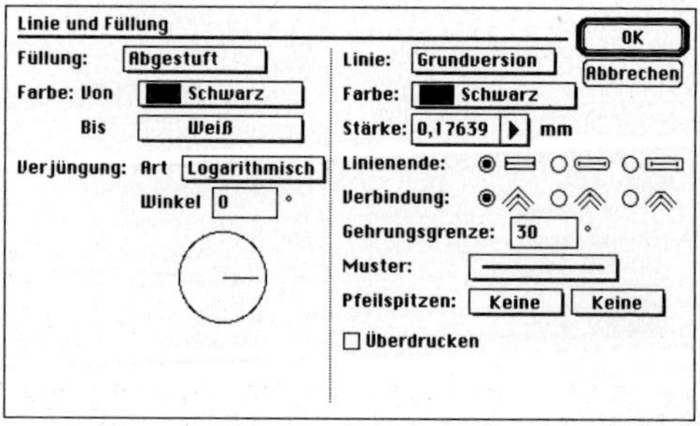

Das Linie- und Füllung-Fenster aus FreeHand hat für jede Füll-Prozedur eigene Einstell-Felder.

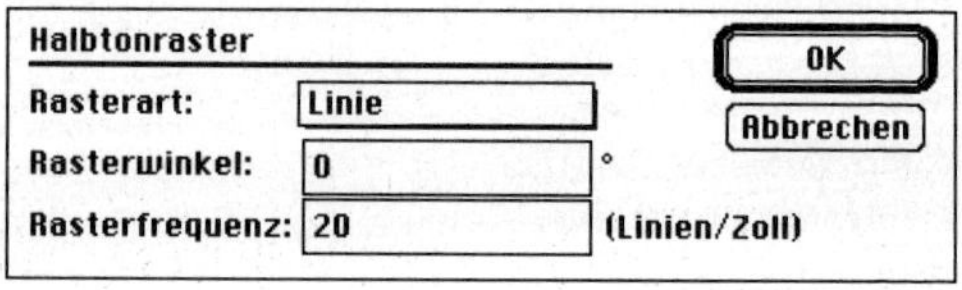

Das Fenster, in dem verschiedene Rasterarten und Rasterweiten eingestellt werden. Das oberste Feld enthält als PopUp-Menü die Rasterarten Default, Punkt und Linie; in den unteren können der Winkel und die Feinheit des Rasters für die Füllung einer aktivierten Fläche angegeben werden.

Gradueller Verlauf
schwarz nach weiß,
logarithmisch, Winkel 0°
Default-Raster

Linienraster, Winkel 0°
20 lines/inch

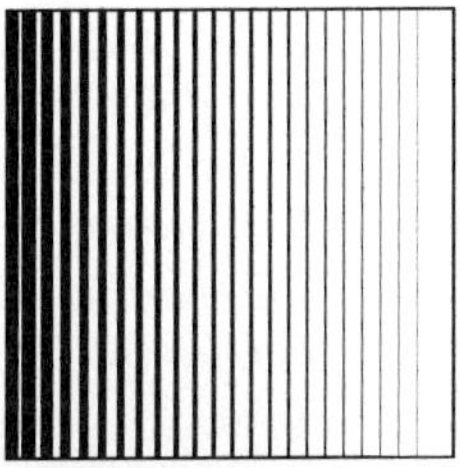

Linienraster, Winkel 90°
40 lines/inch

Gradueller Verlauf
schwarz nach weiß,
linear, Winkel 0°
Default-Raster

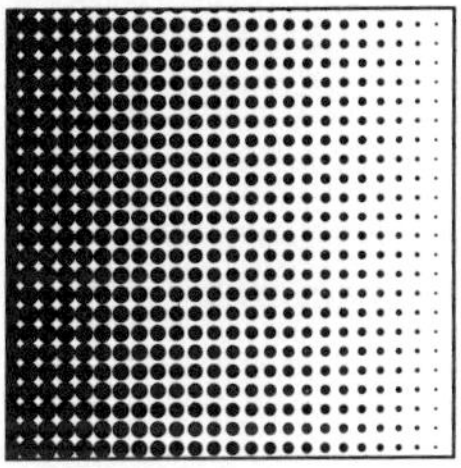

Punktraster, Winkel 0°
20 lines/inch

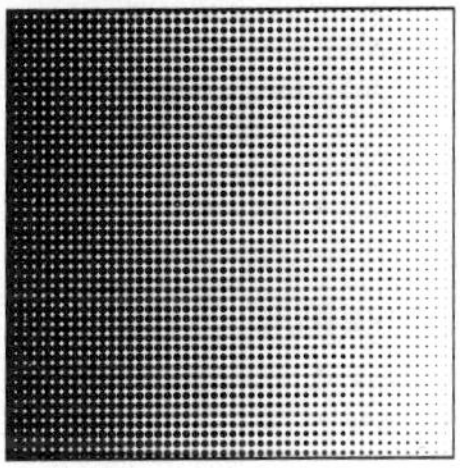

Punktraster, Winkel 0°
40 lines/inch

Radialer Verlauf
weiß nach schwarz,
Default-Raster

Linienraster, Winkel 0°
20 lines/inch

Punktraster, Winkel 0°
20 lines/inch

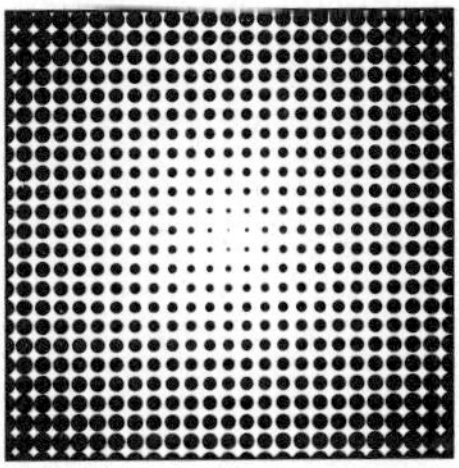

FreeHand Laminati

Muster machen in FreeHand

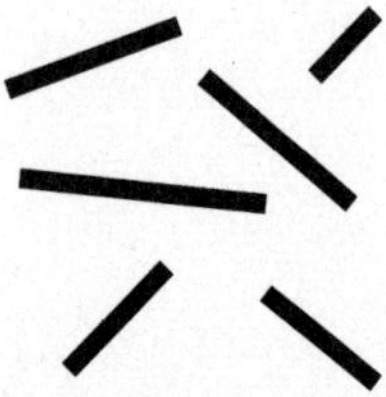

- Keine
- Grundversion
- Abgestuft
- Gemustert
- PostScript
- Radial
- ✓Bild
- Vorgabe

Um in FreeHand aus einer Zeichnung ein Muster zu machen, werden die Teile aktiviert und in die Zwischenablage kopiert, dann unter Menü Einstellungen im Füllungen-Fenster der Befehl *Bild...* gewählt. Wird hier *Einfügen* angeklickt, erscheint das Muster im Fenster.

Die Möglichkeiten, ein Muster zu bearbeiten, zeigt das rechts abgebildete Fenster. Muster können unter eigenem Namen gespeichert werden und lassen sich dann aus dem Format-Fenster auf dem Bildschirm anwählen.

Linien werden im gleichen Fenster wie Füllungen bestimmt. Hier kann zum einen die Strichstärke, aber auch die Linienart festgelegt werden, zum anderen kann im PopUp-Feld *Farbe* die Grundfarbe und Helligkeit (Raster) einer Linie festgelegt werden.

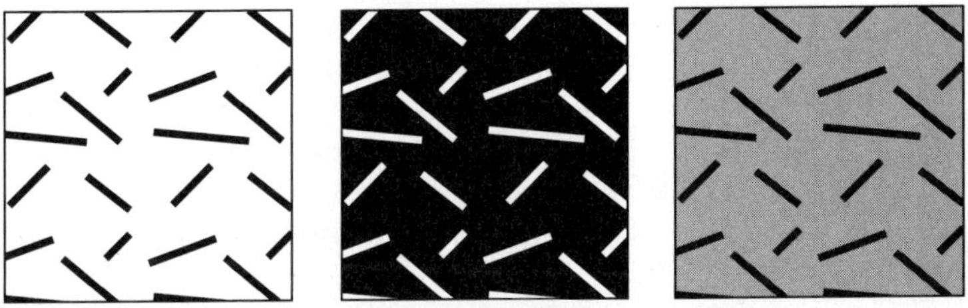

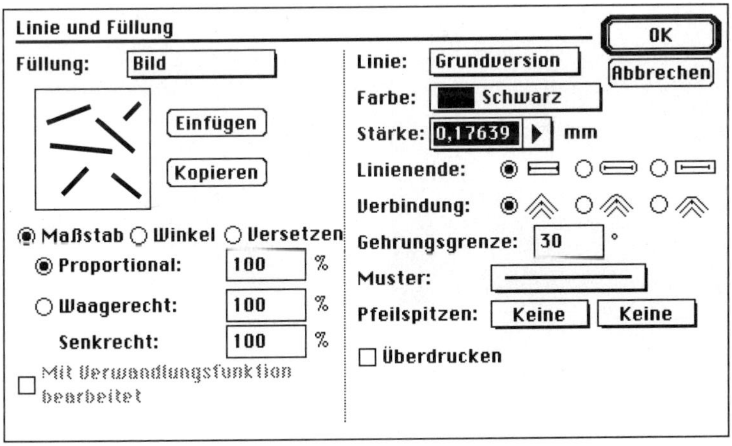

Linie und Füllung
OK
Abbrechen
Füllung:
Bild
Einfügen
Kopieren
Maßstab
Winkel
Versetzen
Proportional:
100
%
Waagerecht:
100
%
Senkrecht:
100
%
Mit Verwandlungsfunktion bearbeitet
Linie:
Grundversion
Farbe:
Schwarz
Stärke:
0,17639
mm
Linienende:
Verbindung:
Gehrungsgrenze:
30
°
Muster:
Pfeilspitzen:
Keine
Keine
Überdrucken

Vorgabe-Füllungen in FreeHand

Muster nach Programm

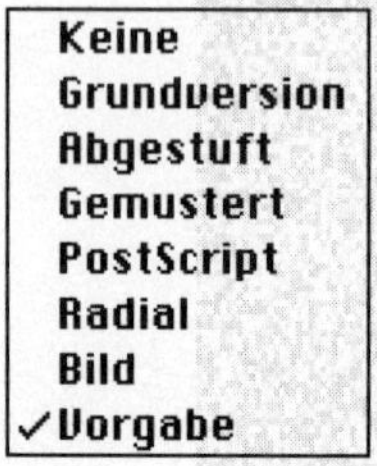

Im Füllungs-Fenster findet sich der PopUp-Befehl *Vorgabe,* unter dem sich die hier gezeigten Strukturen für Objekte definieren lassen. Die Strukturen können teilweise in der Helligkeit oder in der Häufigkeit der auftretenden Verteilung eingestellt werden. Und für alle lassen sich sämtliche Farben definieren. Am Bildschirm werden die Vorgabe-Füllungen nicht dargestellt.

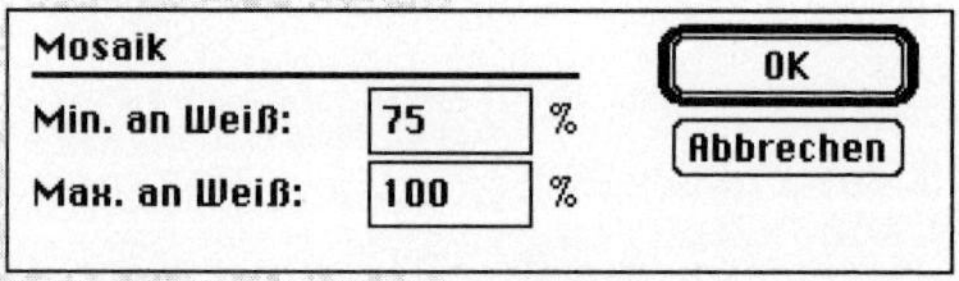

Die links verwendete Füllung heißt Mosaik, die Einstellung für die helle Fläche am Würfel ist im obenstehenden Fenster abgebildet.

Auch für Linien hat das Programm Vorgaben parat.

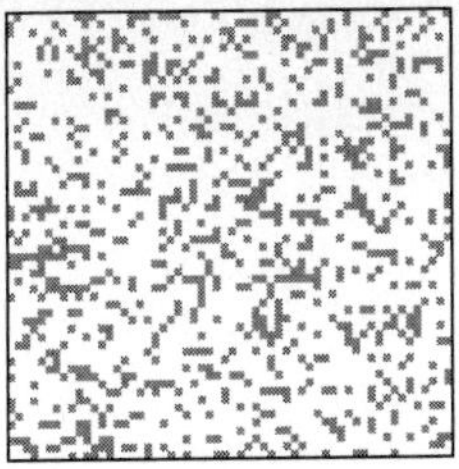

Schneesturm 50%

Coquille

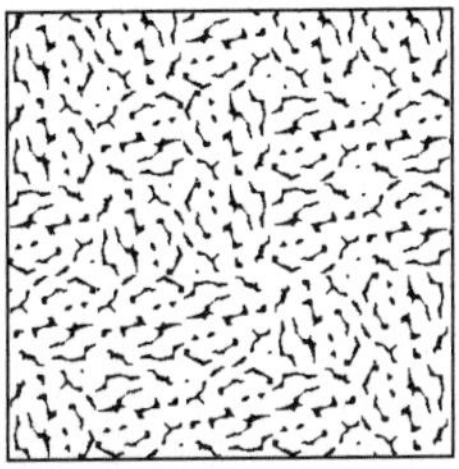

Feiner Stein

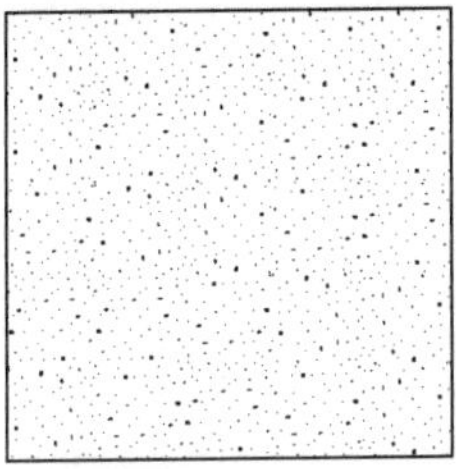

Kies

Sand

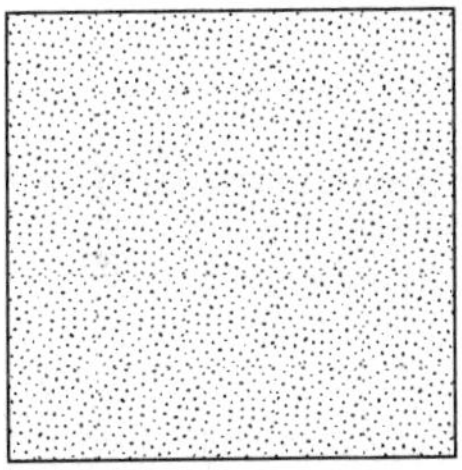

Grashalme

Störung

Exkurs:
Kommunikations-Techniken

Illustrator als Zeichen-Programm
für technische Illustrationen

Die folgenden Beispiele sind alle in Illustrator entstanden. Das Programm eignet sich dank seiner hohen Präzision und der Eleganz seiner Benutzeroberfläche für alle Aufgaben, die CAD-Programme angeblich leisten sollen. Und hat darüber hinaus jene Eigenschaften, die nötig sind «wenn's ein wenig mehr sein soll».

Wir haben bislang kein Programm entdeckt, in dem eine Isometrie-Zeichnung tatsächlich stimmt, und keines, in dem es so einfach ist, aus der Isometrie eine Explosions-Zeichnung zu erstellen.

Und da PostScript-Zeichnungen beliebig skalierbar sind, ist man mit Zeichnungen aus diesem Programm bis zur Belichtung hin bestens bedient.

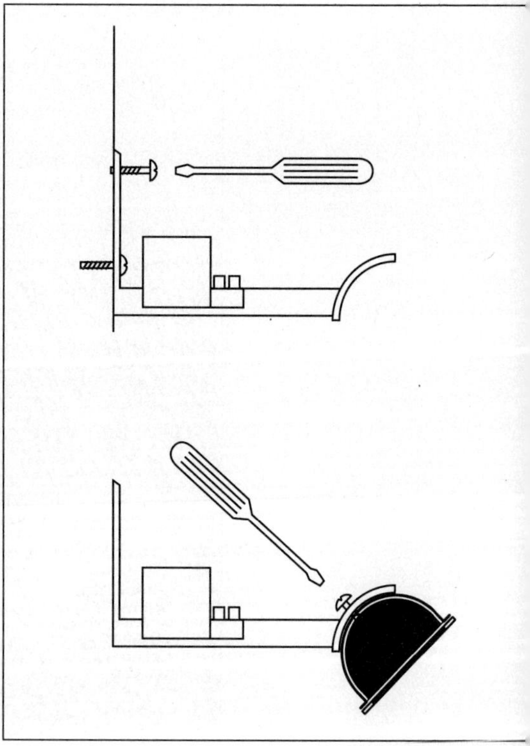

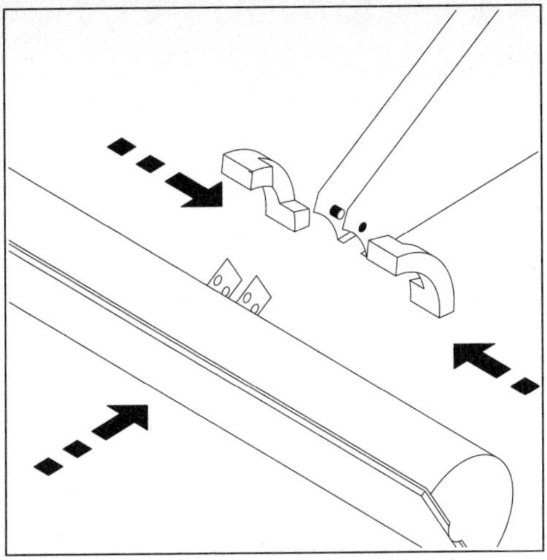

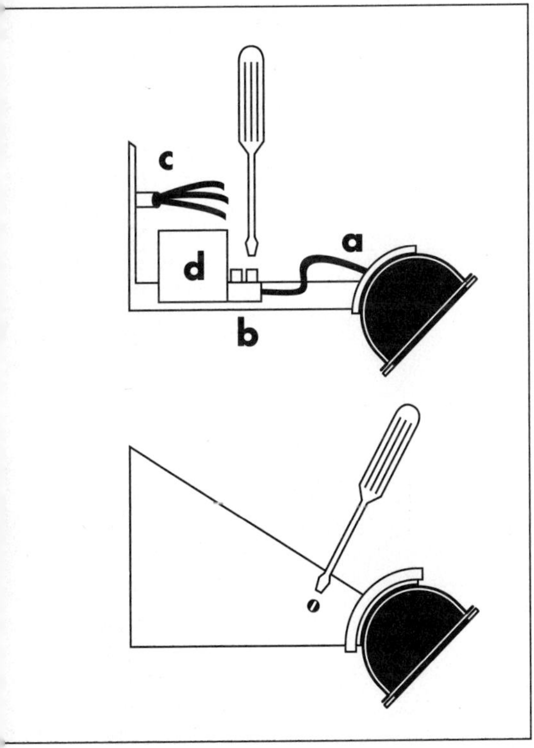

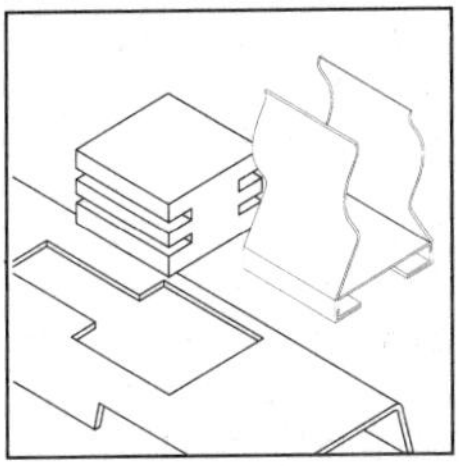

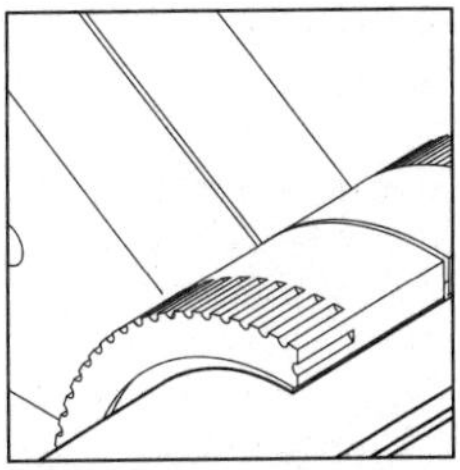

Abbildungen aus Design-Projekten der Produktentwicklung Baumm, München, und MacLab, Berlin.

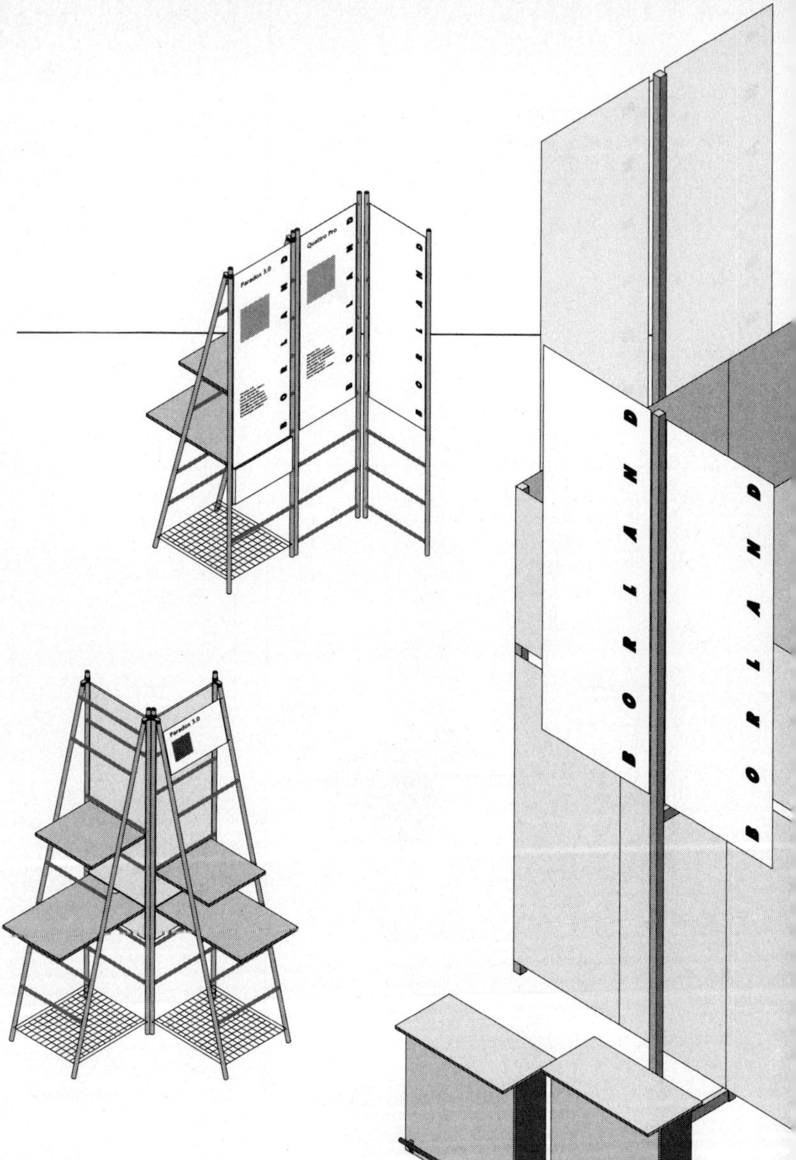
Paradox 3.0
Quattro Pro
B O R L A N D
B O R L A N D
B O R L A N D
Paradox 3.0
B O R L A N D
B O R L A N D

Zeichnungen der Präsentation eines Messestandes für die Firma Borland. Entwicklung Baumm & Partner, München

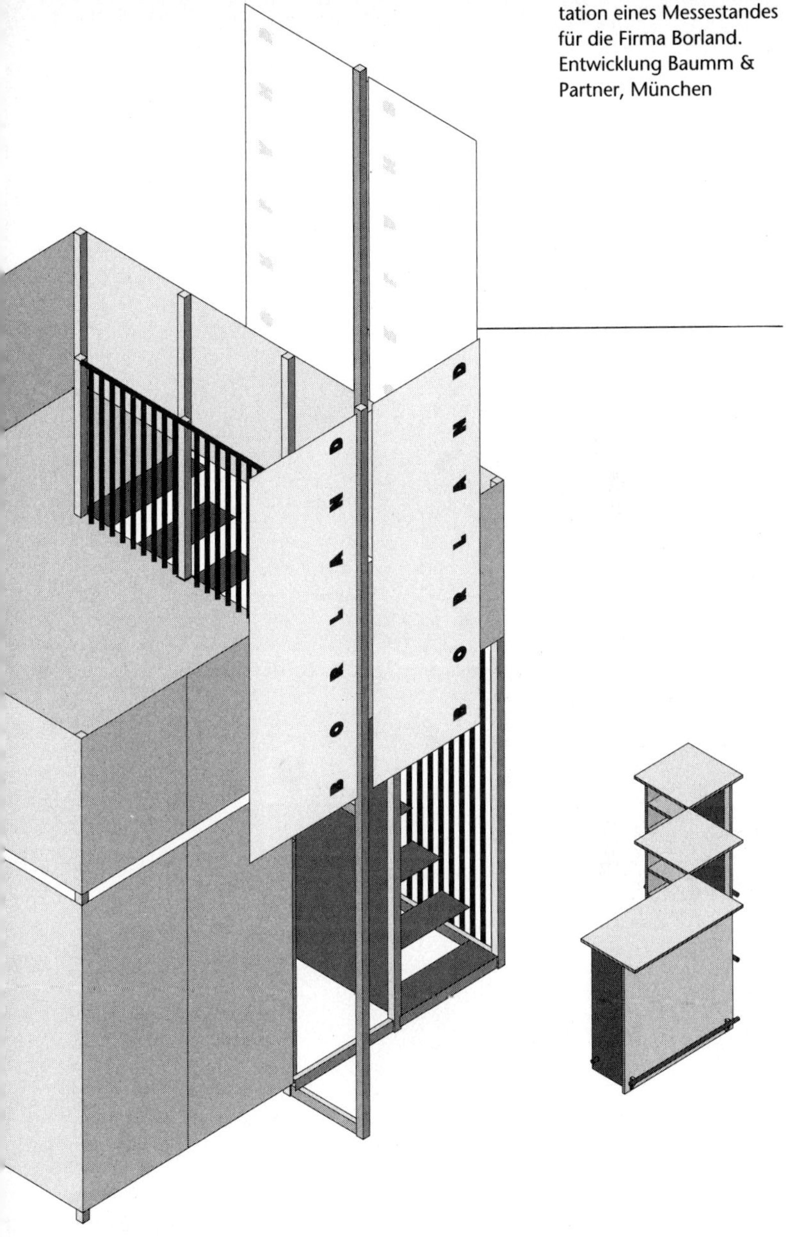

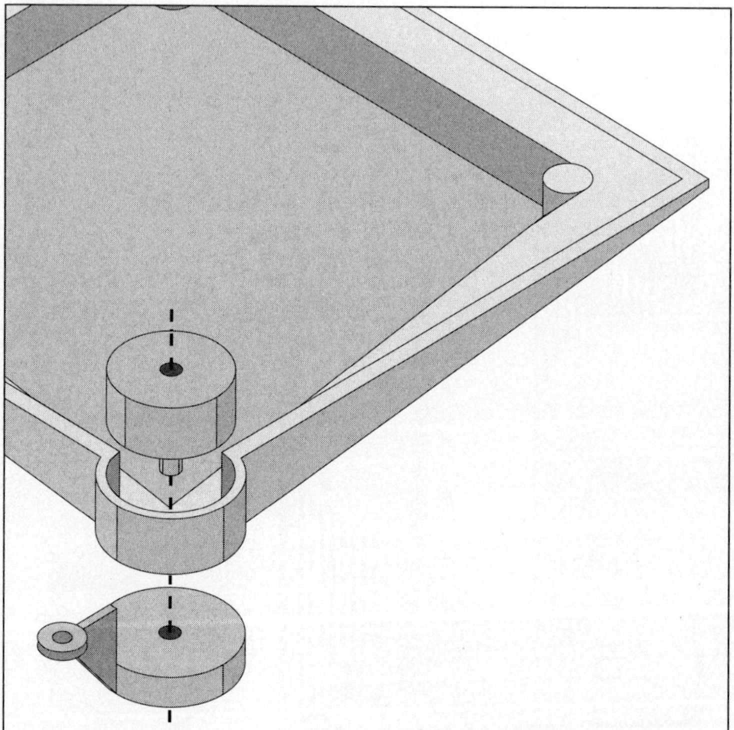

Wird eine Zeichnung konstruktiv auch mit ihren verdeckten Teilen aufgebaut, so lassen sich mit einigen Mausgriffen verschiedene Zustände darstellen.

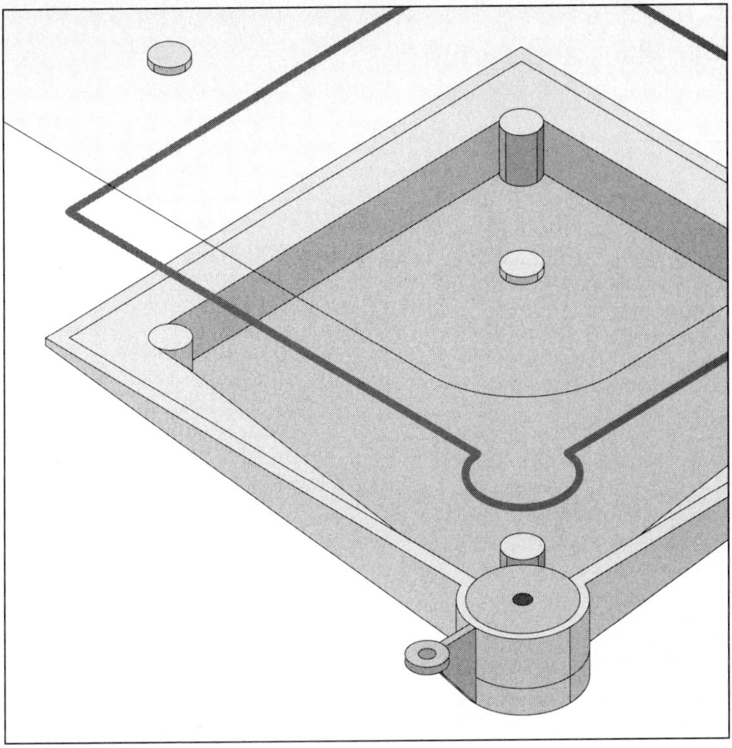

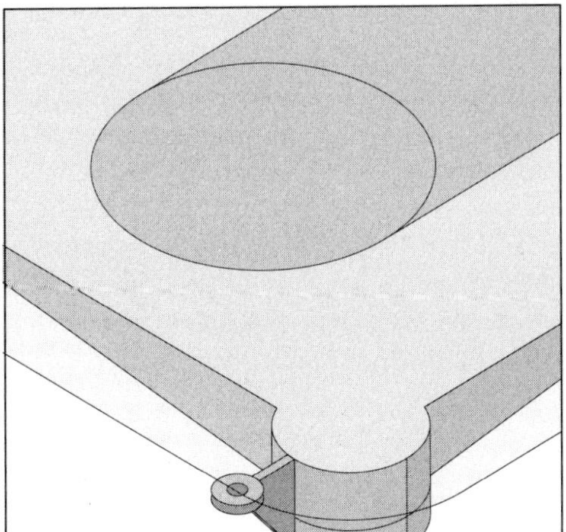

Exkurs:
Mit Maus und Tasten
in Illustrator und FreeHand

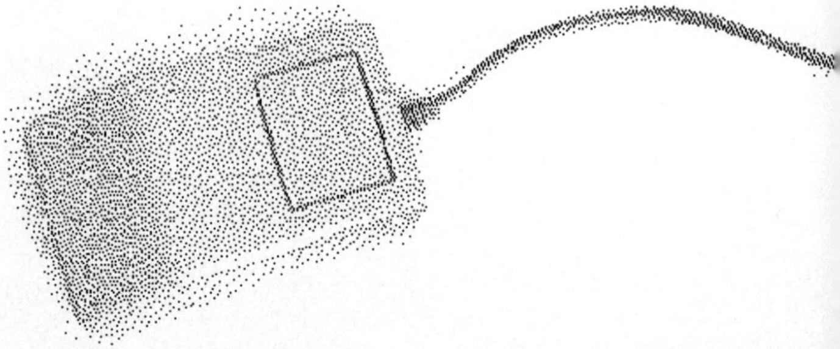

Viele Werkzeuge in Illustrator und FreeHand werden durch Verbindung mit Tastatur-Befehlen zu präzisen numerischen Eingabe-Instrumenten. Oder können zu Orientierungs-Werkzeugen umgeschaltet werden: So wird durch Drücken der Command-Taste jedes Werkzeug zum Cursor-Pfeil – was die Arbeit erleichtert, wenn etwas aktiviert oder verschoben werden soll, ohne in die Tool-Box zurückzugehen.

Auf der erweiterten Tastatur befinden sich die Command-, Option- und Shift-Tasten symmetrisch für Links- und Rechtshänder neben der Leertaste.

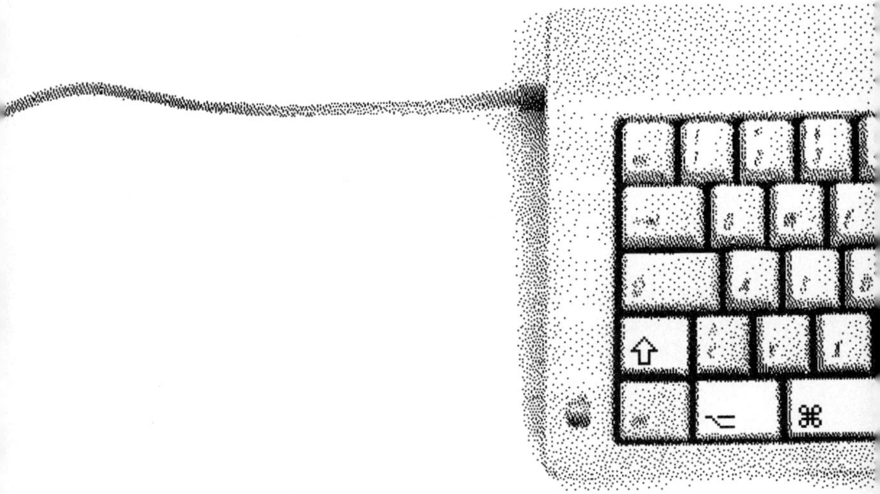

Command… macht aus jedem Werkzeug einen Pfeil.

Option… Wird ein aktiviertes Objekt bei gleichzeitig gedrückter Option-Taste verschoben, so wird es dupliziert.

Shift… erlaubt gleichzeitiges Aktivieren mehrerer Objekte. Die Shift-Taste sorgt dafür, daß ein Objekt nur senkrecht oder waagerecht bewegt, eine Fläche quadratisch oder kreisrund und eine Linie gerade oder in 45°-Winkeln gezogen wird.

Werkzeuge in FreeHand

Die Werkzeuge zum Rotieren, Spiegeln, Skalieren, Scheren können mit dem Dialog-Fenster für numerische Eingaben angewendet werden, wenn sie gleichzeitig mit der Option-Taste benutzt werden. Das Umschalten der Lupe funktioniert von Vergrößern auf Verkleinern bei gedrückter Option-Taste.

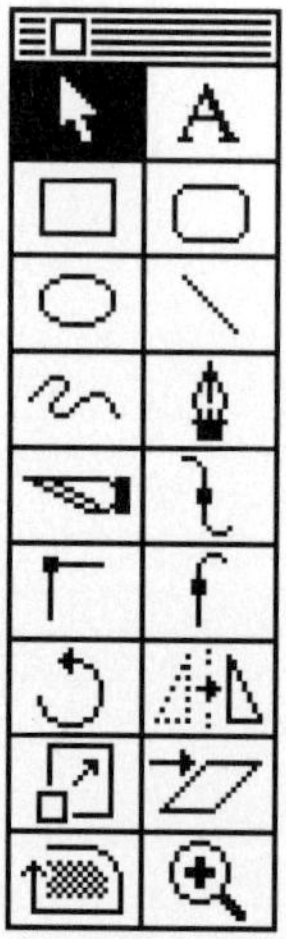

Frei bewegliche Bildschirm-Fenster für Farben, Zeichenebenen und Grafik-Prozeduren.

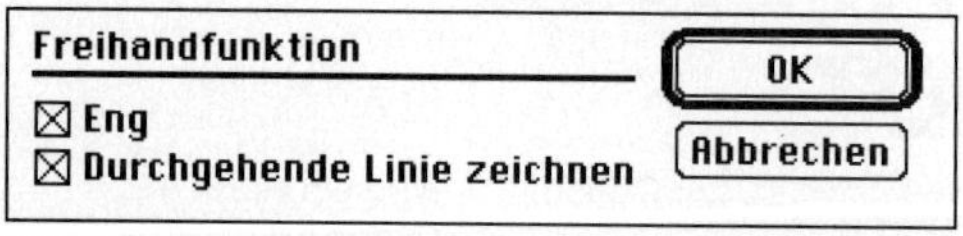

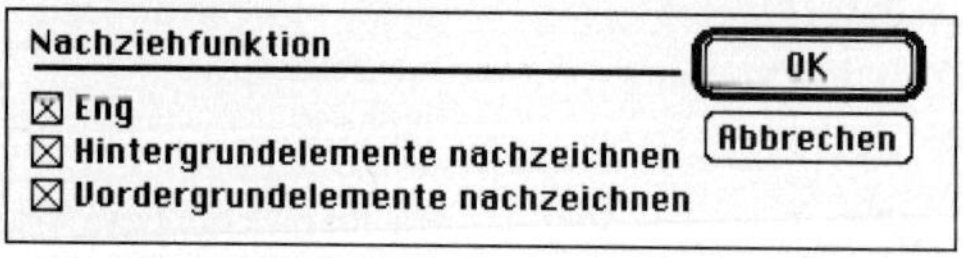

Doppelklick auf das Freihand- oder Autotrace-Werkzeug öffnet Dialog-Fenster, in denen spezifische Vorgaben gewählt werden können.

Werkzeuge in Illustrator

Die Illustrator-Designer haben sich wieder eine neue feine Spezialität ausgedacht: Seit der 3.0 Version haben viele Werkzeuge PopUp-Varianten.

Bleiben Sie mit dem Pfeil etwas länger auf dem Werkzeug-Symbol in der Leiste, so fahren diese – PopUp! – daraus hervor.

Der Pfeil mit dem Outline-Kopf kann in gruppierten Objekten einzelne Punkte, Linien oder Flächen aktivieren, ohne daß die Gruppierung gelöst werden muß. Sehr praktisch für nachträgliches Verändern von Farben, Rastern und Strichstärken.

Das Textwerkzeug mit Feld erzeugt Formsatz in allen Flächen, das Werkzeug mit Linie paßt die Textzeile einem Kurvenpfad an.

Hinter dem Freihand-Werkzeug verbirgt sich Autotrace.

Skalieren, Rotieren, Spiegeln, Scheren können gleich auf numerische Prozedur verstellt werden.

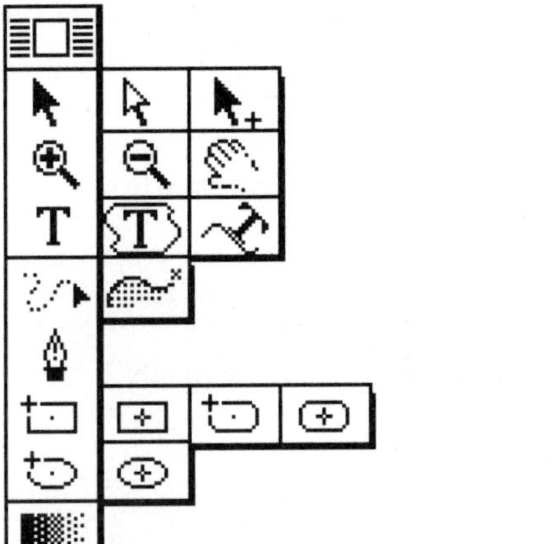

Die Schere kann Bézier-Kurven zerschneiden oder auf einem Pfad verschiedene Punkte hinzufügen oder löschen.

Die Werkzeuge der untersten Reihe erzeugen aus numerischen Daten verschiedene grafische Diagramme.

Die kleine Schule der Isometrie

... oder zwei und eine halbe Dimension

In den PostScript-Programmen Illustrator und FreeHand können präzise Isometrien gezeichnet werden, wenn die numerische Eingabe für die Bearbeitung von Objekten benutzt wird.

Beim Anlegen einer isometrischen Darstellung wird von Seiten- und Aufsichten ausgegangen. Die Flächen werden mit der numerischen Eingabe millimetergenau gezeichnet und dann dergestalt verformt, das sie einer 30°-Isometrie entsprechen.

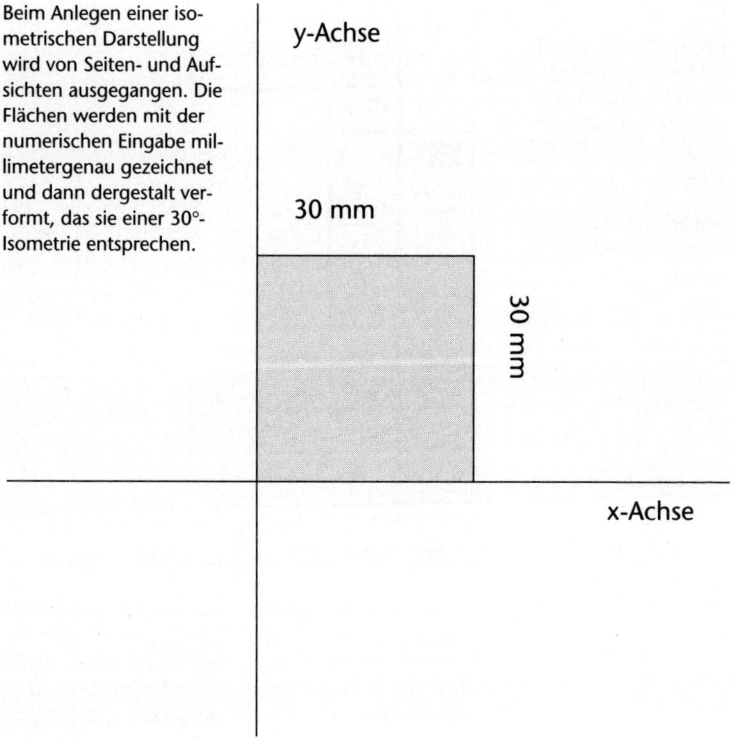

Der Aufbau aus Flächen hat den Vorteil, das der Zeichnung am Ende verschiedene Rastertöne gegeben werden können, die den dreidimensionalen Eindruck verstärken.

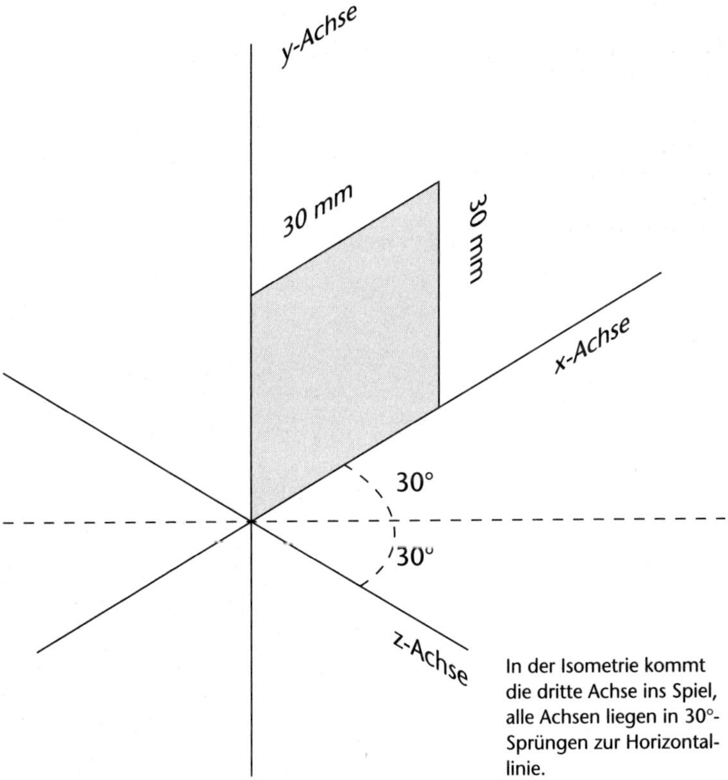

In der Isometrie kommt die dritte Achse ins Spiel, alle Achsen liegen in 30°-Sprüngen zur Horizontallinie.

Isometrien zeichnen:

Fläche zeichnen

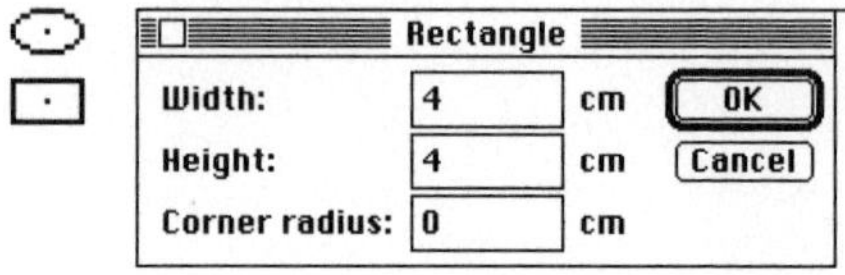

Vertikal verkleinern

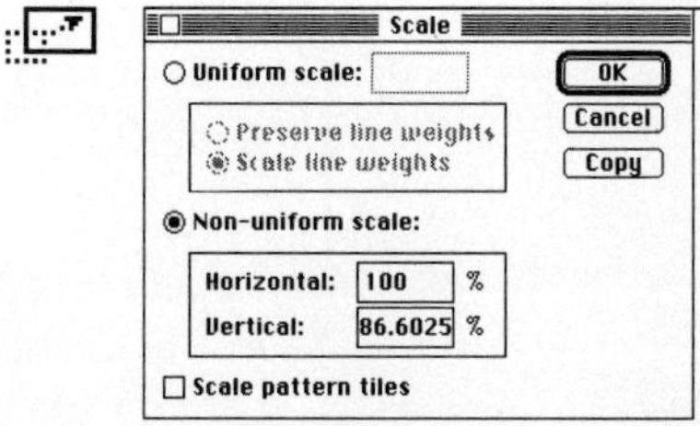

Horizontal scheren

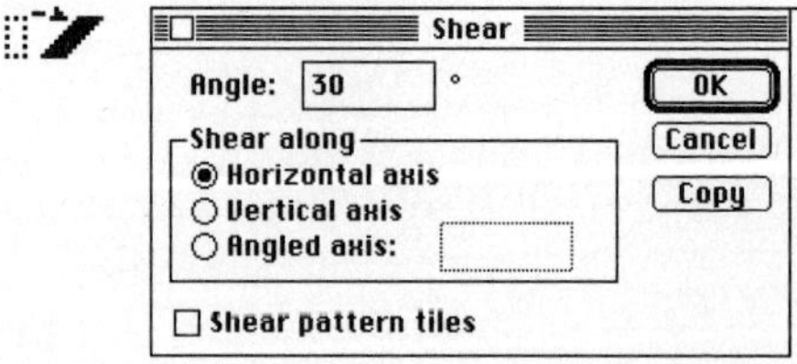

Drehen

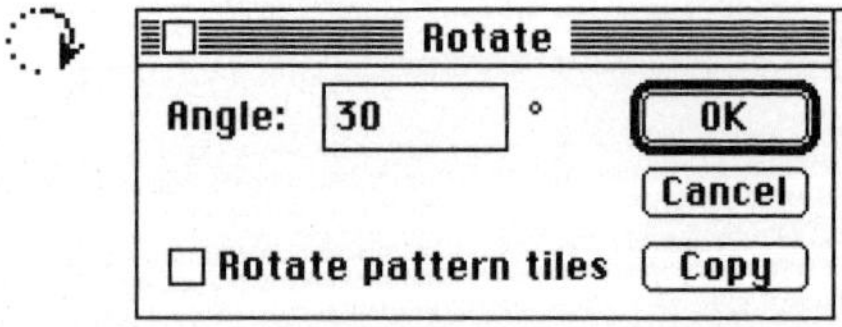

⌥

Alle hier genannten Werkzeuge werden auf dem Bildschirm gleichzeitig mit der Option-Taste gedrückt: Dann erscheint das Fenster für numerische Eingaben.

Die Beispiele der folgenden Seiten sind im Illustrator erstellt, können aber in FreeHand in der gleichen Prozedur gemacht werden.

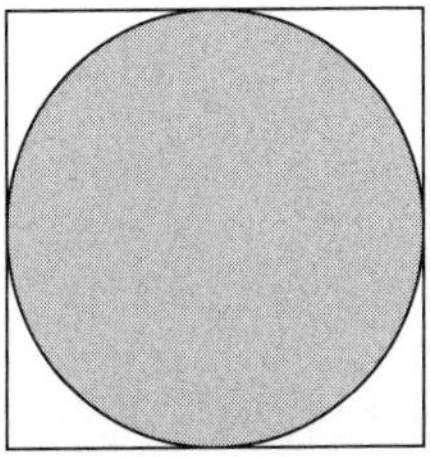

Rechteck- oder Oval-Tool aus der Werkzeug-Box wählen und Mausklick auf den Bildschirm. Die gewünschte Größe des Vierecks oder Kreises wird nach Breite und Höhe eingegeben.

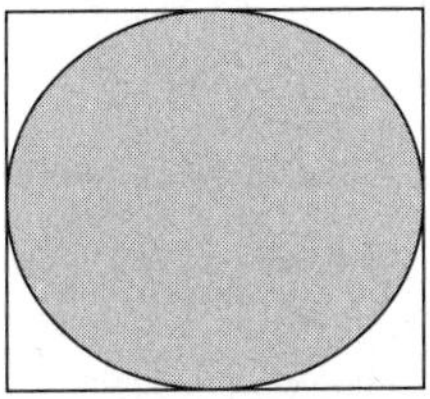

Die Flächen werden in vertikaler Richtung um 86.6025 % verkleinert (Faktor aus 100% mal cos 30°).

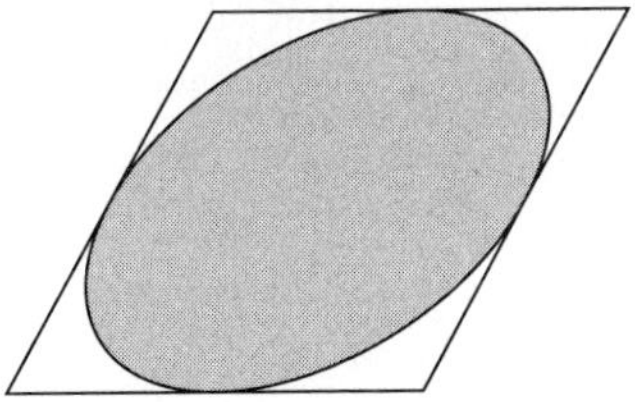

Die Flächen um 30° scheren. Da die Flächen vorher verkleinert wurden, haben die Seiten des Würfels und die Brennstrahlen der Ellipse jetzt alle wieder die richtige Länge!

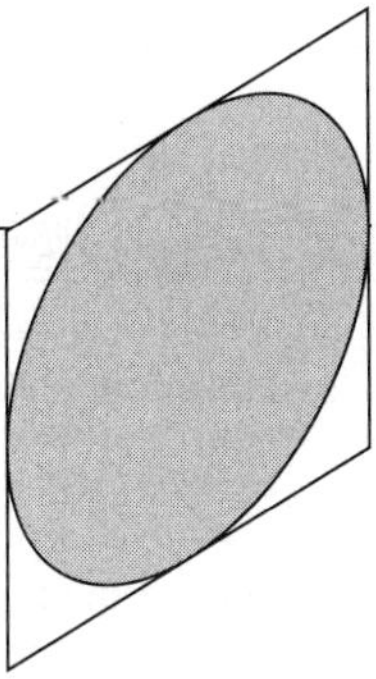

Die Flächen um 30° drehen: Die rechte Seite eines isometrischen Würfels ist fertig.

In das Fadenkreuz verwandeln sich die Werkzeuge bei gleichzeitig gedrückter Option-Taste. Hiermit werden die Bezugspunkte für die nachfolgende Manipulation durch Klicken auf den Bildschirm gesetzt.

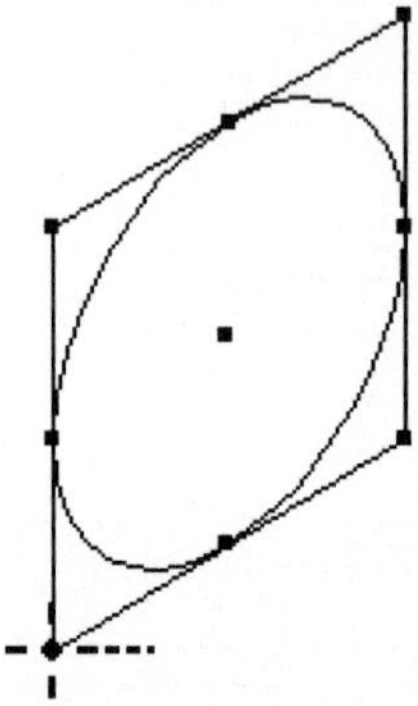

Mit dem Reflect-Tool und gleichzeitig gedrückter Option-Taste wird das Fadenkreuz auf den unteren Punkt der aktivierten Flächen geklickt: Der Punkt ist jetzt der Bezugspunkt der Spiegelung. Im Reflect-Window wird die Achse gewählt, um die gespiegelt werden soll, und dann *Copy* gedrückt: Die linke Seite sitzt anschließend paßgenau an der rechten.

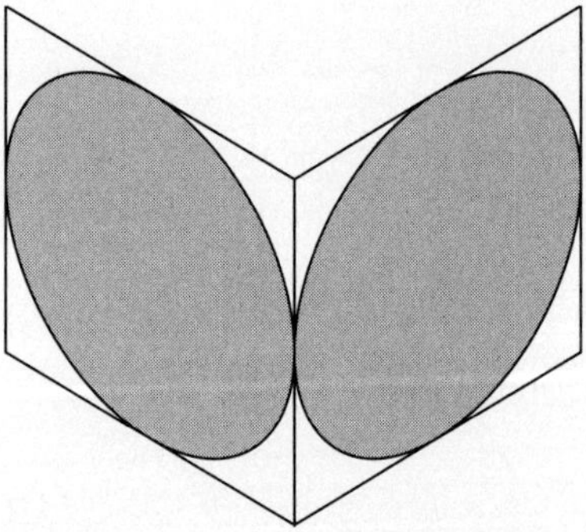

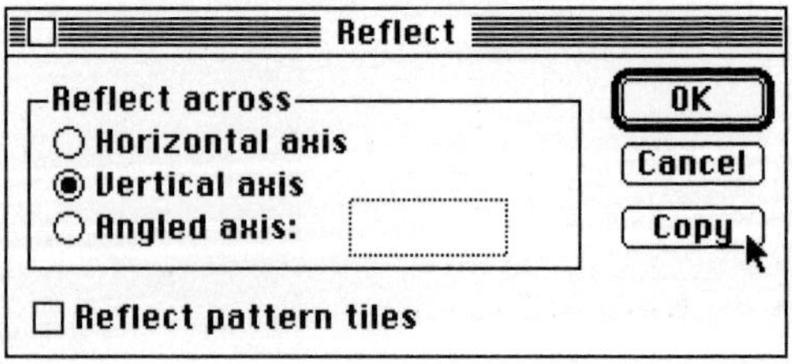

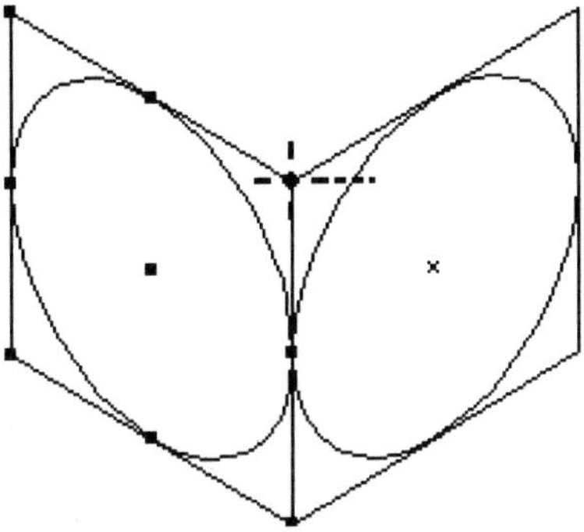

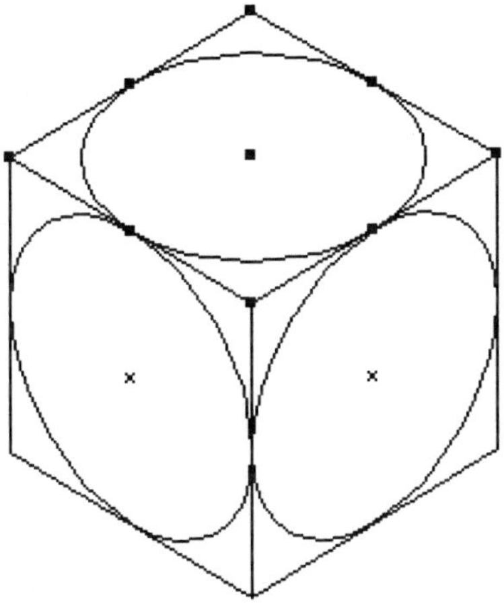

Die gespiegelten und kopierten Flächen sind noch aktiv. Mit dem Rotate-Tool und gleichzeitig gedrückter Option-Taste wird das Fadenkreuz jetzt auf den Punkt gesetzt, um den die Fläche gedreht und kopiert werden soll, um den Würfel zu schließen.

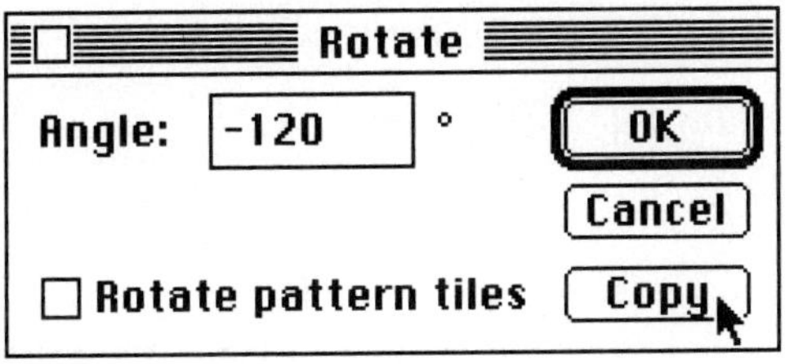

Drehungen im Uhrzeigersinn haben negative Vorzeichen.

Die Seiten mit dem Kreis wurden durch Spiegeln/ Kopieren und Drehen/ Kopieren zur Würfel-Ecke erweitert. Es zeigt sich, daß die Isometrie des Kreises in jeder Ansicht stimmt.

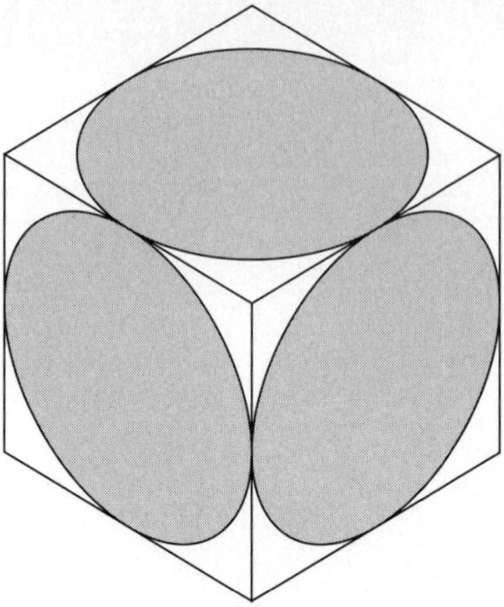

Die Teil-Transparenz der Zeichnung verführt dazu, den Würfel mit den hinteren Wänden zu schliessen. Dazu wird alles aktiviert und um den Mittelpunkt der Zeichnung eine um 60° gedrehte Kopie erstellt.

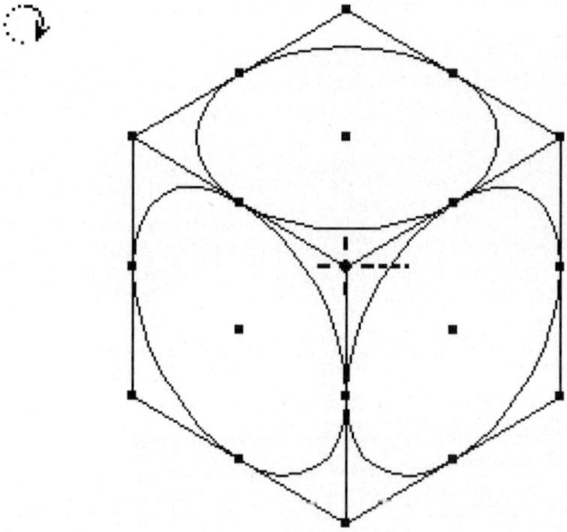

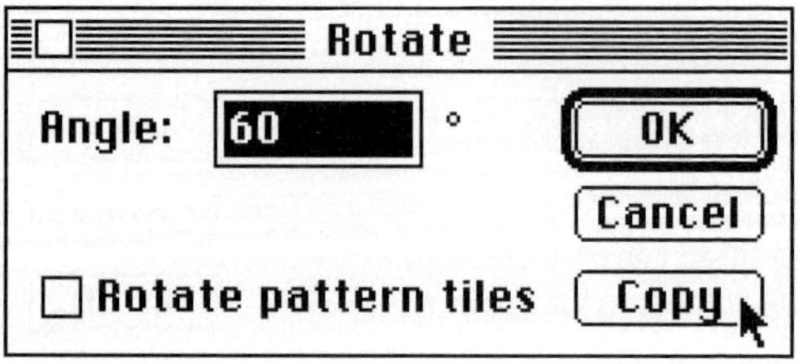

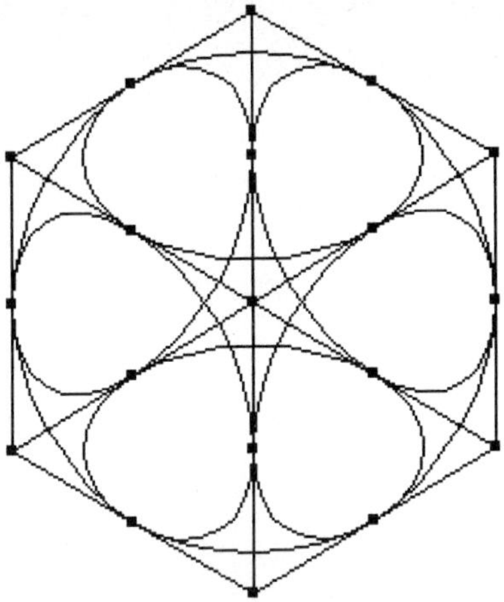

Die Kopie soll im Hintergrund der Zeichnung liegen. Solange sie noch aktiviert ist, wird sie mit *Cut* unter dem Menü Edit ausgeschnitten und mit *Paste in Back* im Hintergrund eingesetzt.

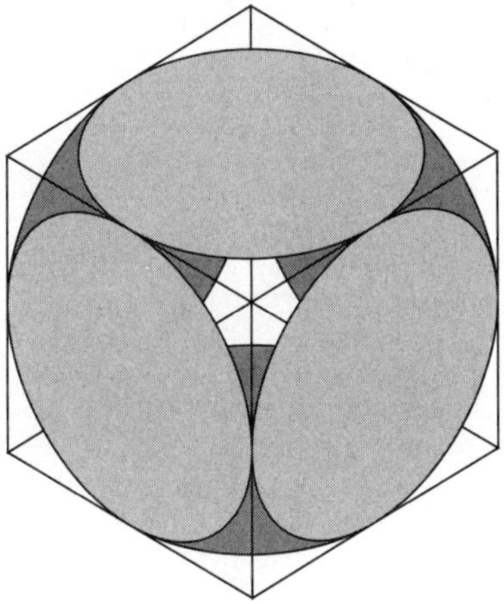

Die Zeichnung stellt nun die Schnitt-Flächen einer Kugel und eines Würfels dar, wobei der Kugel-Durchmesser gleich der Flächen-Diagonale des Würfels ist.
Für eine höhere Plastizität haben wir den hinten liegenden Kreisen ein dunkleres Raster gegeben.

CAD
Computer Aided Discovering

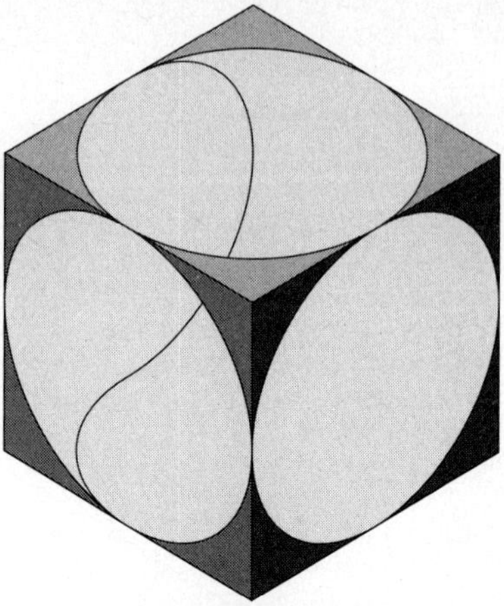

Die Möglichkeiten der Darstellung und Manipulation von grafischen Elementen im Illustrator scheinen dank der Präzision der Rechenschritte unbegrenzt. Überraschungen bei der Reise durch geometrische Zusammenhänge geben dem Kürzel CAD eine ganz neue Bedeutung: Computer Aided Discovering.

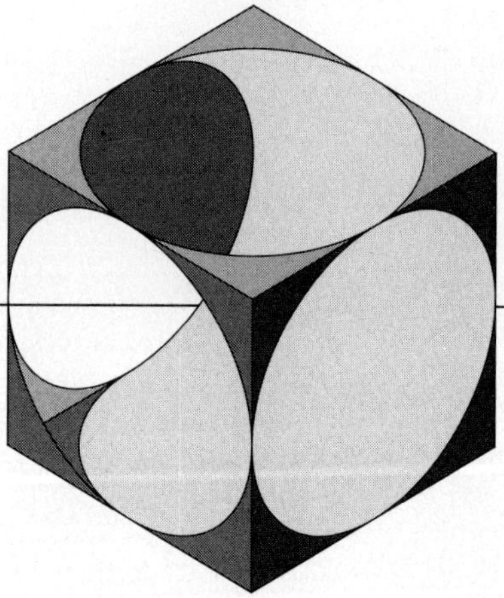

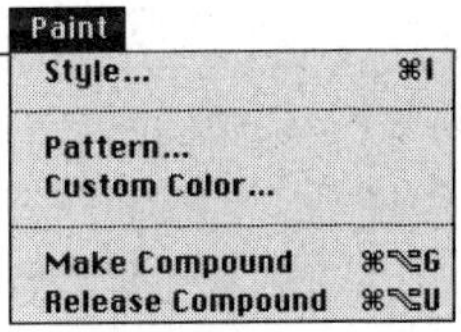

In der Illustrator Version 3.0 kann eine Fläche aus einer anderen ausgestanzt werden. Dazu werden beide Flächen aktiviert und unter dem Menü Paint der Befehl *Make Compound* gewählt. *Release Compound* hebt die Stanzung wieder auf.

Vom Schnittmuster zur Perspektive

Am Beispiel einer Verpackung…

… läßt sich gut zeigen, wie unterschiedliche grafische und typografische Elemente in Isometrie-Zeichnungen für Entwurf, Präsentation und Produktion eingesetzt werden können. Die Verpackung selbst ist ein einfacher Quader. Die grafische Gestaltung setzt sich zusammen aus Produkt-Isometrien, Seitenansichten, technischen Illustrationen (Montage-Anleitung), Farb- (oder Raster-) Flächen und Typografie in verschiedenen Schnitten und Punktgrößen.

Die Zeichnungen der folgenden Seiten sind im Illustrator erstellt, die Arbeitsschritte sind aber in FreeHand die gleichen.

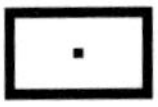

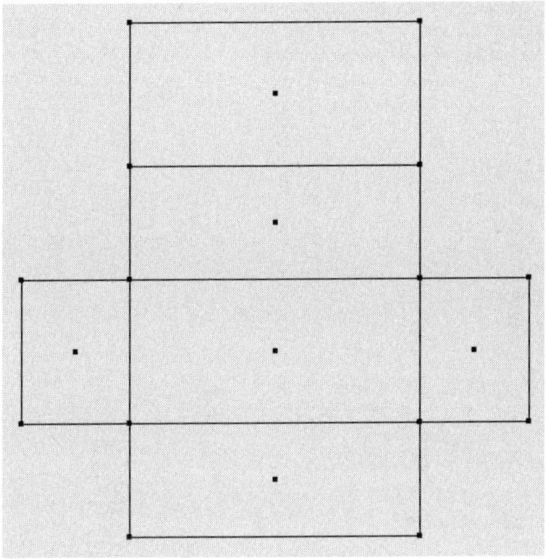

Zu Beginn werden die Flächen maßgetreu aneinander gesetzt. In diesem Beispiel aus Rechtecken, die mit dem Rectangle-Tool und gleichzeitig gedrückter Option-Taste numerisch genau auf dem Bildschirm gezeichnet werden. Beim Zusammenschieben wirken die Eckpunkte wie Magneten.

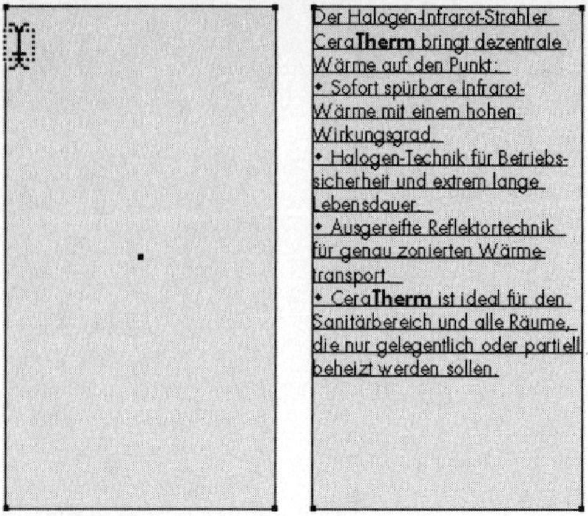

Typografie wird mit dem Schreibwerkzeug gesetzt. Dabei können beliebige Flächen (Rechtecke, Ovale, Kreise oder amorphe Formen) als Satzspalte oder Satzform verwendet werden. In diesem Fall ist es ein Rechteck, das dem Text die Spaltenbreite vorgibt. Fährt man mit dem Textwerkzeug über den Rand einer Fläche, so erhält der Cursor einen gestrichelten Rand. Damit zeigt das Programm an, daß die dahinterliegende Fläche als Form für den Text erkannt wird. Die Fläche wird nicht mitgedruckt, wenn sie mit dem Text verbunden ist.
(Die Formsatz-Eigenschaften gelten nur für den Illustrator.)

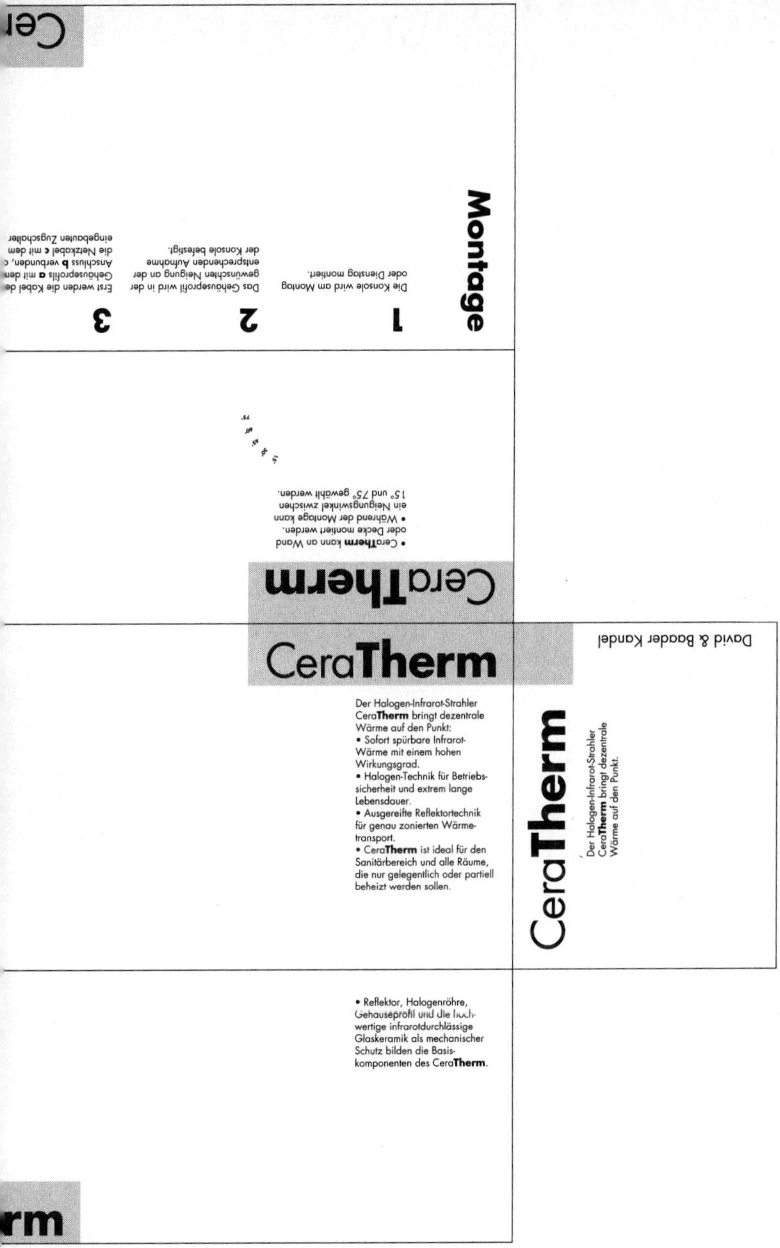
Cer
Montage
1
Die Konsole wird am Montag oder Dienstag montiert.
2
Das Gehäuseprofil wird in der gewünschten Neigung an der entsprechenden Aufnahme der Konsole befestigt.
3
Erst werden die Kabel de
Gehäuseprofils a mit den
Anschluss b verbunden,
die Netzkabel c mit dem
eingebauten Zugschalter
15 30 45 60 75
• CeraTherm kann an Wand oder Decke montiert werden.
• Während der Montage kann ein Neigungswinkel zwischen 15° und 75° gewählt werden.
CeraTherm
David & Baader Kandel
CeraTherm
Der Halogen-Infrarot-Strahler CeraTherm bringt dezentrale Wärme auf den Punkt:
• Sofort spürbare Infrarot-Wärme mit einem hohen Wirkungsgrad.
• Halogen-Technik für Betriebssicherheit und extrem lange Lebensdauer.
• Ausgereifte Reflektortechnik für genau zonierten Wärmetransport.
• CeraTherm ist ideal für den Sanitärbereich und alle Räume, die nur gelegentlich oder partiell beheizt werden sollen.
CeraTherm
Der Halogen-Infrarot-Strahler CeraTherm bringt dezentrale Wärme auf den Punkt.
• Reflektor, Halogenröhre, Gehäuseprofil und die hochwertige infrarotdurchlässige Glaskeramik als mechanischer Schutz bilden die Basiskomponenten des CeraTherm.
rm

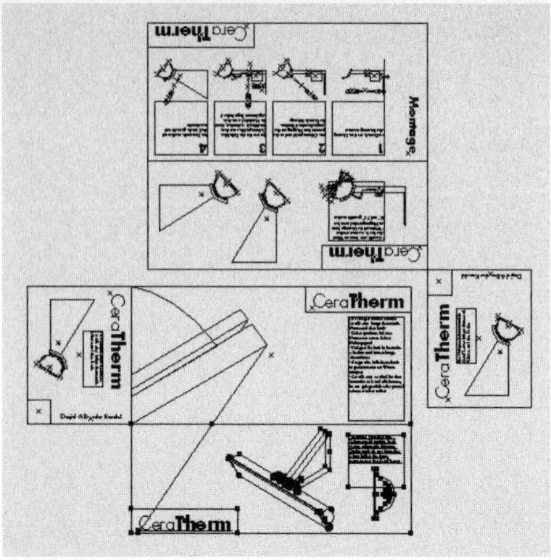

Nachdem alle Elemente auf den Seiten der Verpackung plaziert sind, können sie mit unterschiedlichen Helligkeiten, Farben, Mustern und Linienstärken belegt werden. Wenn alles sitzt, wie es soll, und im Preview kontrolliert wurde, wird jede Seite einzeln gruppiert, damit bei der weiteren Bearbeitung keines der Elemente verrutschen kann.

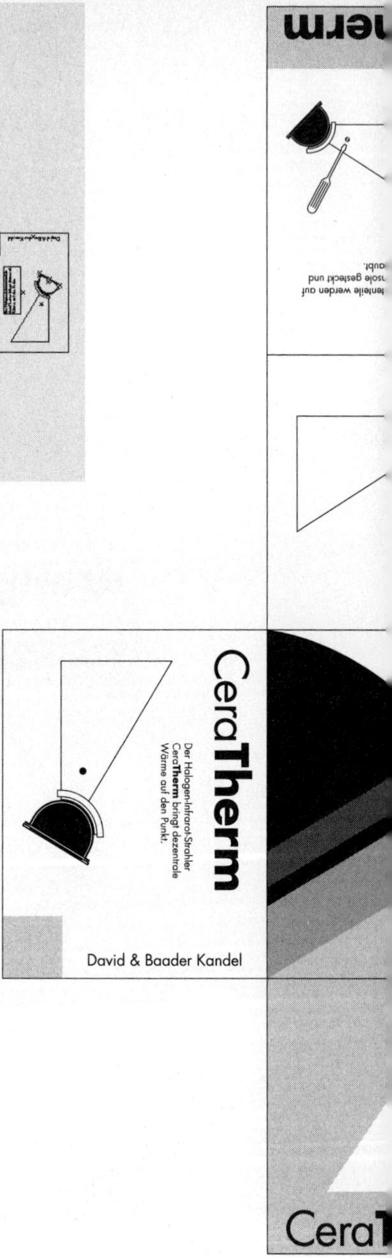

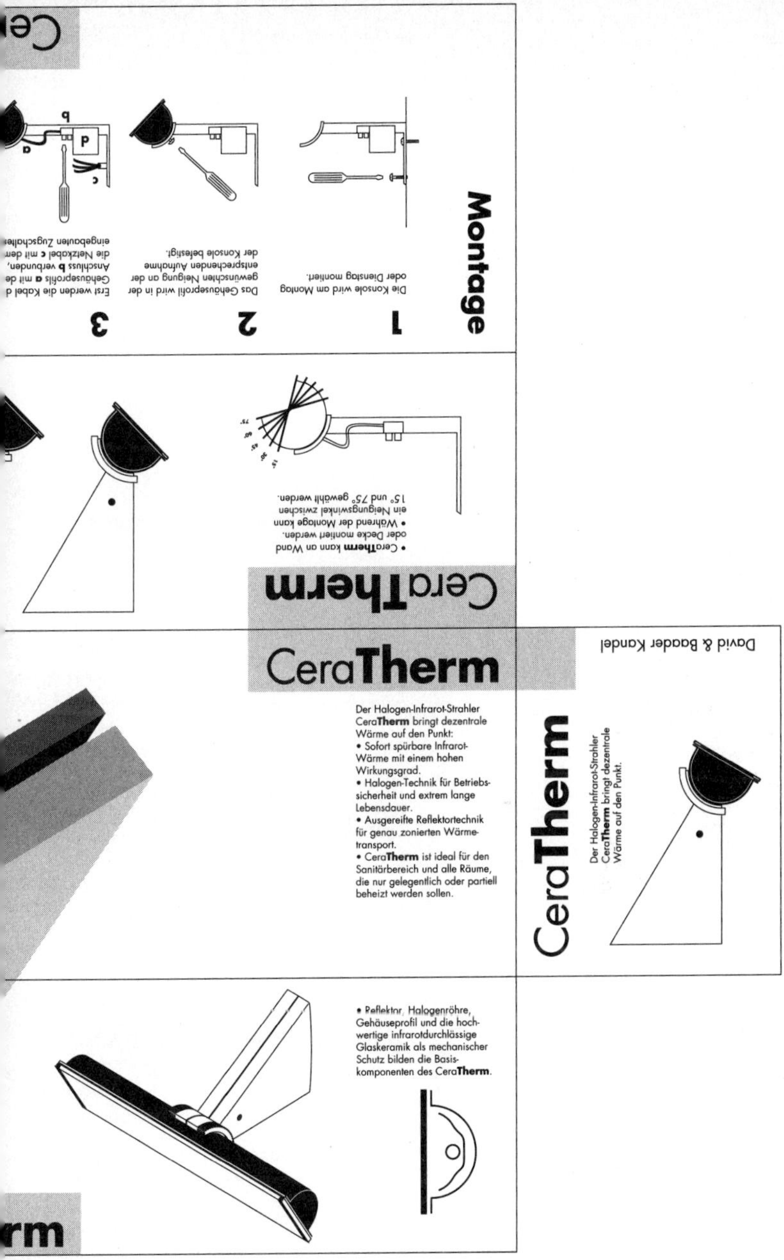
CeraTherm
Der Halogen-Infrarot-Strahler CeraTherm bringt dezentrale Wärme auf den Punkt:
• Sofort spürbare Infrarot-Wärme mit einem hohen Wirkungsgrad.
• Halogen-Technik für Betriebssicherheit und extrem lange Lebensdauer.
• Ausgereifte Reflektortechnik für genau zonierten Wärmetransport.
• CeraTherm ist ideal für den Sanitärbereich und alle Räume, die nur gelegentlich oder partiell beheizt werden sollen.
• Reflektor, Halogenröhre, Gehäuseprofil und die hochwertige infrarotdurchlässige Glaskeramik als mechanischer Schutz bilden die Basiskomponenten des CeraTherm.
CeraTherm
Der Halogen-Infrarot-Strahler CeraTherm bringt dezentrale Wärme auf den Punkt.
David & Baader Kandel
CeraTherm
• CeraTherm kann an Wand oder Decke montiert werden.
• Während der Montage kann ein Neigungswinkel zwischen 15° und 75° gewählt werden.
15° 30° 45° 60° 75°
Montage
1
Die Konsole wird am Montag oder Dienstag montiert.
2
Das Gehäuseprofil wird in der gewünschten Neigung an der entsprechenden Aufnahme der Konsole befestigt.
3
Erst werden die Kabel d
Gehäuseprofils a mit de
Anschluss b verbunden,
die Netzkabel c mit dem
eingebauten Zugschalte
a
b
c
p

Verkleinern…

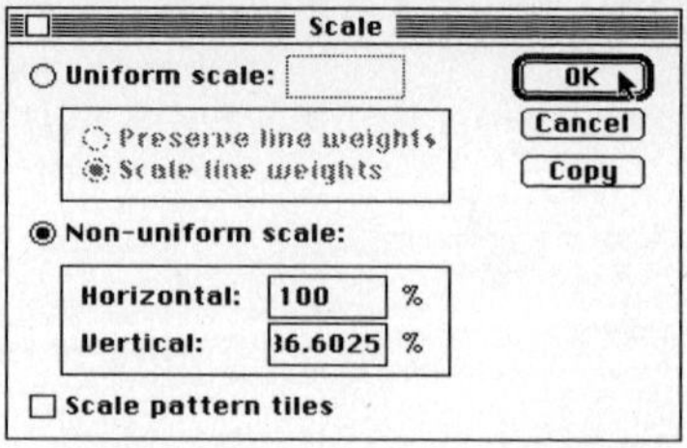

Scheren…

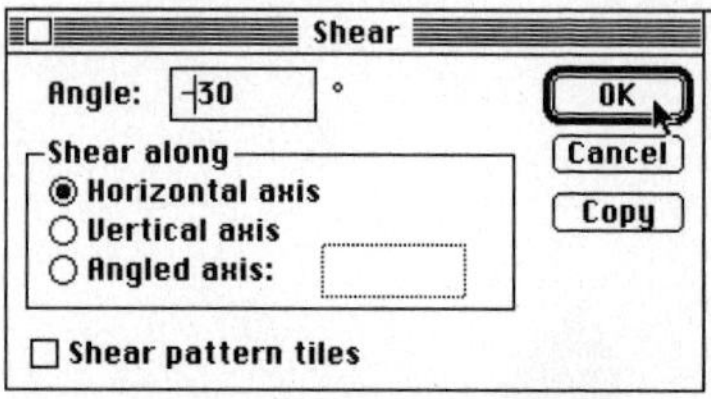

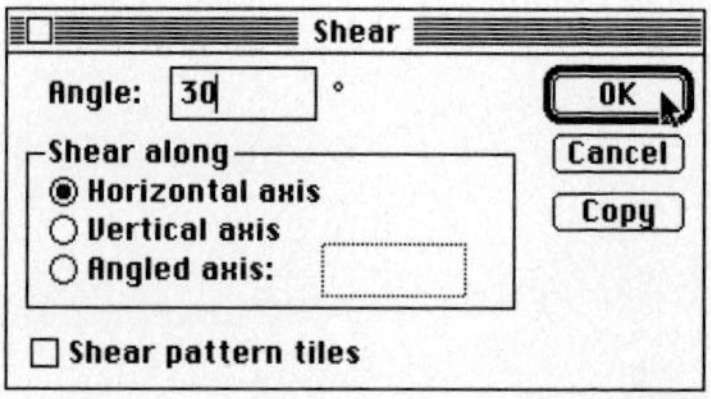

Drehen…

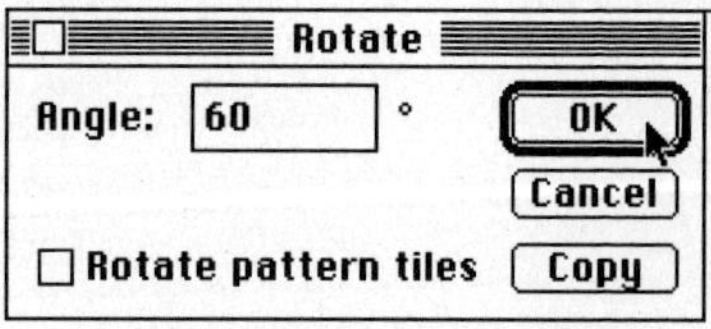

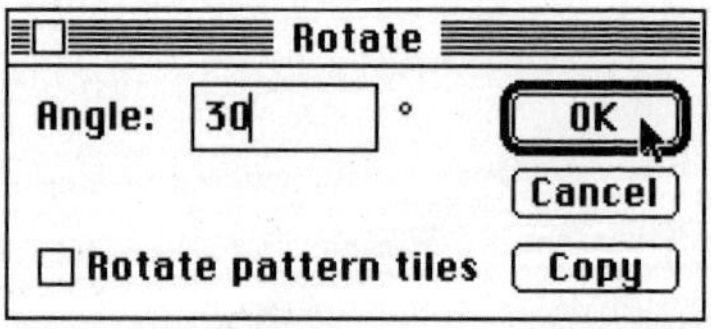

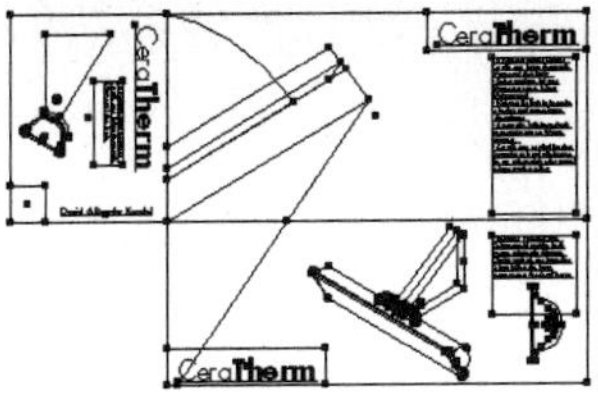

Für die Isometrie-Darstellung werden drei Seiten ausgewählt, aktiviert und vertikal auf 86,6025 % verkleinert.

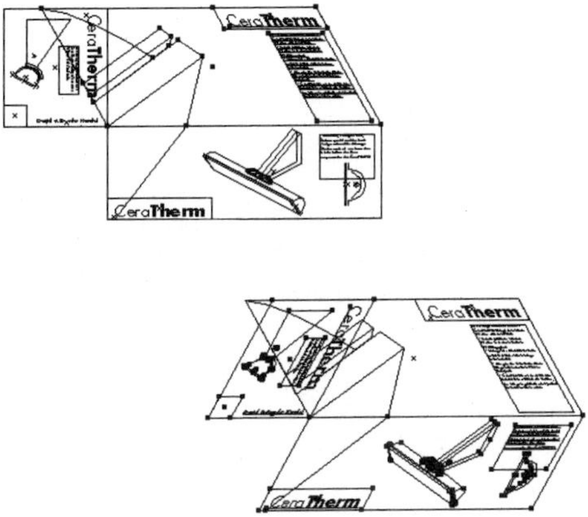

Die Oberseite der Verpackung wird aktiviert und horizontal um -30° geschert. Dazu klickt man mit dem Shear-Tool und gleichzeitig gedrückter Option-Taste auf den Bezugspunkt, um den geschert werden soll. Die Seitenflächen der Packung werden beide aktiviert und horizontal um 30° geschert. Alle Scher-Operationen werden um den gleichen Bezugspunkt ausgeführt.

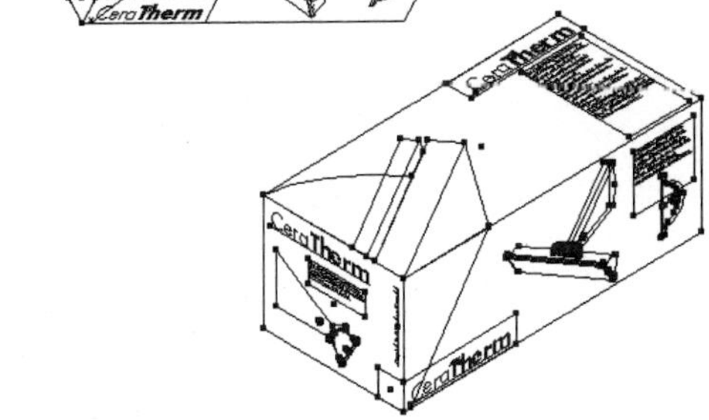

Die ins Bild ragende Seitenfläche wird aktiviert und um den gleichen Bezugspunkt um 60° gedreht. Die Packung ist jetzt in der isometrischen Ansicht und wird als ganzes aktiviert, um in die richtige Ansicht gedreht zu werden.

Packen, Stapeln, Präsentieren...

So sieht die Verpackung im Druck aus: Das Programm hat die Manipulation auf alle Elemente der Seiten angewendet. Die isometrische Darstellung als Grundlage für Präsentation und Entwurf, das Schnittmuster für Modellbau (z.B. über Laserdrucker ausdrucken und aufziehen) und als Filmbelichtung für den Druck.

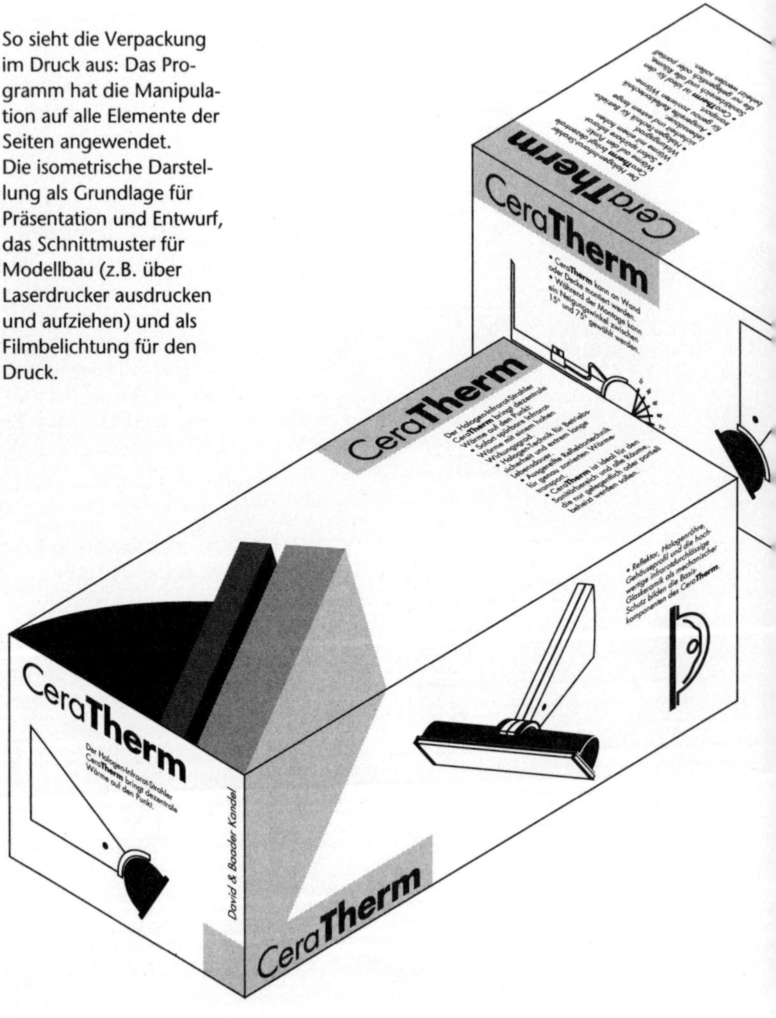

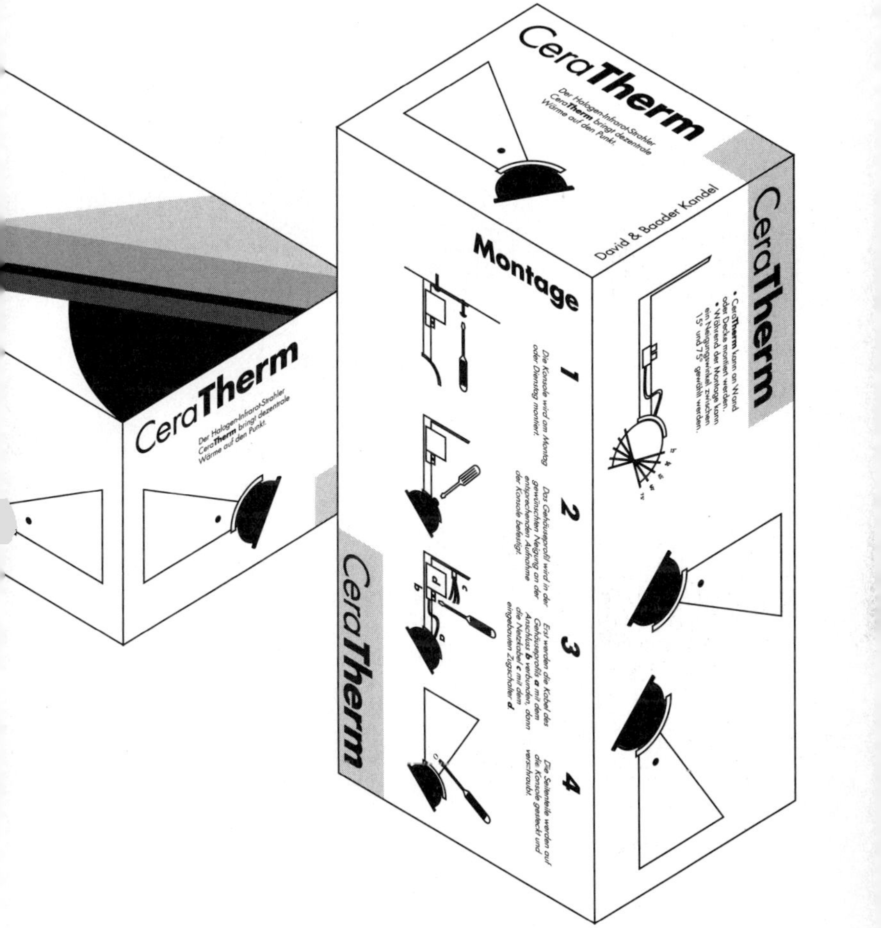
CeraTherm
Der Halogen-Infrarot-Strahler CeraTherm bringt dezentrale Wärme auf den Punkt.
CeraTherm
Der Halogen-Infrarot-Strahler CeraTherm bringt dezentrale Wärme auf den Punkt.
David & Baader Kandel
CeraTherm
• CeraTherm kann an Wand oder Decke montiert werden.
• Während der Montage kann ein Neigungswinkel zwischen 15° und 75° gewählt werden.
Montage
1
Die Konsole wird am Montag oder Dienstag montiert.
2
Das Gehäuseprofil wird in der gewünschten Neigung an der entsprechenden Aufnahme der Konsole befestigt.
3
Erst werden die Kabel des Gehäuseprofils a mit dem Anschluss b verbunden, dann die Netzkabel c mit dem eingebauten Zugschalter d.
4
Die Seitenteile werden auf die Konsole gesteckt und verschraubt.
CeraTherm

Mit Masken und Schablonen
«Oberflächlichkeiten» im Illustrator

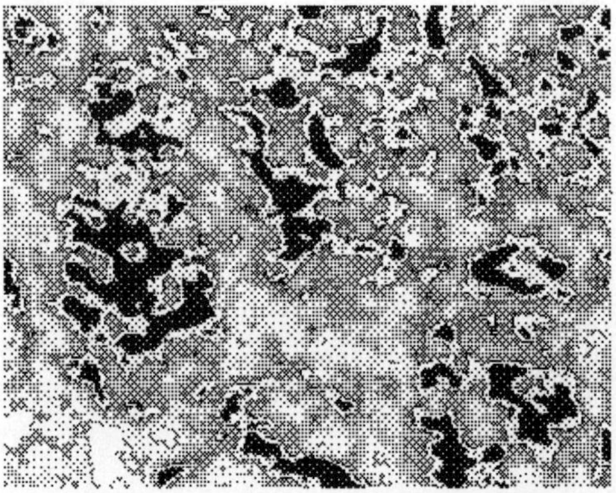

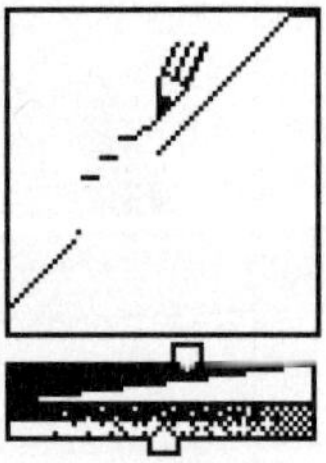

Illustrator erlaubt durch die Maskierungs-Funktion im Paint-Fenster, Flächen und Objekte mit Strukturen zu belegen, die nicht im Programm erzeugt wurden.

In diesem Beispiel mit einer gescannten Struktur, die im ImageStudio bearbeitet wurde. Durch Manipulation in der Graymap wurde die die Verteilung der Helligkeits- und Kontrast-Werte mit dem Zeichenstift manipuliert.

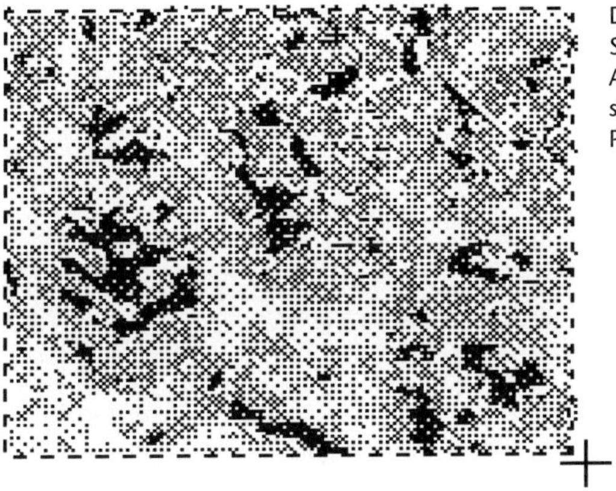

Die Struktur wird zum Speichern selektiv als Ausschnitt aktiviert, damit sie als Datei nicht zu viel Platz einnimmt.

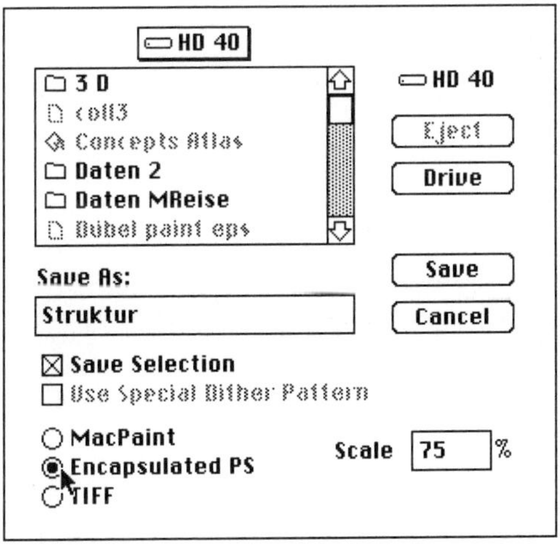

Das Bild der Struktur wird aus ImageStudio als Epsf gesichert, damit es im Illustrator plaziert werden kann.

Hier wurde noch einmal auf 75% verkleinert, um den Speicherplatz zu verringern. (Graustufen-Bilder im Eps-Format sind sehr speicherintensiv.)

Eps-Formate
im Illustrator plazieren...

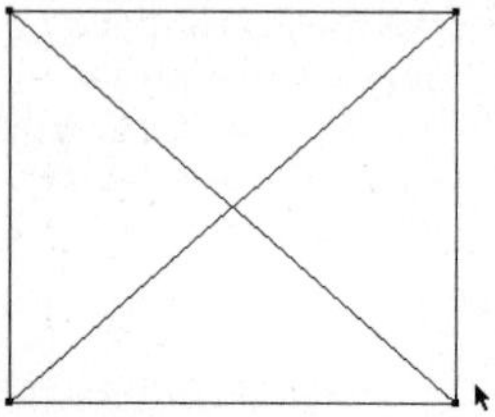

Im Illustrator wird unter dem Menü File mit *Place* das Eps-Format auf der Seite plaziert. Das Bild wird im Artwork-Modus als diagonal gekreuzte Fläche dargestellt.

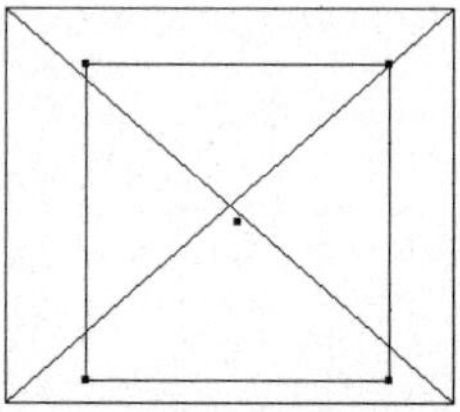

Über dem plazierten Bild wird die Fläche gezeichnet, die als Maske oder Schablone dienen soll.

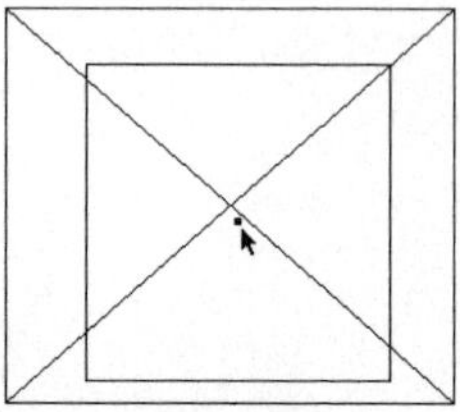

Handelt es sich – wie in diesem Beispiel – um eine Fläche, die mit Rechteck- oder Oval-Werkzeug erstellt wird, so muß sie *ungruppiert* werden, der Mittelpunkt der Fläche wird einzeln aktiviert und gelöscht.

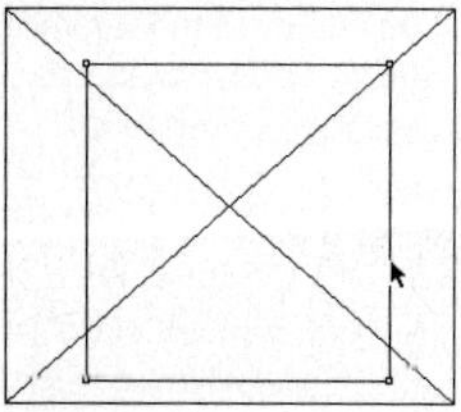

Die Fläche wird aktiviert und unter dem Menü Style im Paint-Fenster als *Maske* bestimmt.

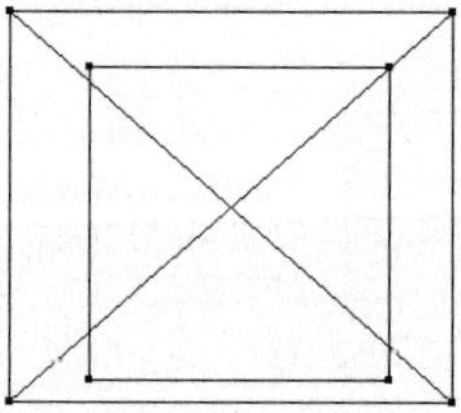

Die Masken-Fläche wird mit *Cut* und *Paste in back* hinter das Bild gelegt, dann werden beide *gruppiert*.

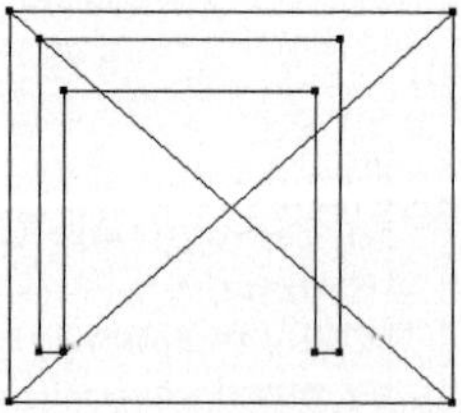

Ebenso ist mit der zweiten Fläche verfahren worden.

Im Paint-Fenster wird die Strichstärke festgelegt und Mask gewählt.

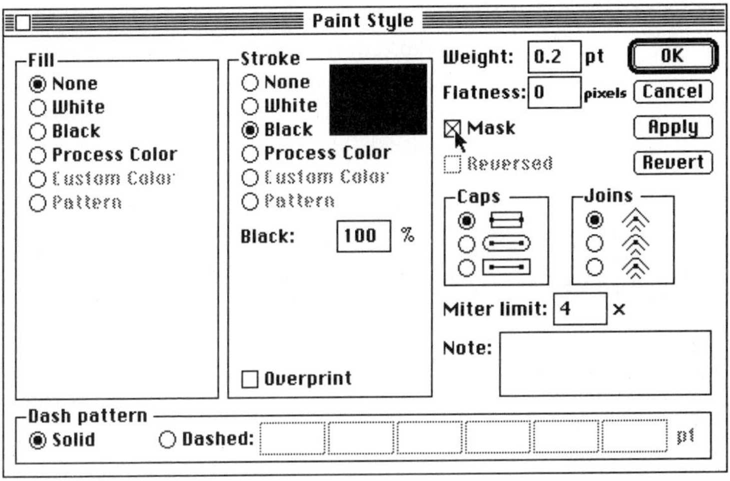

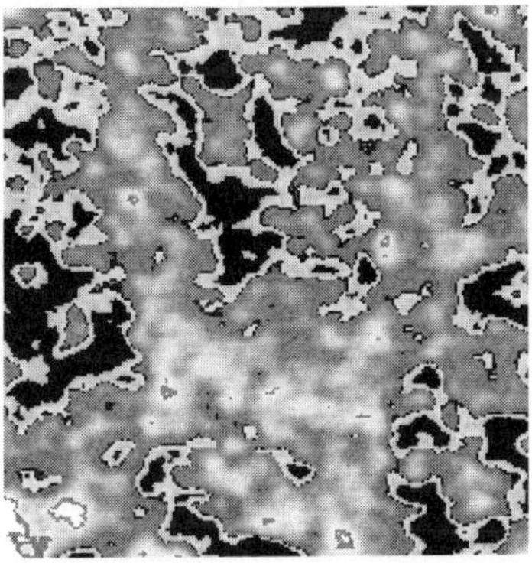

Vom Artwork zum Objekt

Die maskierten Flächen können im Illustrator skaliert, geschert, gedreht und gespiegelt werden. So lassen sich interessante Darstellungen erzeugen, indem auf Zeichnungen verschiedene Strukturen gelegt werden. Der Speicherbedarf ist allerdings enorm: der maskierte Tisch benötigt fast ein MegaByte.

Artwork ist die Arbeits-Ansicht im Illustrator. Hier werden nur die Post-Script-Pfade mit ihren Aktivierungspunkten gezeigt. Der Tisch mit den maskierten Flächen sieht dementsprechend komplex aus.

In FreeHand können ebenfalls Bilder anderer Formate hinter Flächen gelegt werden, siehe dazu auch die Typo Tour.

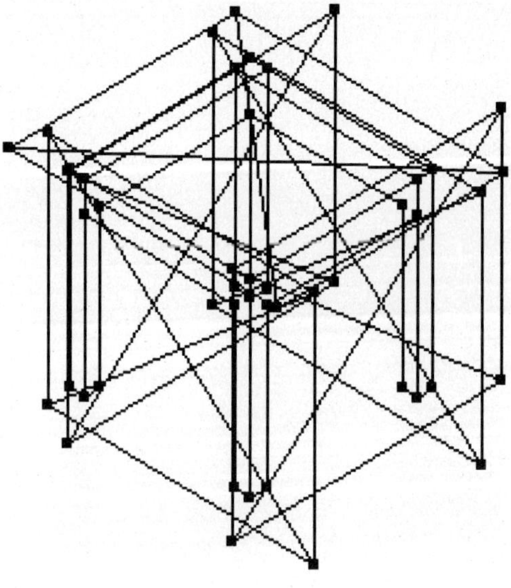

3D Grafik Tour

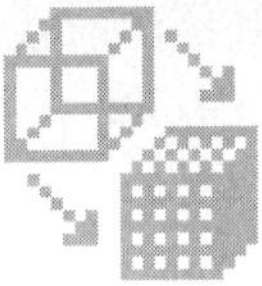

Der virtuelle Raum
Grafik in der dritten Dimension

Horizont

Perspektive mit gleicher
Blick- und Horizonthöhe:
parallele Vertikal-Linien

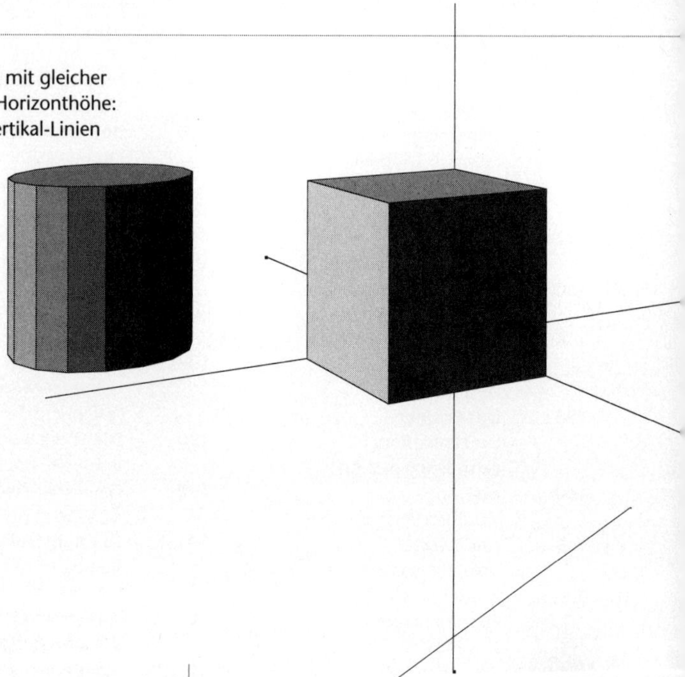

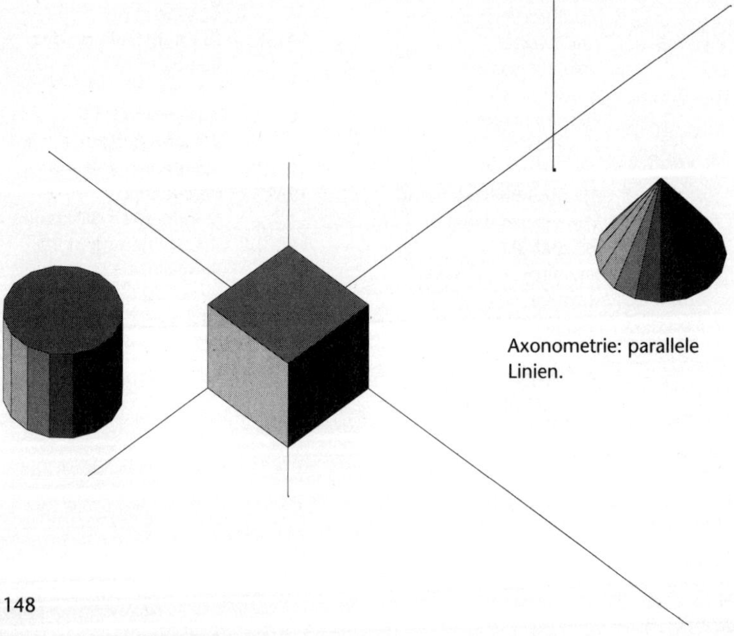

Axonometrie: parallele
Linien.

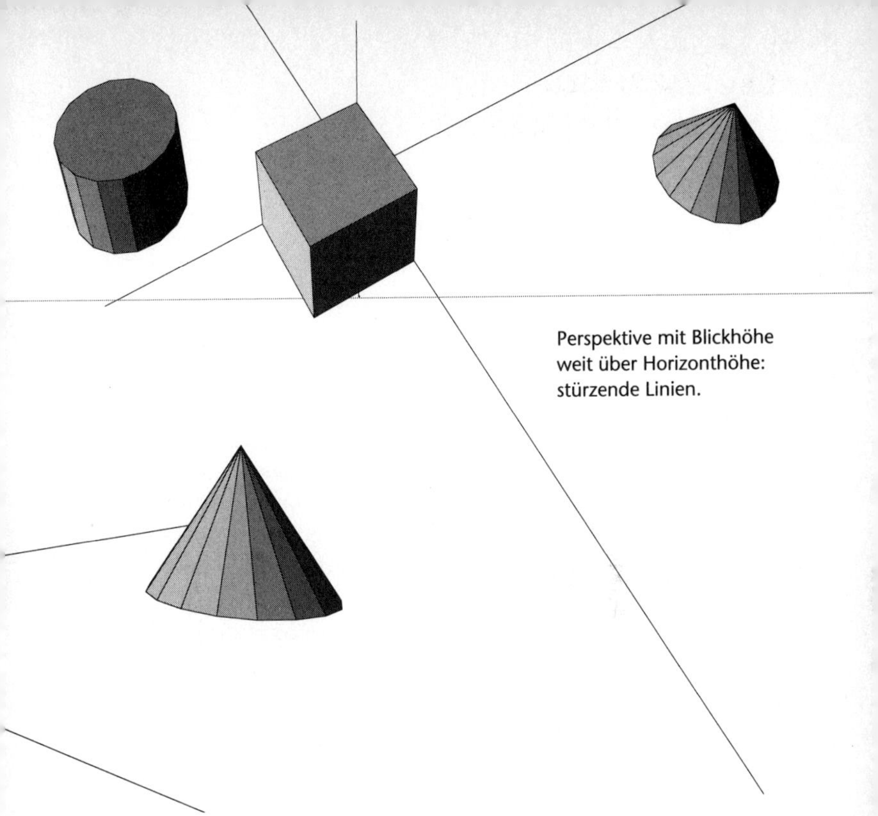

Perspektive mit Blickhöhe weit über Horizonthöhe: stürzende Linien.

3D-Programme arbeiten stets mit den drei Raum-Achsen x, y, z. Objekte werden hier aus sichtbaren und unsichtbaren Flächen aufgebaut. Zylinder, Würfel, Quader aus aneinander gesetzten Rechtecken; sphärische Körper (Kugeln, Zylinder, Polyeder) aus Polygonen. Die «Rundheit» eines Zylinders z.B. wird bestimmt durch die Anzahl der Segmente, aus denen er zusammengesetzt wird. (Der theoretisch «rundeste» besteht aus unendlich vielen aneinander gesetzten Linien.)

Während in 2D-Grafik-Programmen Isometrien konstruiert, aber niemals in ihrer Winkelung und Lage verändert werden können, ist gerade die Veränderung des Blickwinkels, die programmerrechnete Darstellung der verschiedenen Ansichten Prinzip der 3D-Programme.

MockUp-Modelle
Vorvollzug von allen Seiten

In Zing können auf einfachem Wege Durchdringungen von Körpern und deren Wirkung in verschiedenen räumlichen Ansichten vorvollzogen werden.

Dieser computergestützte Modellbau ähnelt mit seinen Arbeitsschritten wie Abschneiden, Kleben oder Drehen sehr dem MockUp-Modellbau mit Schaum in den ersten Stadien des Entwerfens.

Der «Modellbau» am Computer bringt darüber hinaus aber auch einige medienbedingte Neuheiten. Die Möglichkeit, Volumen einander durchdringen zu lassen, und das dreidimensionale Wie-aus-dem-Nichts-Verformen von Körpern bereichert den Entwurfs-Prozeß um eine neue Stufe.

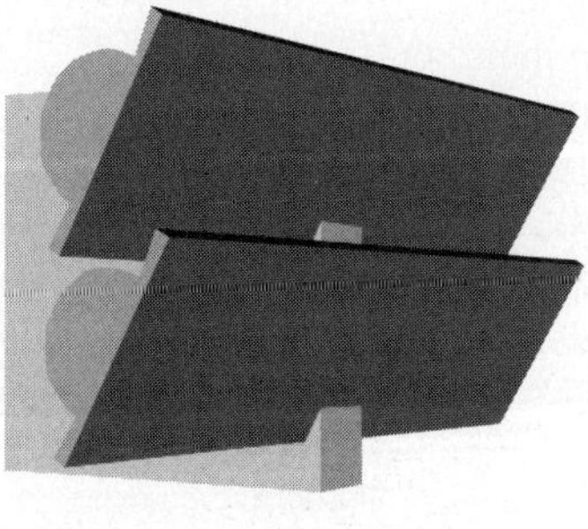

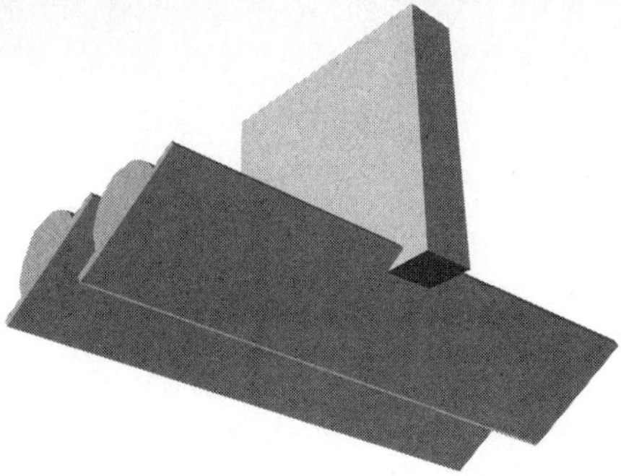

Diese Beispiele sind in Pro 3D (dem Vorgänger von Zing) erstellt, mit Draw Over in PostScript-Formate umgewandelt und im Ilustrator nachbearbeitet worden.

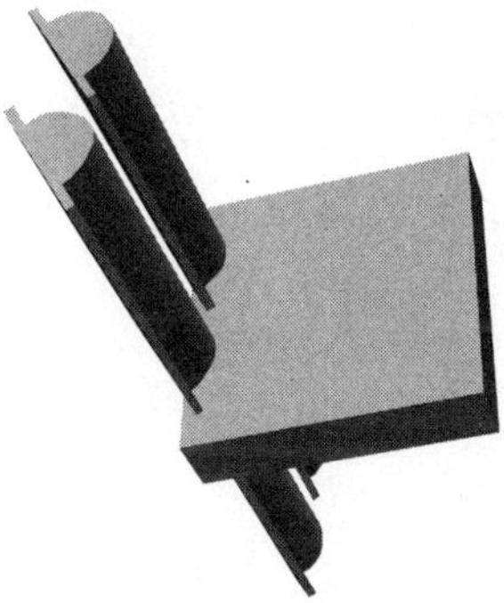

Der im Rechner simulierte Raum kann die dreidimensionale Erfahrung sicher nicht ersetzen, auf jeden Fall aber ergänzen und durch die materielose Varianten-Bildung ein schnelles visuelles Vorverständnis für den parallelen Modellbau außerhalb des Rechners geben. Und der «dreidimensionale Drucker» ist in greifbare Nähe gerückt.

Zing!
Der schnelle Dreh

Zing ist die dritte Generation eines der ersten 3D-Programme für den Mac. 1985 erschien für damals 99 Dollar in den Staaten das Programm Easy 3D. Hier konnten Würfel, Kugeln und Keile gedehnt, gestreckt und miteinander verschmolzen werden, daß es nur so eine Freude war. Zudem konnte das alles in der «Camera», das ist der dreidimensionale perspektivische Raum des Programms, gedreht und von allen Seiten betrachtet werden, bis man nicht mehr wußte, wo oben und unten ist, und das im wahrsten Sinne des Wortes. Aus Easy 3D wurde Pro 3D, die jüngste Weiterentwicklung heißt Zing.

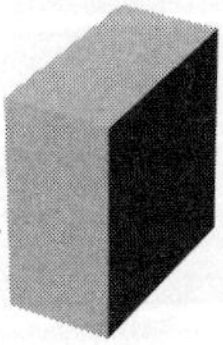

Inzwischen gibt es eine ganze Armada von 3D-Programmen, zum Teil mit einem beträchtlichen Leistungsumfang. Jedoch für alle, die weder die Zeit, noch die Geduld haben, sich ewig langen Rendering-Zeiten hinzugeben, ist Zing eine billige schnelle Werkstatt für den «virtuellen Modellbau».

3D-Körper werden in Zing mit unterschiedlichen Werkzeugen direkt verformt und bewegt: Sie können um x-, y-, z-Achse gedreht, in einer Ausrichtung gestaucht und gestreckt oder proportional vergrößert und verkleinert werden.

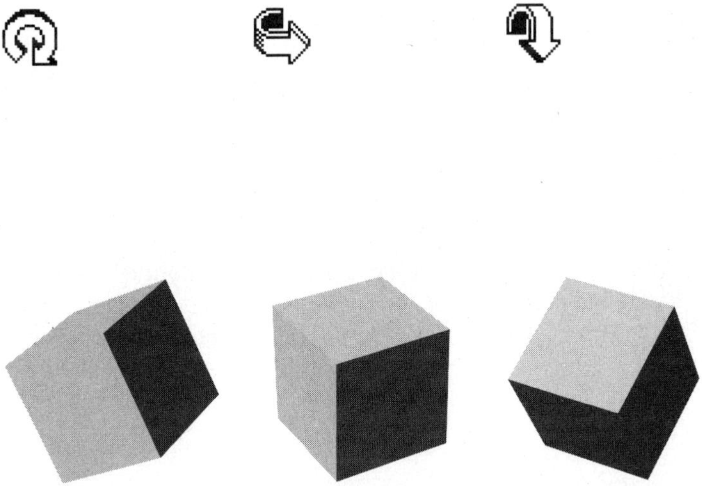

Solid Modelling
… fantastisch elastisch!

In Zing wird mit dreidimensionalen Körpern gearbeitet. Als Standard-Körper bietet das Programm optional einen Kubus (Cube), einen Keil (Wegde) und einige sphärische Volumen (Sphere) als vorkonfektionierte «Primitives» an.

Darüber hinaus können auf einer Drehbank (Lathe) Rotationskörper erzeugt und im Profiler können Profile aller Art über einem beliebigen Grundriß extrudiert werden.

Die Körper können um x-, y-, z-Achse gedreht, in einer Ausrichtung gestaucht oder gestreckt oder proportional vergrößert und verkleinert werden, wobei ein Fenster die Werte für Drehung und Skalierung in Prozent anzeigt.

Für übersichtliches Arbeiten im Raum bietet das Programm vier Ansichten, die unter dem Menü View gewählt werden, einzeln oder alle vier als simultane Übersicht: Camera – die perspektivisch-räumliche Ansicht zur Kontrolle der dreidimensionalen Wirkung; und drei Seitenansichten als Arbeits-Ebenen: Top – Bottom, Front – Back, Left – Right.

In jeder dieser Ansichten läßt sich der Körper bearbeiten, wobei in den anderen Ansichten die Veränderungen automatisch erfolgen.

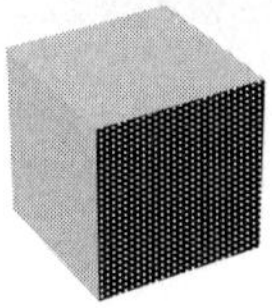

Die Camera-Ansichten lassen sich als Pict-Formate oder als PostScript-Files mit Illustrator-Kompatibilität speichern und können in anderen Programmen weiter verarbeitet werden.

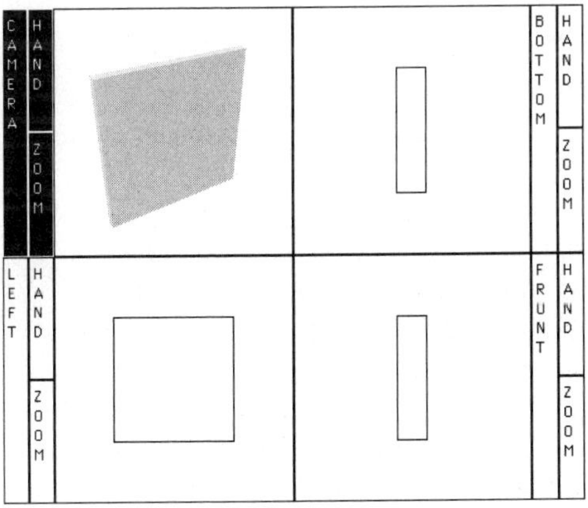

Die Drehbank in Zing
Vom Seitenriß zum Rotationskörper

Lathe ist die Drehbank in Zing, unter dem Menü Create. Während im oberen Teil des Fensters die Halbkontur eines Rotationskörpers gezeichnet wird, ergänzt das Programm über der Achse automatisch den Seitenriß.

Einmaliges Anklicken des geschlossenen Ketten-Symbols beendet (schließt) den Körper. Nach einem Klick auf das Doppel-Würfel-Symbol am linken unteren Rand, und das Programm errechnet dreidimensional das «Werkstück».

Die Oberfläche eines dreidimensionalen Körpers wird aus Polygonen aufgebaut.

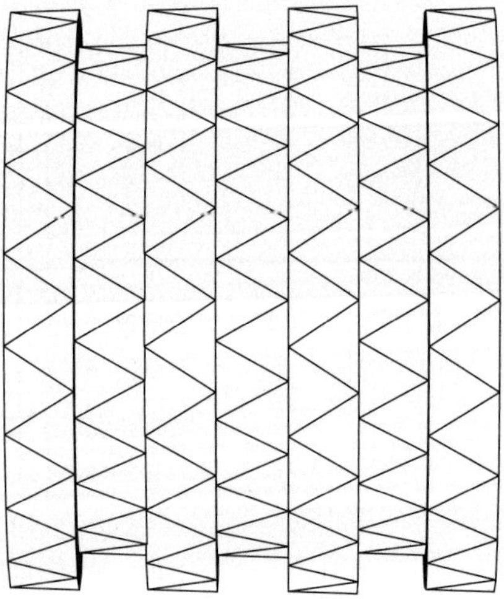

Drehteile lassen sich im Lathe-Window unter dem Menü File einzeln abspeichern. Sie können jederzeit wieder geladen und neu bearbeitet werden.

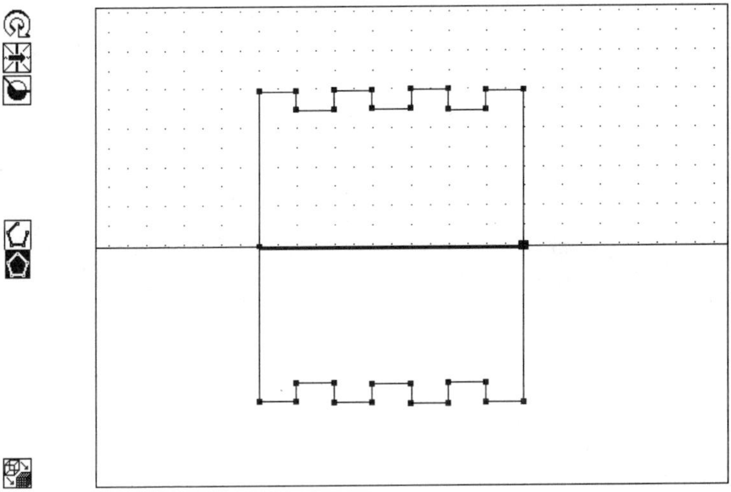

Der Profiler

Dreidimensional extrudieren in Zing

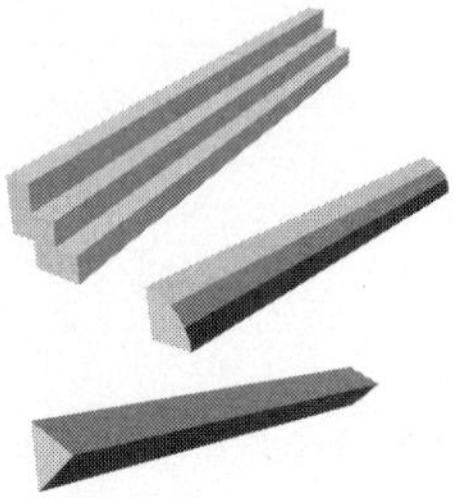

Der Profiler ist die Extrudierdüse in Zing, unter dem Menü Create. Im Profiler-Fenster wird mit Punkten, glatten Linien oder Kreisabschnitten der Querschnitt eines Profils oder auch einer gewölbten Fläche (wie im Beispiel) gezeichnet. Wieder wird durch Anklicken des Ketten-Symbols der Querschnitt geschlossen. Am Pfeil in der Ecke rechts oben wird das Profil auf die gewünschte Länge «extrudiert». Nach einem Klick auf das Doppel-Würfel-Symbol am linken unteren Rand wird vom Programm das gezeichnete Profil errechnet.

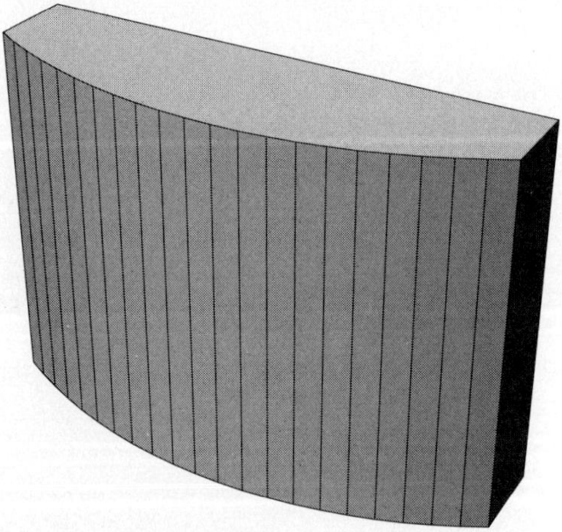

Im Profiler erzeugte Objekte lassen sich wie Drehteile einzeln speichern. So kann nach und nach eine Halbzeug-Bibliothek angelegt werden.

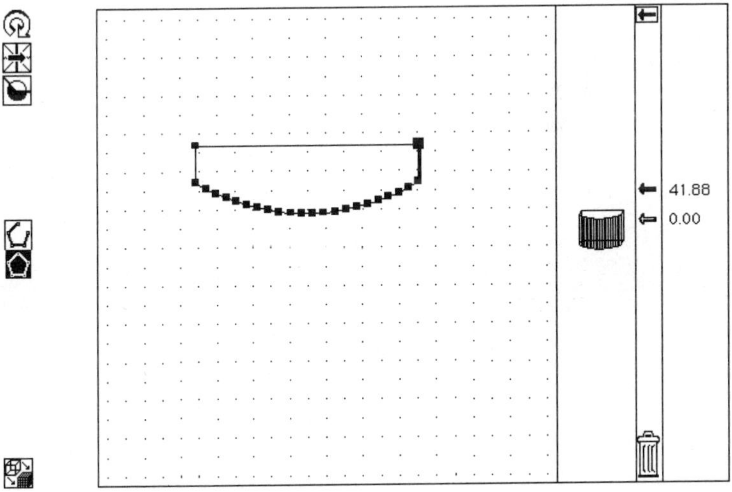

Matter

Volumen verschmelzen

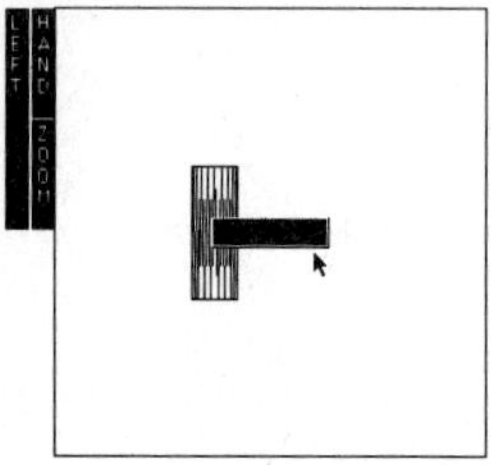

«To merge» heißt verschmelzen mit...
Die Befehle zum Verbinden von Volumen stehen unter dem Menü Merge. In einem der View-Fenster werden zwei Körper in die gewünschte Position zueinander gebracht. Sind beide so plaziert und übereinander geschoben, daß es der angestrebten Verbindung oder dem gewünschten Ausschnitt entspricht, werden sie nacheinander durch Anklicken aktiviert.

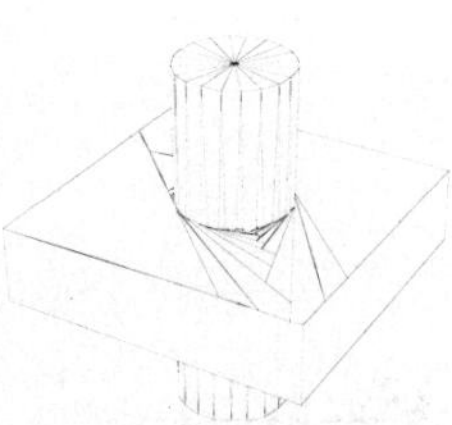

Verbinden:
Erst auf den Befehl *Enter Merge*, anschließend den Befehl *Execute Merge* auslösen.

Die Wireframe-Ansichten zeigen den Oberflächenaufbau der verbundenen Körper aus Polygonen.

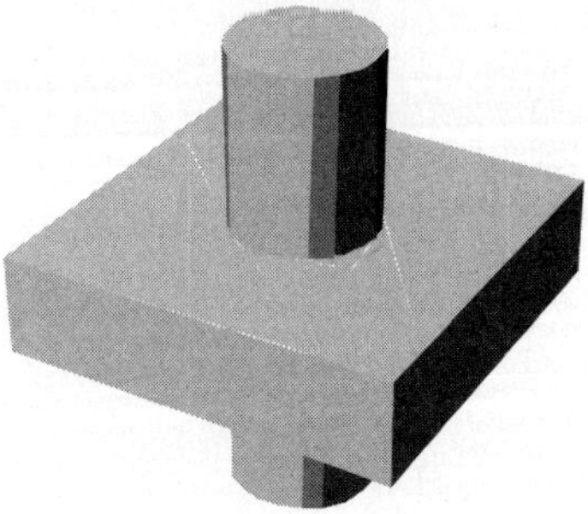

Anti-Matter

Volumen subtrahieren

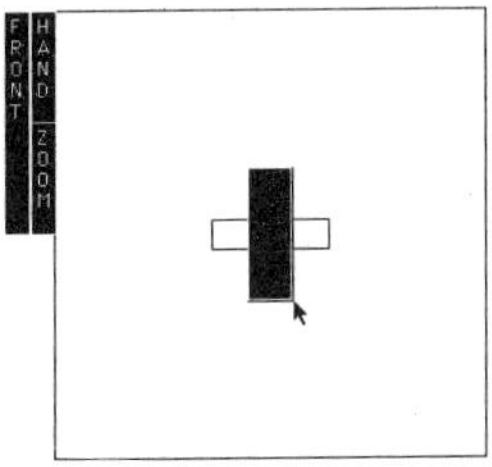

Wie in jedem guten Science-Fiction Film können auch in Zing Körper zu Anti-Materie erklärt werden!

Beide Körper aktivieren und unter Menü Merge auf *Enter Merge*. Den Körper, der aus dem anderen einen Teil ausschneiden soll, erneut anklicken und unter Menü Merge auf *Set Anti-Matter*. Nachdem der ausgewählte Körper schwarz geworden ist, wird der Befehl *Execute Merge* ausgelöst. Zing errechnet die Negativ-Materie und entfernt den ausgewählten Anti-Matter-Körper mitsamt dem Schnitt-Volumen, das dieser mit dem Matter-Körper gemeinsam hatte.

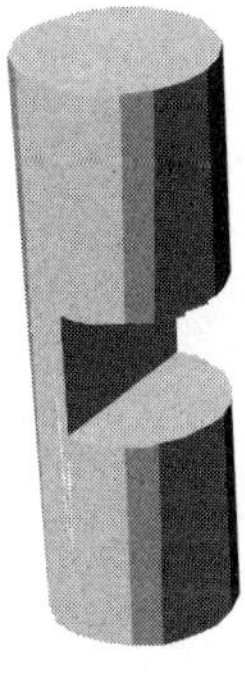

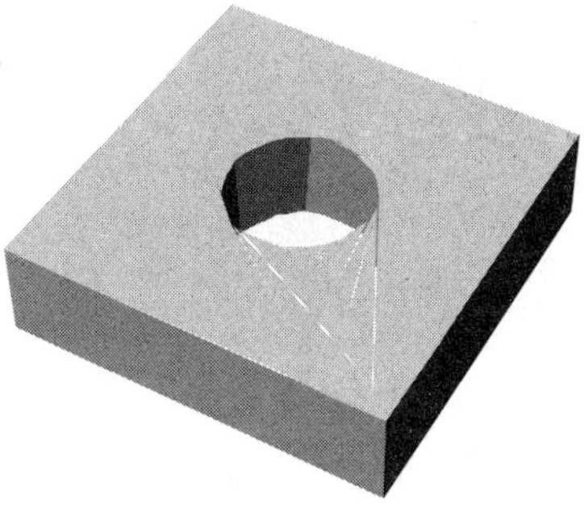

Modellbau in Zing

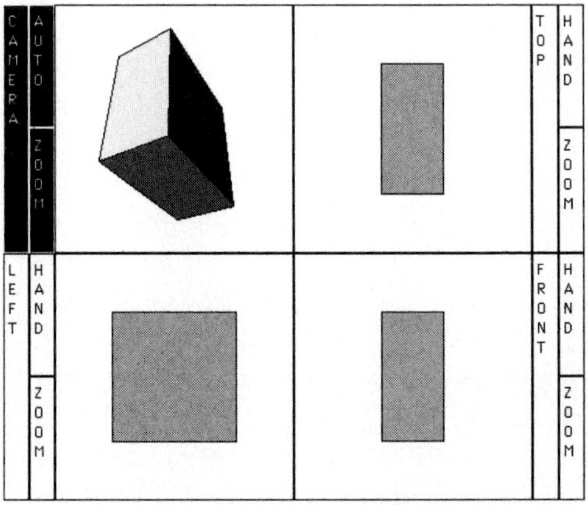

Alle Teile, die für einen Modellaufbau benötigt werden, können einzeln erstellt und gespeichert werden. Zum Zusammenfügen der Blöcke, Profile und Drehteile werden sie im Four-View in die gewünschte Lage zueinander gebracht. Jedes Teil kann durch Anklicken aktiviert – und unabhängig von den anderen im Fenster befindlichen Körpern – verkleinert, vergrößert, gedreht, gestaucht, gestreckt und dupliziert werden.

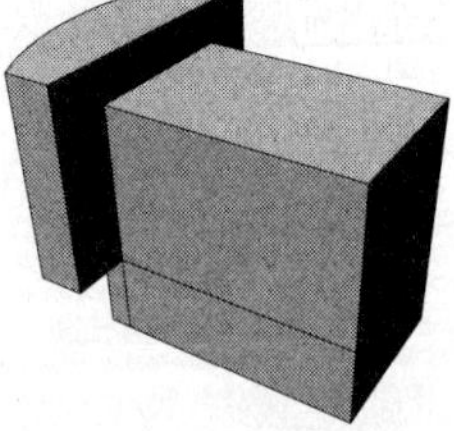

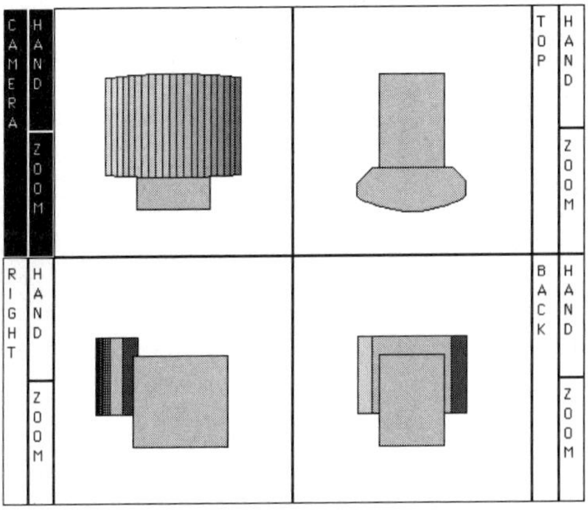

Zwei Teile, die fest miteinander verbunden werden sollen, werden in die richtige Lage gebracht und beide aktiviert. Anschließend wird unter dem Menü Merge zuerst der Befehl *Enter Merge*, dann der Befehl *Execute Merge* gegeben.

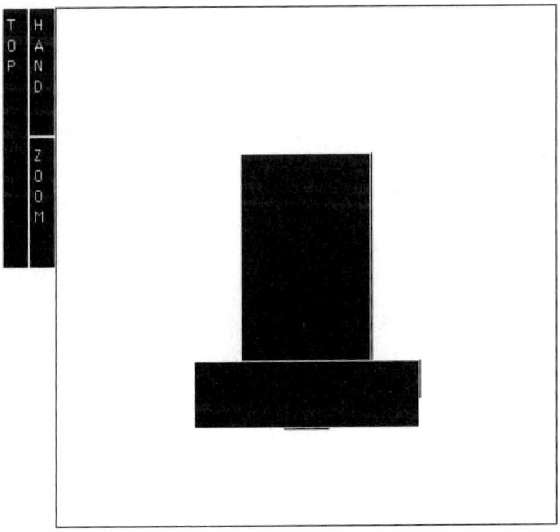

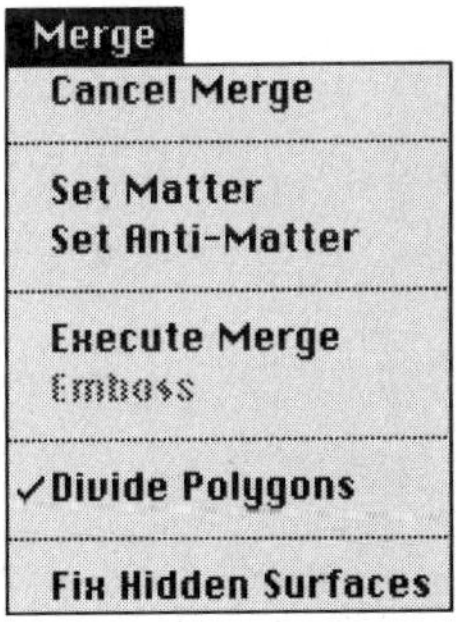

Flächen prägen

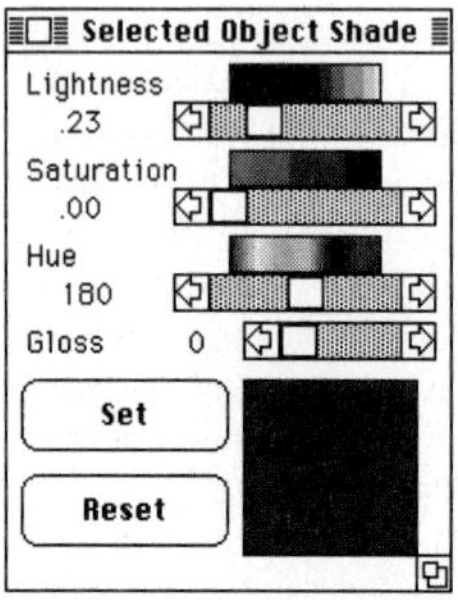

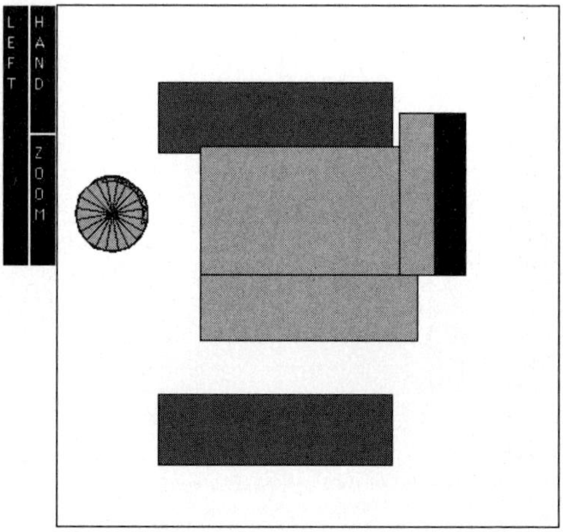

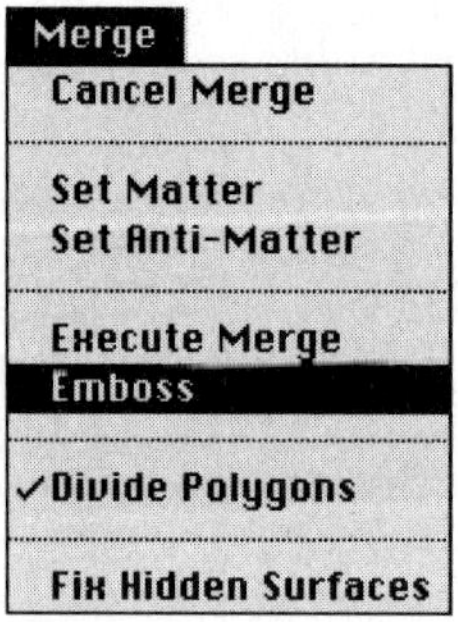

Ebenfalls unter dem Menü Merge gibt es den Befehl *Emboss*, mit dem Farbe (und Form) eines Körpers auf die Fläche eines anderen projiziert und dort eingeprägt werden kann. Dazu haben wir in diesem Fall einen Quader durch Ziehen und Strecken aus einem Würfel erzeugt, ihm unter *Objekt Shade...* eine dunklere Farbe gegeben, ihn einmal geklont und auf Oberseite und Rückseite des Objekts «geprägt».

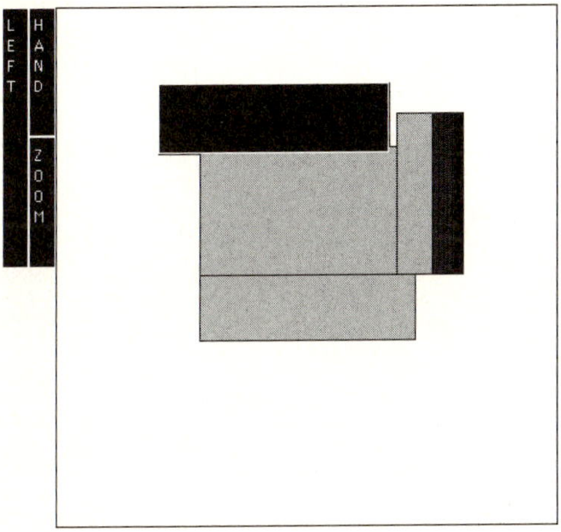

Zum Prägen werden beide Körper aktiviert und der Befehl *Enter Merge* gegeben, dann wird der Körper, der die Prägeform darstellt, erneut angeklickt und unter Merge *Set Anti-Matter* bestimmt. Wird jetzt der Befehl *Emboss* ausgelöst, so projiziert der Körper den Teil seiner Form, der einen anderen berührt, und seine Farbe auf diesen und ist selbst am Ende der Prozedur verschwunden. Sachen gibt's.

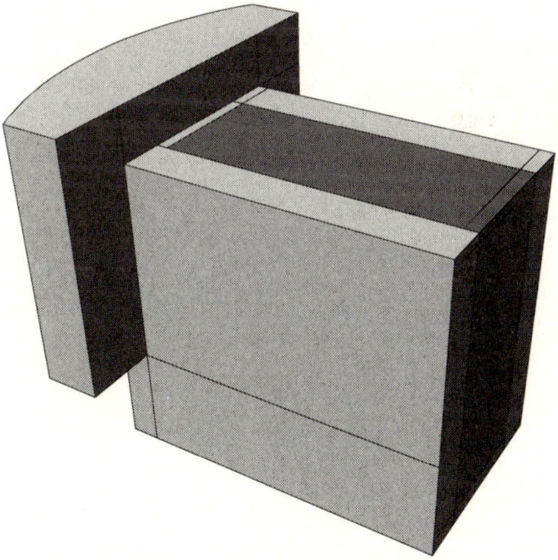

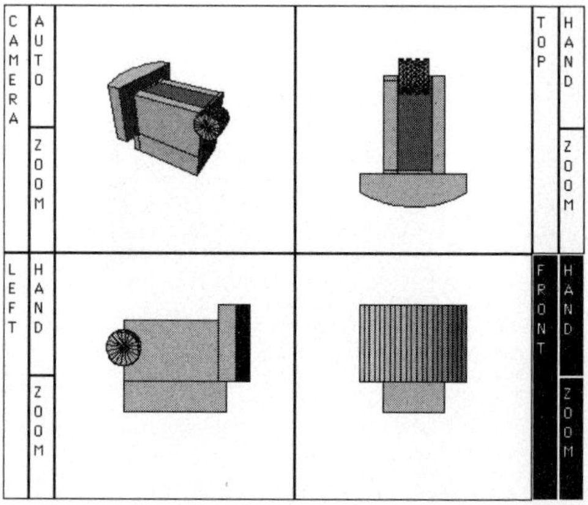
CAMERA
AUTO
ZOOM
TOP
HAND
ZOOM
LEFT
HAND
ZOOM
FRONT
HAND
ZOOM

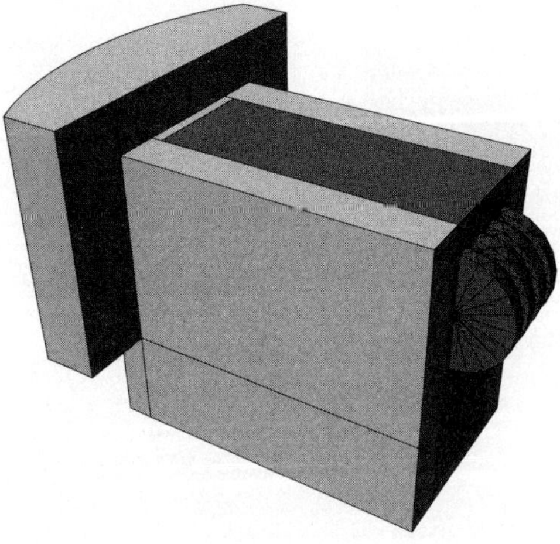

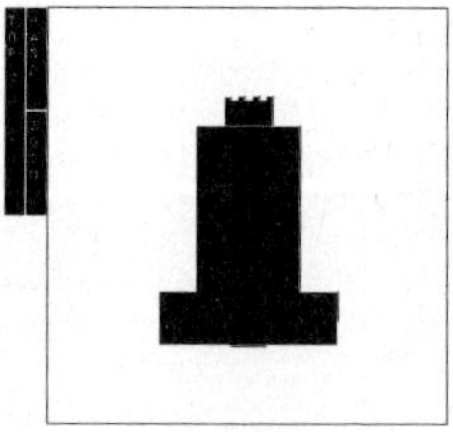

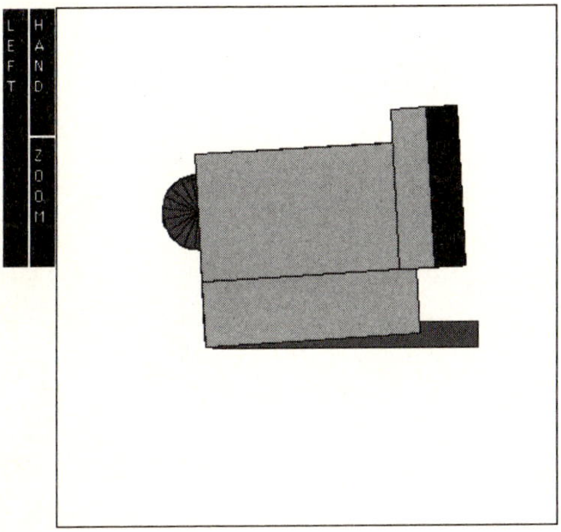

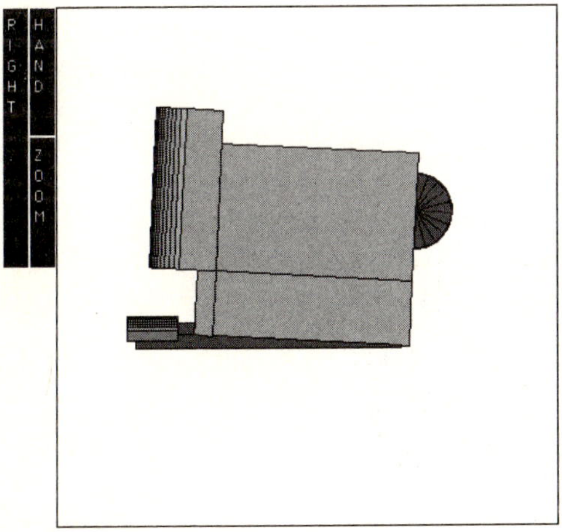

Nacheinander werden die verschiedenen Teile miteinander über die Merge-Befehle verbunden. In einem Arbeitsgang lassen sich immer nur zwei Teile verbinden. Je nach Komplexität des Körpers kann das Verschmelzen einige Rechenzeit in Anspruch nehmen.

Werden Teile gedreht oder in der Größe verändert, so zeigt ein kleines Fenster die Grad- oder Prozentzahl der Manipulation an, so daß präzise und wiederholbare Arbeitschritte möglich sind.

Zum Bewegen der Körper kann die Richtung auf *Drag Horizontal...* oder *Drag Vertical...* beschränkt werden. Da Objekte nur in den Ansichten verschoben werden können, bietet die Bewegungseinschränkung den Vorteil, daß ein Objekt, das in der einen Ansicht schon exakt liegt, beim Verschieben in einer anderen Ansicht nicht verrückt wird. Der Benutzer hoffentlich auch nicht.

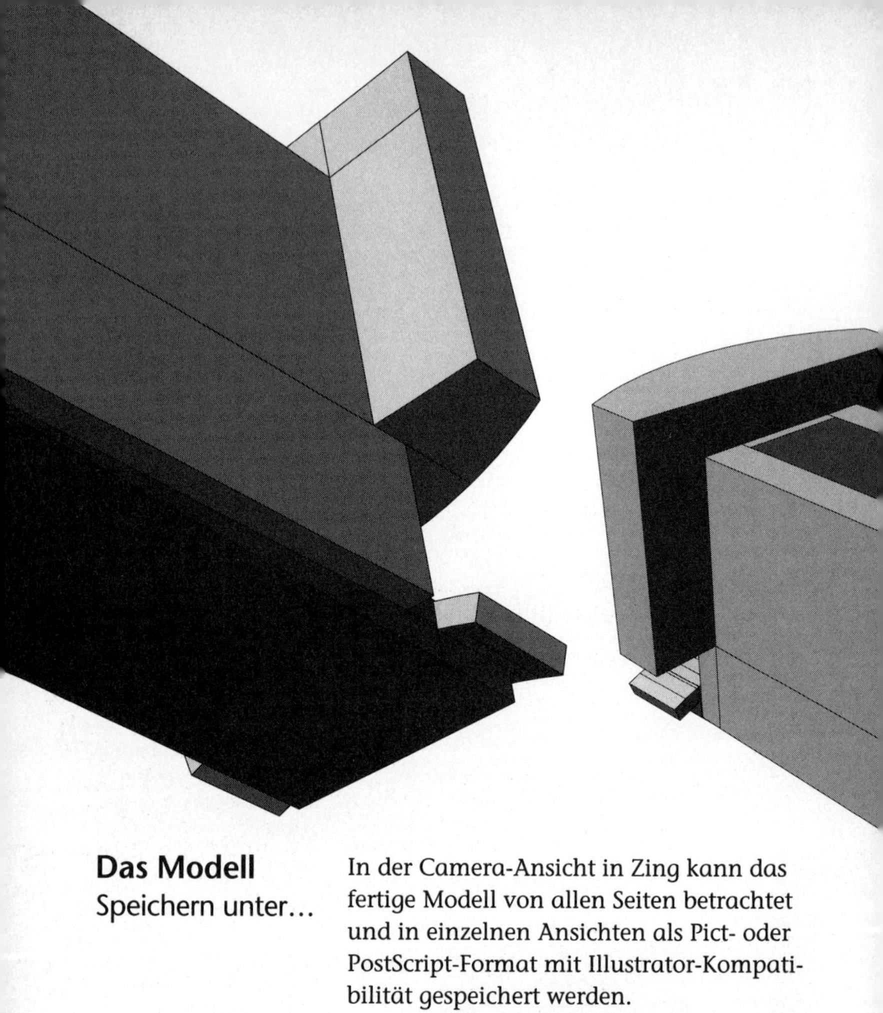

Das Modell
Speichern unter...

In der Camera-Ansicht in Zing kann das fertige Modell von allen Seiten betrachtet und in einzelnen Ansichten als Pict- oder PostScript-Format mit Illustrator-Kompatibilität gespeichert werden.

Diese Speicherformate können in anderen Programmen weiterbearbeitet oder in Layout-Programmen positioniert werden.

3D Grafik

3D-Modelle reparieren
Von Zing in den Illustrator

Unrepariertes Modell aus Zing, als Illustrator-EPS gespeichert.

Darstellungsfehler durch Flächen, die eigentlich im Hintergrund der Zeichnung liegen sollen.

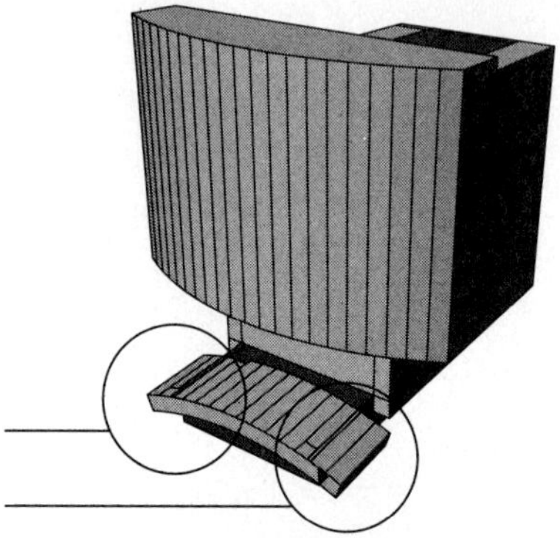

Zing bietet beim Abspeichern von perspektivischen Modell-Ansichten die Möglichkeit, ein Illustrator-EPS-Format zu wählen. Dieses Format kann anschließend im Illustrator oder in FreeHand 3.0 geöffnet und weiterbearbeitet werden. So lassen sich hier Rechenfehler beseitigen, die in Zing beim Darstellen eines Modells mitunter vorkommen können.

Das reparierte Modell, bei dem gleichzeitig die Linienstärke verringert und alle nicht sichtbaren Flächen gelöscht wurden (das verkleinert den Speicherbedarf der Datei).

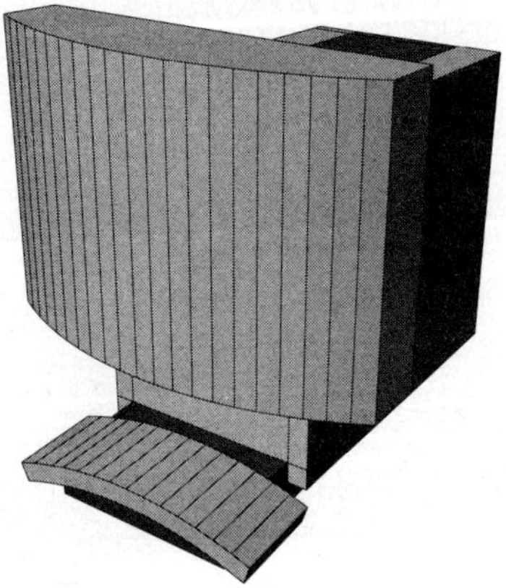

Der Fehler wird im Preview analysiert. Meist liegt in der Darstellung eine Fläche vorn statt im Hintergrund (linkes Beispiel), oder es wurden zu viele Polygone erzeugt (rechtes Beispiel).

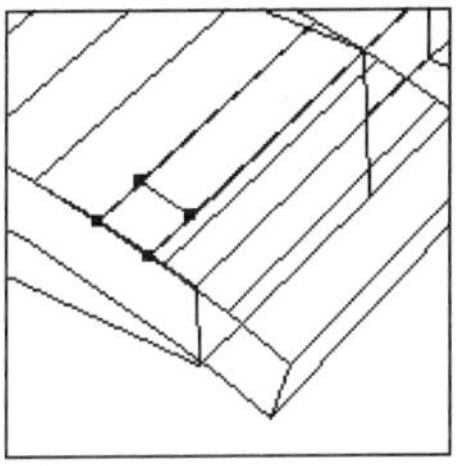

Die Zeichnung wird komplett ungruppiert. Soll ein Polygon vergrößert werden, wird es mit gleichzeitig gedrückter Option-Taste aktiviert und nach vorn gebracht. Danach müssen Sie die einzelnen Punkte an die neue Stelle ziehen und die restlichen Flächen löschen.

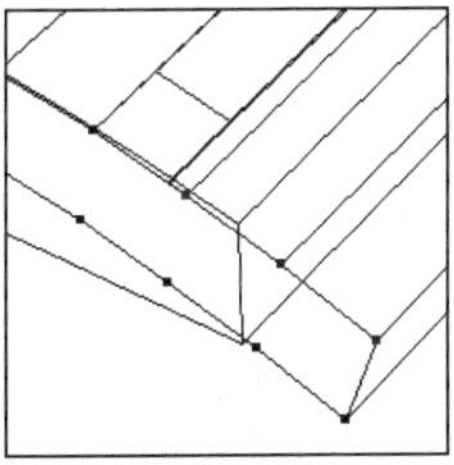

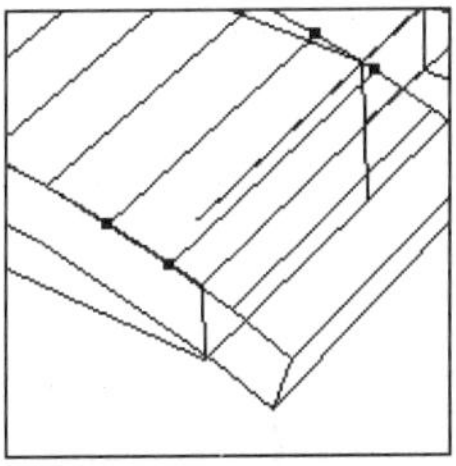

Soll eine Fläche in den Vordergrund gebracht werden? Mit Option-Taste/Mausklick aktivieren, *Cut* und *Paste in Front.*

Im Preview wird kontrolliert, ob der Fehler behoben ist.

Super 3D
Räumlich konstruieren

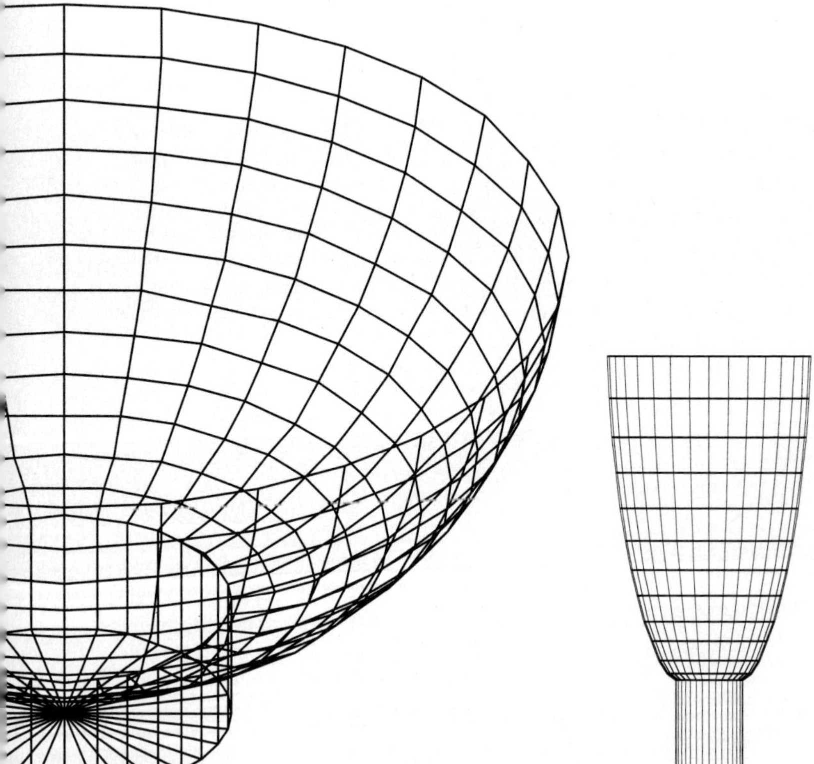

Super 3D™

Super 3D ist ein dreidimensionales Konstruktions-Programm, in dem Objekte in den Seitenansichten gezeichnet werden.

Die Art zu Zeichnen ist ähnlich der des konstruktions-orientierten Zeichen-Programms MacDraw: Mit den Werkzeugen lassen sich Linien, Rechtecke, Kreise, Ellipsen und Polygone erzeugen, die für jede Seitenansicht des Objekts gezeichnet werden. Die verschiedenen Elemente lassen sich gruppieren und das Objekt als Ganzes räumlich drehen. In diesem Programm wird eher in linearen Seitenansichten und Flächen als in Volumen gearbeitet.

Gezeichnete Linien, Flächen und gruppierte Objekte können im aktivierten Zustand vergrößert, verkleinert und unproportional verändert werden.

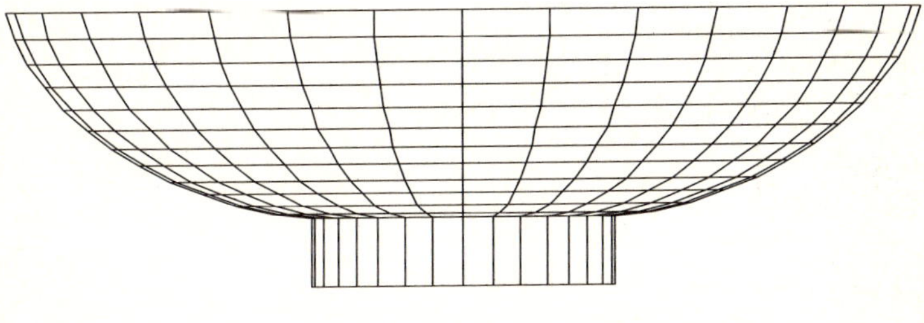

Revolve
Von der Hülle zur Kontur

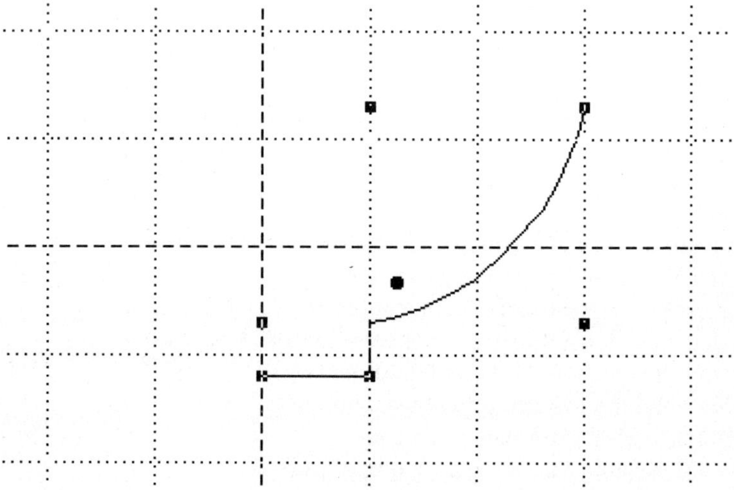

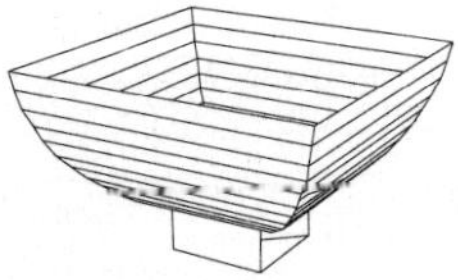

Beispiel mit vier Segmenten, rotiert

Die Mantelfläche oder Hülle eines Rotationskörpers errechnet Super 3D aus der linear gezeichneten halben Seitenkontur.

Die Kontur wird aktiviert (besteht sie aus verschiedenen Linien, diese nicht gruppieren!), der erste Befehl unter Menü Tools gibt das Revolve-Window: Hier läßt sich die Anzahl der Segmente (Divisions) eingeben, die Gradzahl der Drehung sowie die Achse, um die gedreht werden soll.

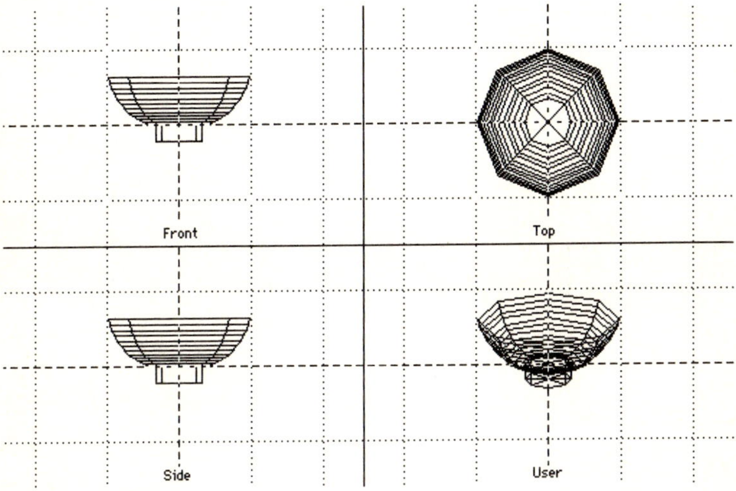

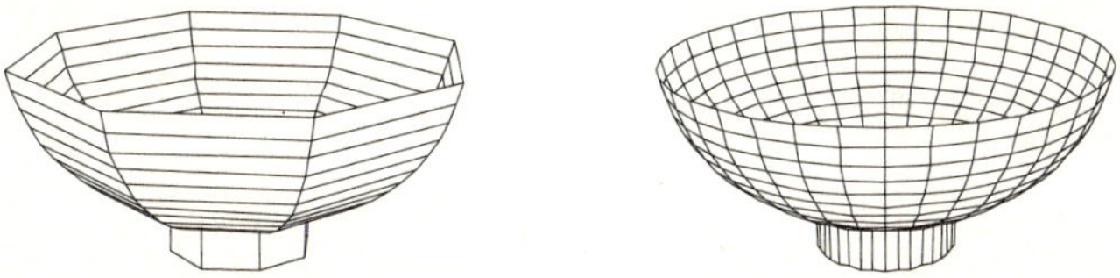

Beispiele:
360°-Drehung mit
8 und 36 Segmenten

Vom Drahtmodell zum Vollkörper
Mit Licht und Schatten modellieren

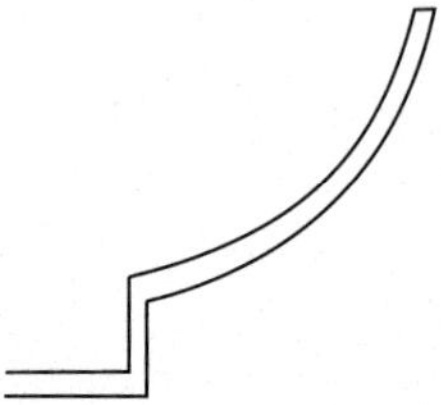

Die lineare Seitenkontur wird gedoppelt und zur Fläche geschlossen. So bekommt die Schale eine Wandstärke.

Im unteren Beispiel ist mit dem Befehl Revolve nur um 250° gedreht, wodurch sich automatisch eine Schnittzeichnung durch den Körper ergibt, die deutlich den Aufbau der aneinandergesetzten Polygone zeigt.

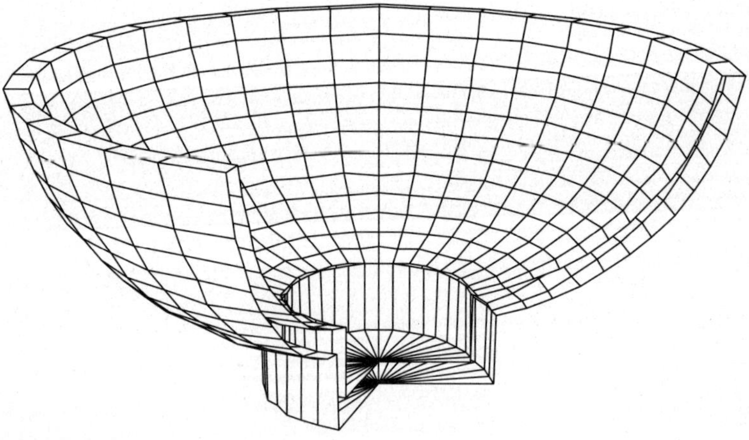

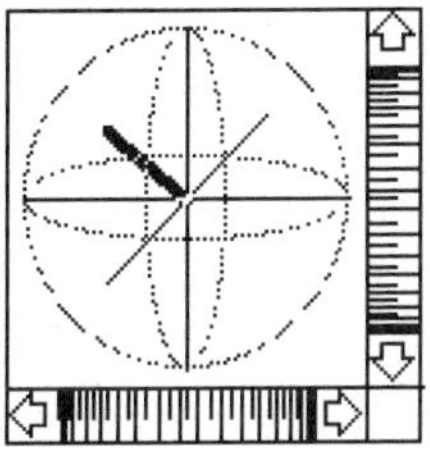

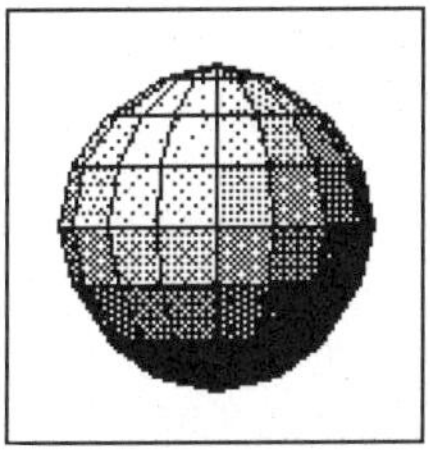

Mit dem Befehl *Set Model Shading…* unter dem Menü Options können für die Ausleuchtung eines Objekts bis zu vier Lichtquellen eingesetzt werden, die sich unabhängig voneinander positionieren und dimmen lassen.

Die Licht-Einrichtung wird räumlich durch eine Achse im linken Fenster gezeigt, während die Kugel im rechten den Licht-Effekt visualisiert.

Profil gefällig?

Extrudieren in Super 3D

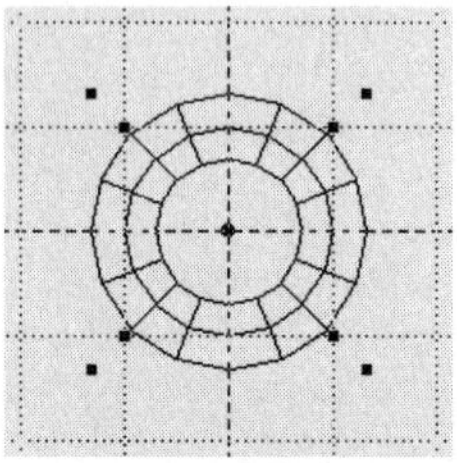

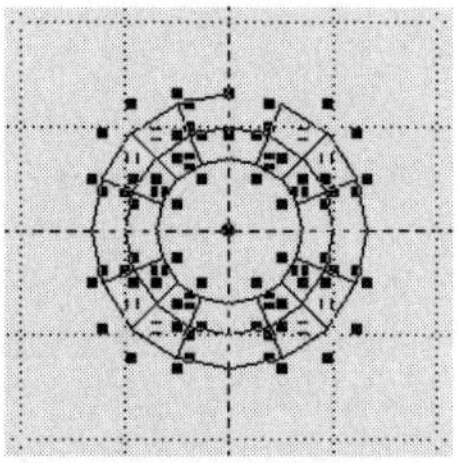

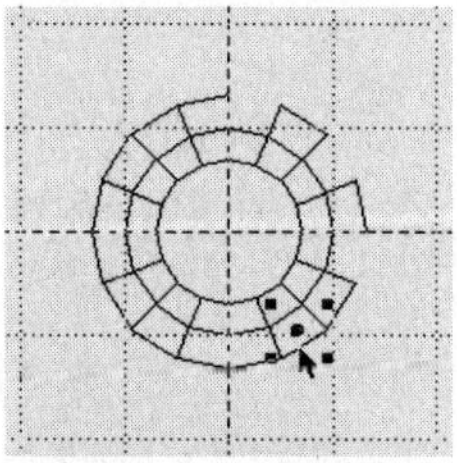

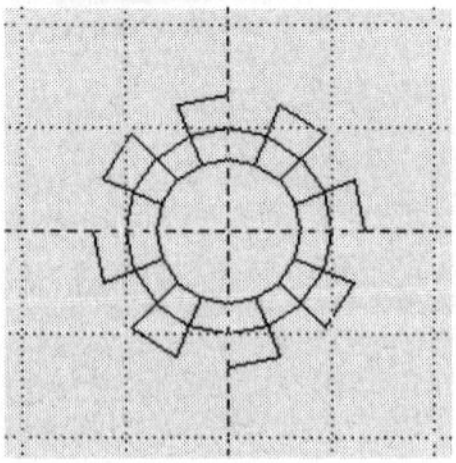

Das zweite Universal-Werkzeug in Super 3D ist der Extruder.

Das Verfahren zur Produktion von Profilen geht so:
1. Den Querschnitt des Profils in einer Ansicht als lineare Fläche zeichnen, hier zwei «revolvierte» Linienstücke als die geschlossene Ringfläche des Profilquerschnitts...
2. Alles aktivieren und ungruppieren, um die einzelnen Polygone bearbeiten zu können...
3. Jedes zweite Polygon des äußeren Rings wird entfernt...
4. Wieder alles aktivieren und unter Menü Tools auf *Extrude.*

Im Extrude-Fenster kann in drei Achsenrichtungen extrudiert werden, dabei wird die gewünschte Länge numerisch in das entsprechende Feld eingegeben.

Die Werkzeuge zum Zeichnen von Flächen oder Linien funktionieren in Super 3D wie in allen anderen objektorientierten Programmen.

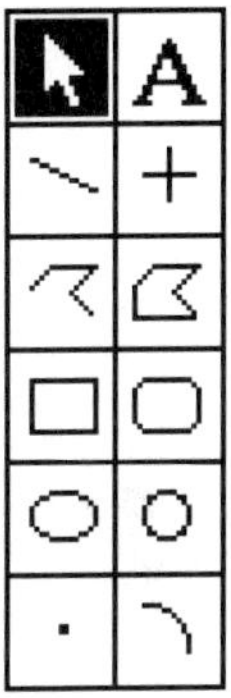

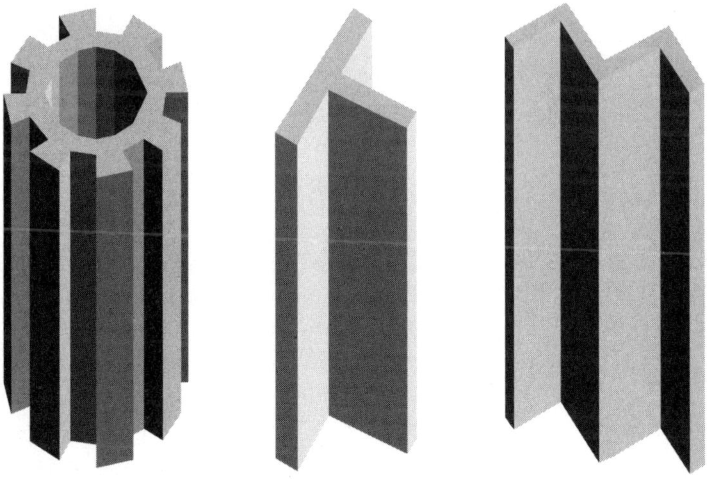

Rotation mit Vorschub

Flächenkrümmung mit Sweep Surface...

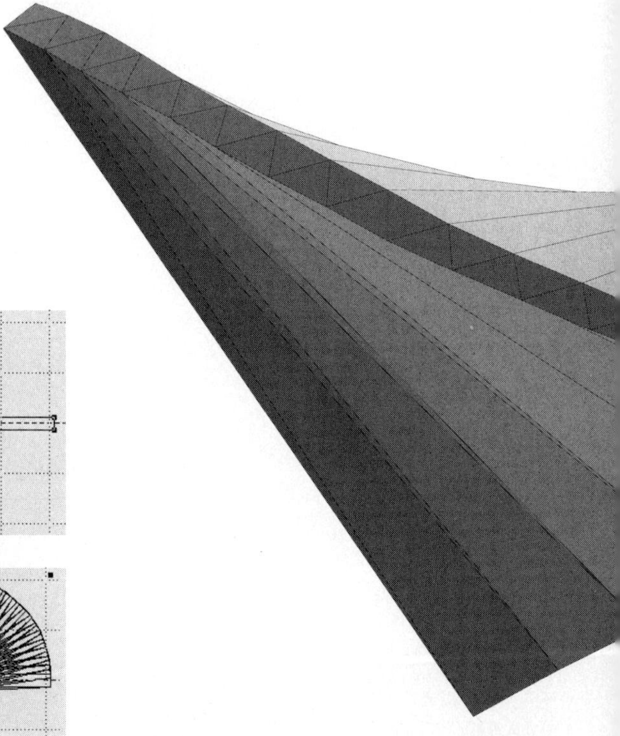

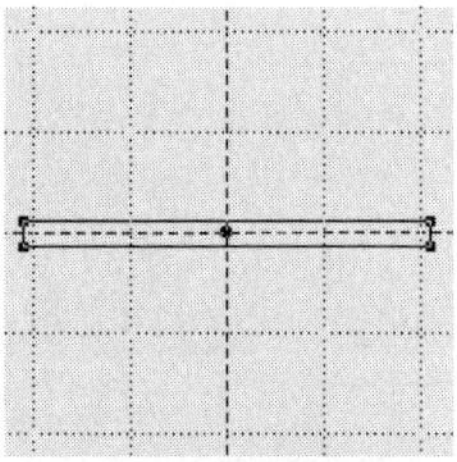

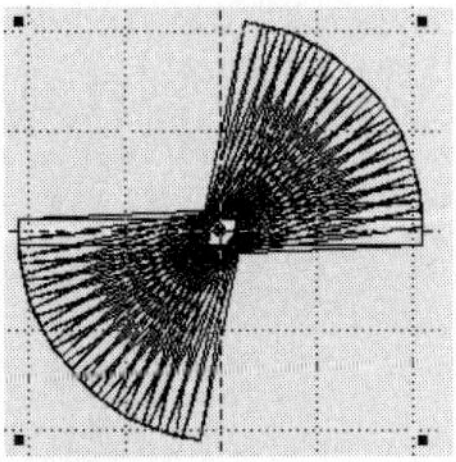

Die gekrümmte Fläche ist aus einem Rechteck entstanden.

In Super 3D können unter dem Menü Tools mit dem Befehl *Sweep Surface...* gekrümmte Flächen (Schraubflächen) durch die Mischbewegung aus Translation (Verlängerung in einer Richtung) und Rotation (um die Richtungsachse) hergestellt werden.

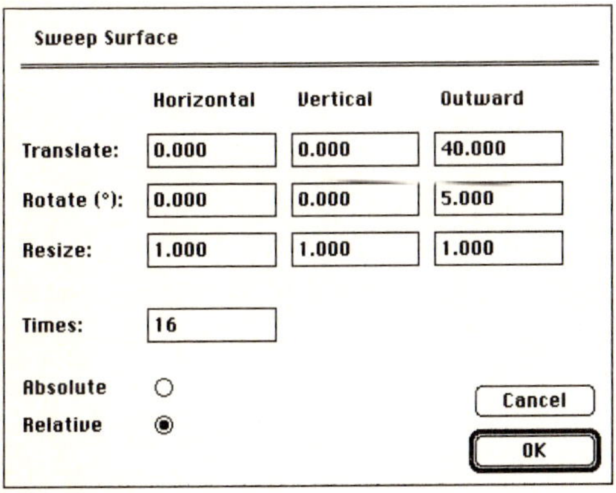
Sweep Surface
Horizontal
Vertical
Outward
Translate:
0.000
0.000
40.000
Rotate (°):
0.000
0.000
5.000
Resize:
1.000
1.000
1.000
Times:
16
Absolute
Relative
Cancel
OK

Film ab: Super Movie
Animation in Super 3D

Super 3D bietet in Teamwork mit dem Programm Projector die Möglichkeit, den Bewegungsablauf eines Objekts aufzuzeichnen und als Animations-Sequenz abzuspielen.

Alle notwendigen Befehle zur Aufnahme eines Films stehen im Menü Animation: Mit dem Befehl *New...* wird zuerst ein eigenständiges Dokument für den Film erstellt, dann wird der Befehl *Auto Record* angeklickt, der jede Bewegung automatisch aufzeichnet. Unter *Spin/Translate Modell...* können im Fenster die Daten für die Bewegung des Objekts eingegeben werden, die das Programm dann selbständig ausführt. Das Objekt kann dabei um eine oder um alle Raumachsen (x, y, z) in verschiedenen Gradsprüngen gedreht werden. Der fertige Film wird mit *Play Animation* gespielt. Mit *Repeat* kann die Endlos-Wiederholung und mit *Set Delay* die Geschwindigkeit (Frames per Second) eingestellt werden.

Wie geht's von Pict nach PostScript

Mit DrawOver in den Illustrator

DrawOver 3.0

DrawOver ist ein Hilfsprogramm für Illustrator, das Pict- in PostScript-Formate umwandelt.

Für alle 3D-Programme, die nicht von sich aus Illustrator-kompatible Formate speichern, ist dieses Programm die beste Möglichkeit, eine 3D-Zeichnung zu überführen. Im Illustrator können Rechenfehler beseitigt oder die Elemente in eine 2D-Zeichnung eingebaut werden. Seit der Version 3.0 von DrawOver werden bei der Umwandlung nicht nur die Linien der Polygone eines Pict-Bildes berücksichtigt, sondern auch alle Schatten und Raster, die in 3D-Programmen für die Flächen eines Modells erzeugt wurden.

1. In DrawOver wird das Pict-Format geöffnet.

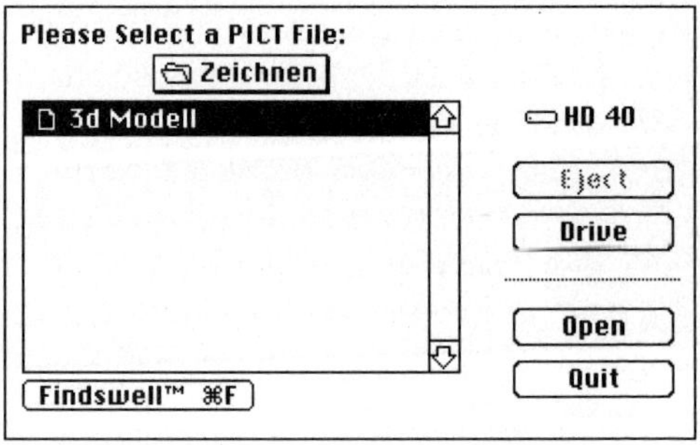

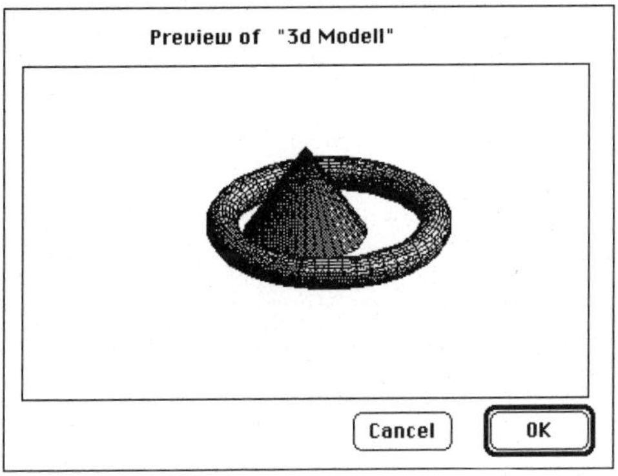

2. Der Preview zeigt die Abbildung, die in eine PostScript-Datei umgewandelt werden soll.

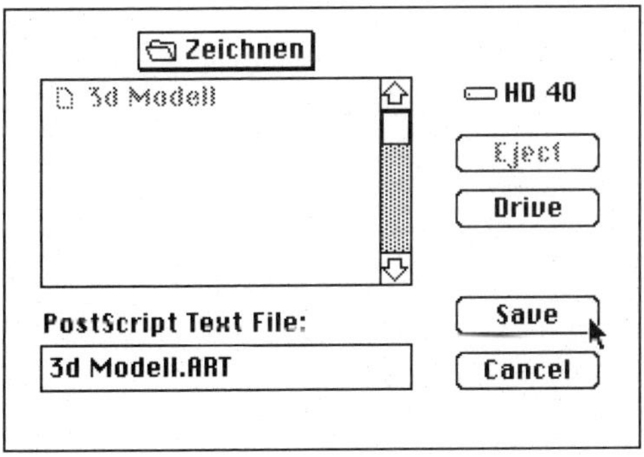

3. Das Bild wird unter neuem Namen gespeichert und kann dann aus allen Illustrator-Versionen oder aus FreeHand 3.0 geöffnet und dort weiter bearbeitet werden.

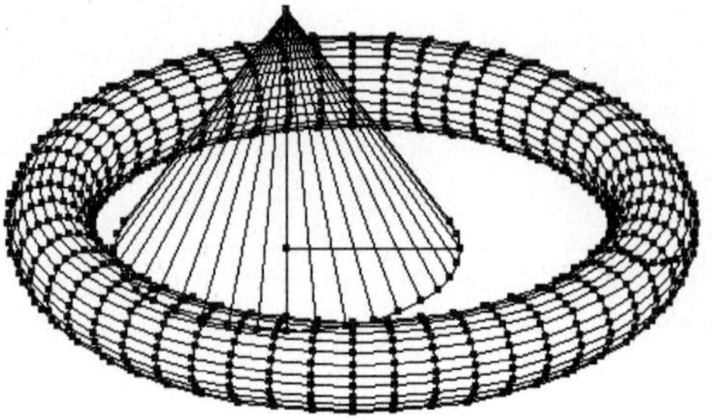

Ein Screen-Shot aus dem Illustrator zeigt, daß hier alle Linien und Flächen der umgewandelten Datei verändert und bearbeitet werden können.

Die Polygone der 3D-Zeichnung liegen als ungruppierte Flächen vor. Nach dem Aktivieren können im Paint-Window für Flächen oder Linien neue Raster und Farben oder Strichstärken bestimmt werden. Ebenso können natürlich Teile der Zeichnung gruppiert werden und lassen sich mit allen Werkzeugen im Illustrator bearbeiten.

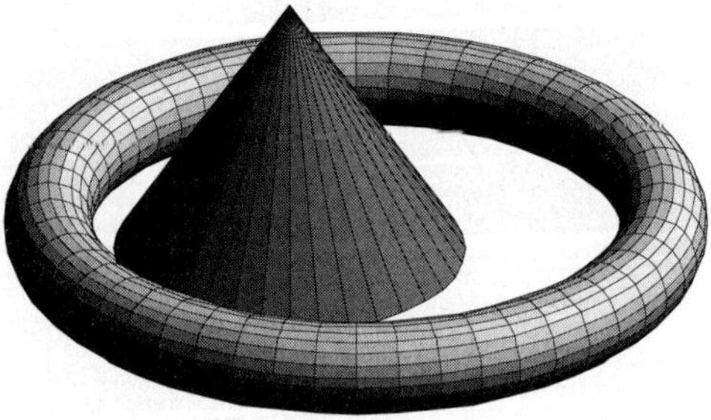

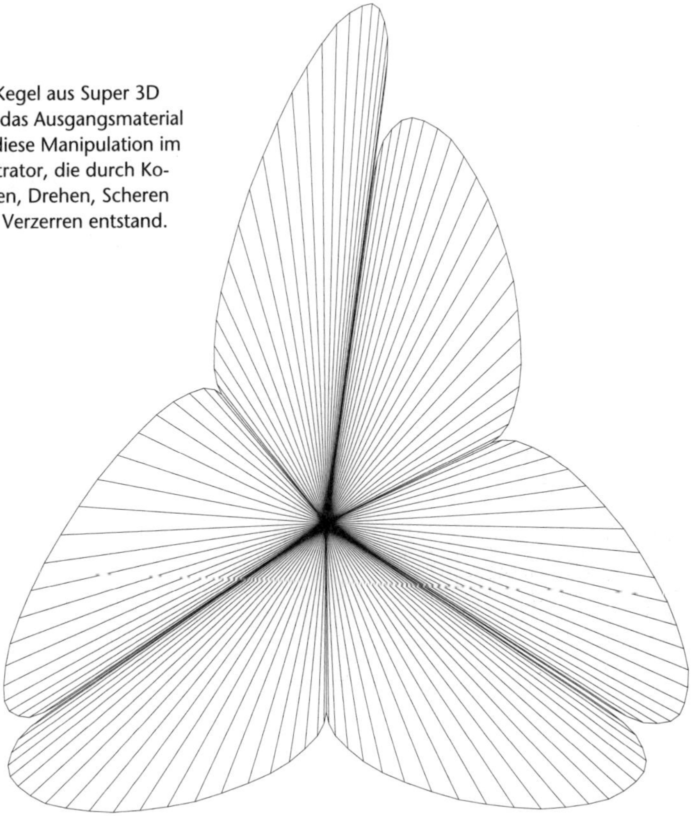

Ein Kegel aus Super 3D war das Ausgangsmaterial für diese Manipulation im Illustrator, die durch Kopieren, Drehen, Scheren und Verzerren entstand.

ModelShop
Volumen-Modelle in Sekundenschnelle

ModelShop

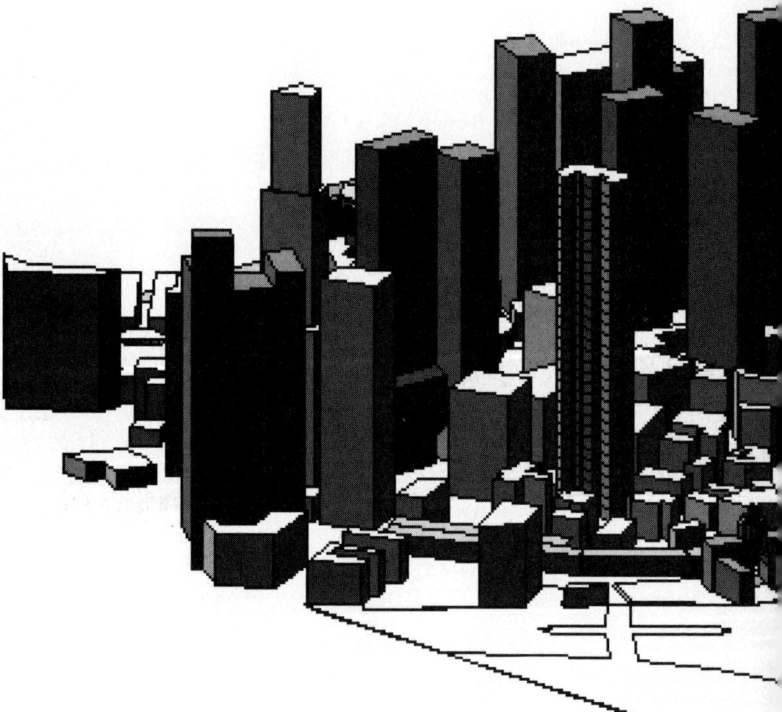

ModelShop ist ein schnelles 3D-Programm für den Mac, wenn es darum geht durch Volumen-Darstellung das Aussehen von Objekten oder Installationen zu simulieren.

Das Programm ist konstruktions-orientiert: Alle Operationen können sehr genau mit numerischen Eingaben erfolgen, ebensogut aber auch nach Augenmaß nur mit der Maus.

ModelShop verfügt nicht über ausgefeilte Rendering-Fähigkeiten, ist aber ein gutes Werkzeug zur Simulation von Einrichtung bis Stadtplanung.

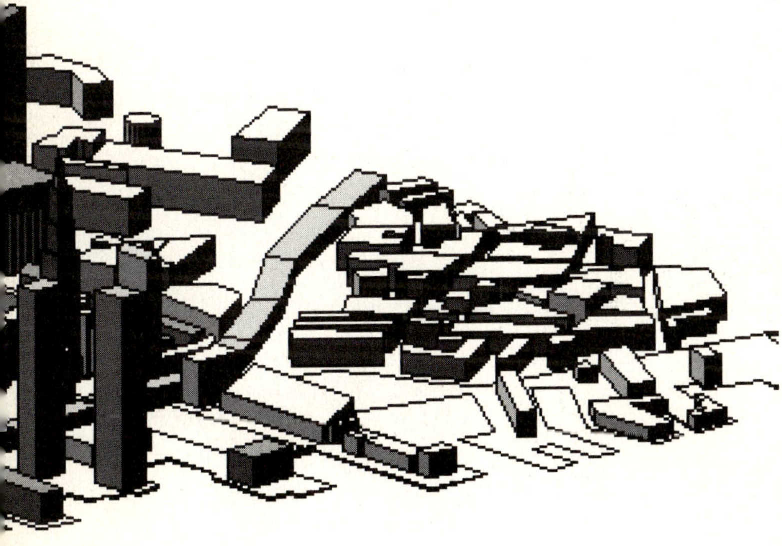

Die Werkzeuge
in ModelShop

Bevor in ModelShop das erste Volumen erzeugt wird, sollten die Settings so eingestellt werden, daß sie metrische Anhaltspunkte für die numerische Konstruktion erlauben. Dabei wird das Grid Spacing sehr klein gewählt, damit später desto genauer gezeichnet werden kann. Der Wert 0.1 kann dann beim Zeichnen je nach Maßstab 1 mm, 1 cm oder auch 1 m bedeuten. Wichtig ist nur der relative Bezug der Maße zueinander. Ebenfalls unter Settings wird die «Auflösung» für Zylinder-, Kreis- oder Kegelformen eingestellt. Wählt man z.B. 36, dann besteht ein Kreis aus 10°-Segmenten. Das Settings-Fenster findet sich unter Menü Tools oder einfach Command W.

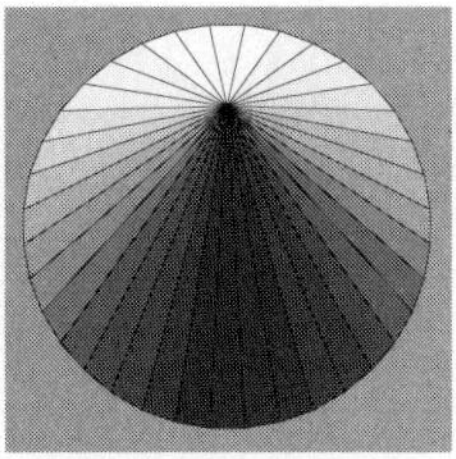

Kegel aus 36 Segmenten

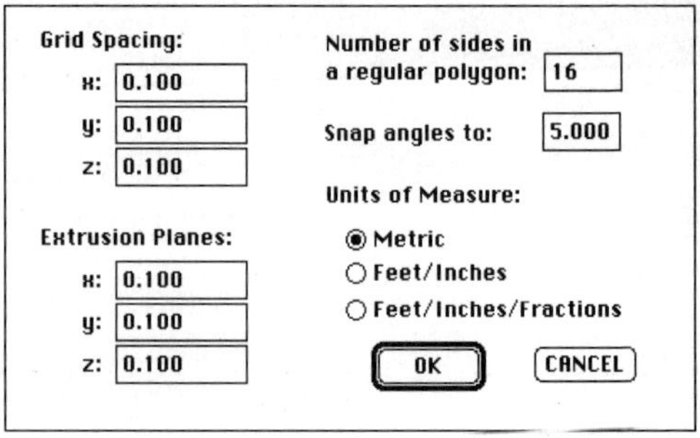

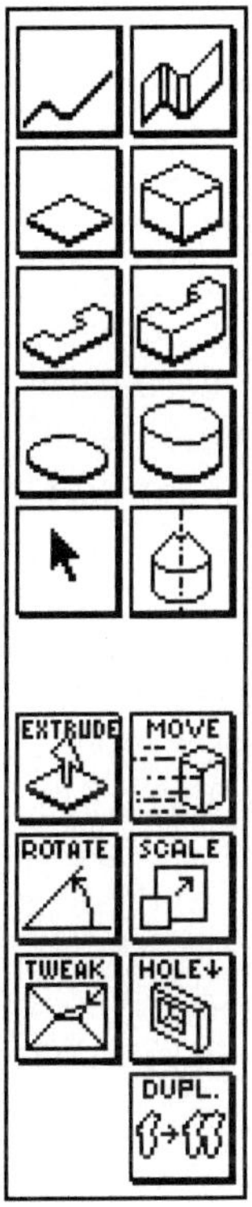

Die Werkzeug-Palette in ModelShop ist auf dem Bildschirm frei beweglich. Im oberen Feld befinden sich die Werkzeuge zum Zeichnen von Flächen – in der linken Spalte – und zum Konstruieren von Volumen – in der rechten.

Das untere Feld zeigt die Werkzeuge zum Manipulieren der Flächen und Körper. Alle Werkzeuge können direkt mit der Maus oder mit numerischer Eingabe verwendet werden.

Bei der Orientierung auf dem Bildschirm und im virtuellen dreidimensionalen Raum hilft die Maßpalette mit Angaben der drei Koordinaten. Die in den Fenstern dargestellten Werte werden durch die Settings beeinflußt. Alle numerischen Eingaben, sowohl für das Bewegen als auch für das Konstruieren von Objekten, können direkt in die Felder der Maßpalette eingegeben werden.

Grundriß-Zeichnung
x-, y-Achsen

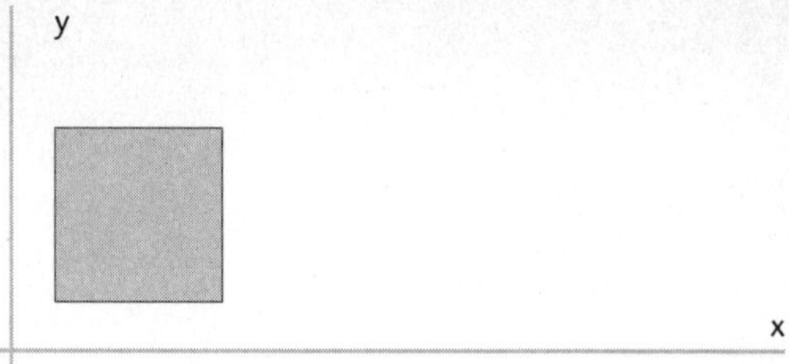

Fährt man in der Aufsicht (Plan-View) mit dem Cursor über die Zeichenfläche, verändern sich analog zur Mausbewegung die Werte im x- und y-Feld der Maßpalette. Eine Zeichnung, die numerisch aufgebaut wird, sollte von einem 0-Punkt ausgehen. So fällt es später leichter, die Elemente der Zeichnung in bestimmbaren Abständen zu arrangieren.

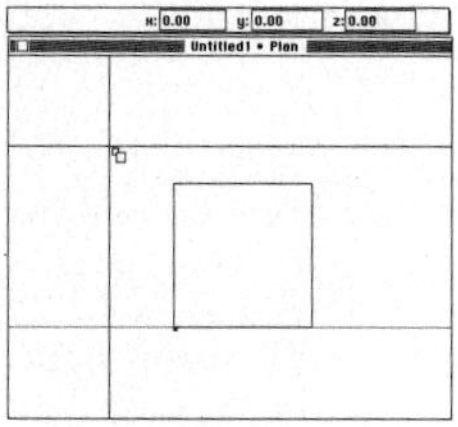

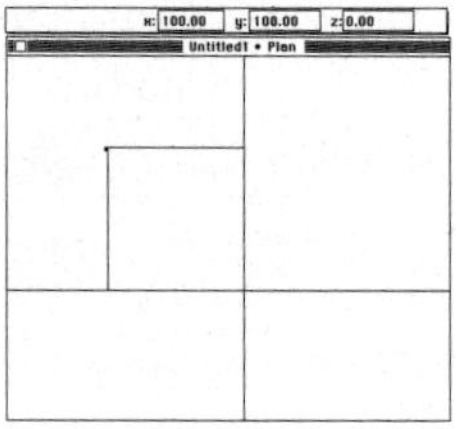

Zum Zeichnen eines Würfels wird aus der Toolbox das passende Werkzeug gewählt. Dann wird das x-Feld durch Doppelklick aktiviert und 0 geschrieben. Mit der Tabulator-Taste wird das nächste, also das y-Feld, aktiviert und wieder eine 0 geschrieben. Dieser Koordinaten-Befehl wird mit der Reset-Taste ausgelöst. Eine Ecke des Würfels liegt jetzt genau auf dem 0-Punkt der Plan-Koordinaten. Das Werkzeug ist weiterhin aktiv, um die Grundfläche zu zeichnen.

Die Grundfläche kann mit der Maus gezogen werden, wobei die Koordinaten-Felder die Werte anzeigen. Ist die gewünschte Größe erreicht, einfach einmal klicken.

Genauer ist die numerische Eingabe, die wieder genauso funktioniert und mit der Reset-Taste ausgelöst wird.

Achtung: Farb-Baustelle

Schwarz-Weiß wird bunt

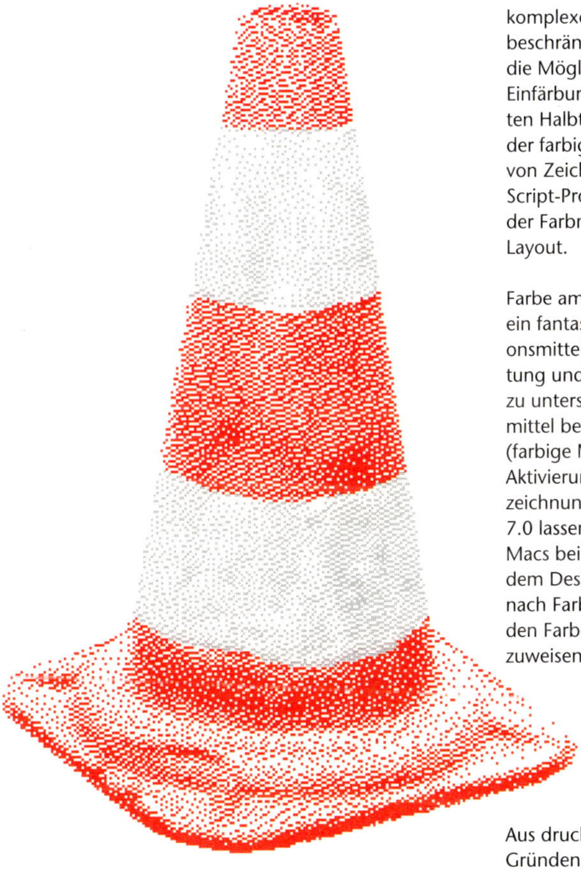

Auf den nächsten Seiten wird's bunt. Farbe am Mac ist ein weites und komplexes Kapitel, darum beschränken wir uns auf die Möglichkeiten der Einfärbung von gescannten Halbton-Vorlagen und der farbigen Erstellung von Zeichnungen in PostScript-Programmen sowie der Farbmöglichkeiten im Layout.

Farbe am Bildschirm ist ein fantastisches Simulationsmittel bei der Gestaltung und ein häufig nicht zu unterschätzendes Hilfsmittel beim Arbeiten (farbige Markierungen, Aktivierungsfarbe, Auszeichnungsmittel). Unter 7.0 lassen sich an Farb-Macs beispielsweise auf dem Desktop Dateien nach Farben ordnen und den Farben Bedeutungen zuweisen.

Aus drucktechnischen Gründen unterbrechen wir die 3D Tour, die 16 Seiten später weitergeht.

Der Vierfarb-Prozeß

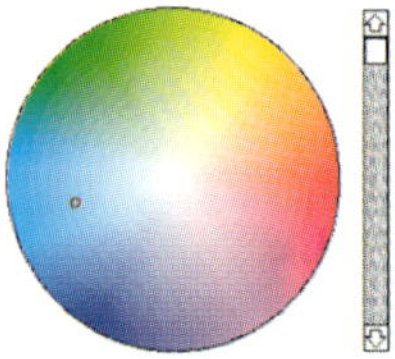

Die meisten farbfähigen Programme bieten drei Farbmodelle an:
Das RGB- (Rot, Grün, Blau) Modell für die Bildschirm-Darstellung und für Video-Einsatz im allgemeinen. Hier wird häufig ein Farbkreis dargestellt, in dem eine Farbe angeklickt und ihr Tonwert durch einen Schieberegler verändert werden kann.

Das HSB- (Hue, Saturation, Brigthness) Modell, das in der Computergrafik verbreitet ist und die Farbeinstellung nach Farbton, Farbsättigung und Helligkeit erlaubt.

Als drittes und für die Druck-Vorbereitung entscheidend, das CMYK-Modell, bei dem Mischfarben aus Cyan, Yellow, Magenta und Schwarz (Key) erstellt werden. Dieses Modell wird bei der Belichtung von Farbseparationen für den Vierfarbdruck angewendet.

Als Alternative zu selbstgemischten Farben hat sich in der Mac-Welt die Pantone-Farbpalette durchgesetzt, deren Farben in vielen Programmen direkt unter den Farb-Optionen ausgewählt werden können. Da die Bildschirm-Darstellung von gleichen Farben schon von Programm zu Programm schwankt, außerdem von weiteren Bedingungen außerhalb des Computers abhängt (Bildschirm als Selbstleuchter, Raumlicht, Reflektionen etc.), sollten als Referenz füe die Farbgebung am Bildschirm Pantone-Fächer oder andere Farbskalen verwendet werden.

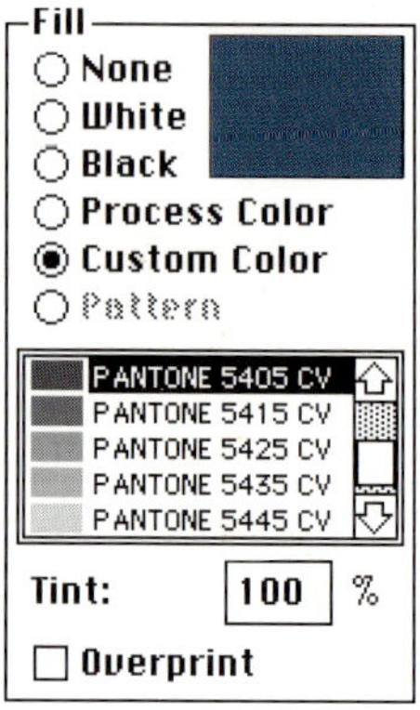

Farbwahl-Fenster aus dem Illustrator: Für die Wahl von Pantone-Farben, die auch nach Nummern gesucht werden können, oder die Mischung im Vierfarb-Prozess.

Im Vierfarb-Druck werden farbige Flächen durch die Mischung aus Magenta, Yellow, Cyan und Schwarz erzeugt. Für die Herstellung der Druckplatten sind daher vier Farbauszüge notwendig. Damit beim Zusammendruck der vier Auszüge Mischtöne enstehen, müssen sich die Rasterpunkte der verschiedenen Farben zu symmetrischen Mustern zusammenfügen, die aus der Betrachterdistanz als weicher Farbübergang wahrgenommen werden.

Aus diesem Grund wird jeder Farbauszug mit einer anderen Rasterdrehung belichtet. Bei ungenauen oder falschen Rasterdrehungen kann es zu sichtbaren Mustern, zur sogenannten Moiré-Bildung kommen.

Die Rasterwinkel werden in allen farbfähigen Programmen automatisch eingestellt.

Abbildung: Burkhard Schmitz mit StrataVision, SimuLab der ProduktEntwicklung Roericht, Ulm.

Paint it!

Das Paint-Format ist für's Einfärben geeignet wie kein zweites.
Neben den erlesenen grafischen Effekten, die durch Paint-Formate erzielt werden können, läßt sich, bedingt durch ihre Transparenz, auch der Hintergrund eines Paints farbig anlegen.
Oder wie in diesem Beispiel, durch Duplizieren, Zerschneiden und wieder Zusammensetzen, können Vordergrund und Hintergrund eines durchgehenden Motivs verschiedene Farben oder Tonwerte erhalten.

Pantone-Farben:
Rot 485
Graublau 5493
Grün 389
Gelb 115

Tontrennung
im PhotoShop

Halbton-Bilder als Tiff-Formate sind nicht transparent, können aber als gesamtes Bild eingefärbt werden. Sollen der Hintergrund oder betimmte Teile des Bildes eine zweite oder dritte Farbe erhalten, können die Tiff's beispielsweise im PhotoShop bearbeitet werden.

Pantone-Farben:
Hintergrund 465
Dunkles Blau 5405
Graublau 5493

Posterize im PhotoShop

Gescannter Trabbi, im Photoshop bearbeitet: Vom Graustufen-Tiff wurde das Bild in den Modus *Indizierte Farben...* überführt, wo mit dem Befehl *Tontrennung* die Halbtöne auf vier Grauwerte reduziert wurden. Anschließend haben wir in der Farbtabelle zwei der verbleibenden Graustufen durch Farben ersetzt. Nach der Überführung in den Vierfarb-Modus wurde die Datei als DTP-Eps, das heißt mit vier Farbauszügen und einer Bildschirm-Datei gesichert.
Zur Farbbestimmung wurden auch hier wieder Pantone-Fächer verwendet. Die Werte für den Vierfarb-Prozeß in der Farbtabelle im PhotoShop, in dem keine Pantone-Farben zur Verfügung stehen, wurden numerisch eingegeben.

Volks Farben

Melancholischer Käfer im Mondlicht…

Eine gescannte Vorlage, als Template im Illustrator mit Autotrace nachgezeichnet und plakativ gefärbt. Das Muster aus den Licht-Reflexen ist als Pattern ebenfalls im Illustrator definiert.

Pantone-Farben:
Gelb 115
Grün 327
Dunkelgrün 567
Türkis 311
Rot 485

PostScript in Farbe

In Illustrator oder FreeHand erstellte Zeichnungen können mit allen zur Verfügung stehenden Farben der Pantone-Palette oder im Vierfarbprozeß gemischte Farben koloriert werden.

Eine der farbigen Haupt-Attraktionen der PostScript-Programme ist natürlich die Möglichkeit der Farbverläufe, die hier an zwei Elementen angewendet sind.

Werden farbige PostScript-Zeichnungen aus Illustrator oder FreeHand in XPress positioniert, so sollten die verwendeten Farben in die Farbpalette von XPress aufgenommen werden, damit es bei der Belichtung der Farbauszüge keine Rasterverschiebung gibt, die beim Druck zur Moiré-Bildung führen kann.

Pantone-Farben:
Dunkelblau 5405
Violett 2745
Rot 485
Grün 389

Bunt
auf
Weiß

Typo

Auszeichnung

Als Auszeichnungsmittel kann Farbe in Texten auf unterschiedliche Arten eingesetzt werden.

Die einfachste ist das Einfärben von Textteilen.

Farbig unterstreichen ist eine weitere Möglichkeit.

Oder auf einen farbigen Hintergrund oder Balken schreiben.

Struktur

Zum Beispiel:

Mittwoch
20. Februar
Philharmonie

- **8.15**
  Bjarne Stroustrup
  Der leichte Einstieg in C++

- **11.00**
  Alan Kay
  Computer-Revolutionen

  12.00 Pause

- **13.00**
  Marvin Minsky
  Personal Software
  oder Programme, die dich kennen

- **14.30**
  Tod Machover
  Konzert mit Computern

Layout

und

Pantone-Farben:
Graublau 5493 (und 50%)
Dunkelblau 5405
Rot 485
Gelb 115
Grün 327
Türkis 311

Farbe

Bunt
auf
Bunt

Bunt
auf
Schwarz

Gestalten

Farbige Schmuck-Elemente wie Linien, Balken und Flächen, die betonen oder abgrenzen.

Lese-Ebenen

Durch unterschiedliche
Die zweite Lese-Ebene
Farben und raffinierte
wird andersfarbig in die
Verschachtelung können
erste hineingeschoben.
mehrere Lese- und

Bedeutungs-Ebenen

inszeniert werden.

...C

StrataVisionen

Diese Abbildung stammt von Burkhard Schmitz aus dem Ulmer SimuLab und ist in StrataVision erstellt.

Auf drei Quader – zu einer Raumecke positioniert – wurden mit dem Befehl *Picture Mapping* drei unterschiedliche Farbtiffs projeziert. Die Farbbilder sind mit Color-Capture vom laufenden Videoband digitalisiert worden. Der Reflektions-Effekt wird durch die Bestimmung der Oberflächeneigenschaften erzielt, die hier sowohl für die Quader als auch für die Kugeln als hochglänzend definiert sind.
Für das *Rendering* einer Abbildung dieser Komplexität muß ein Mac II schon mal eine Nachtschicht einlegen.

Das Bild ist aus Strata-Vision als 24 bit Farb-Pict exportiert, im PhotoShop in das CMYK-Modell überführt und dort als DTP-Eps mit fünf Dateien gespeichert worden. Die fünf Dateien benötigen die Kleinigkeit von zehn MegaByte Speicherplatz.

Solids in Farbe

In Zing, Super 3D und ModelShop kann farbig gearbeitet werden. Wer die Zeichnungen jedoch als farbige Grafik in Layout- oder PostScript-Programmen weiterverwenden will, sollte sie mit DrawOver in PostScript-Zeichnungen überführen.

Ende der Farb-Baustelle, weiter geht's mit der 3D Grafik Tour.

Die Konstruktion des Raums
z-Achse

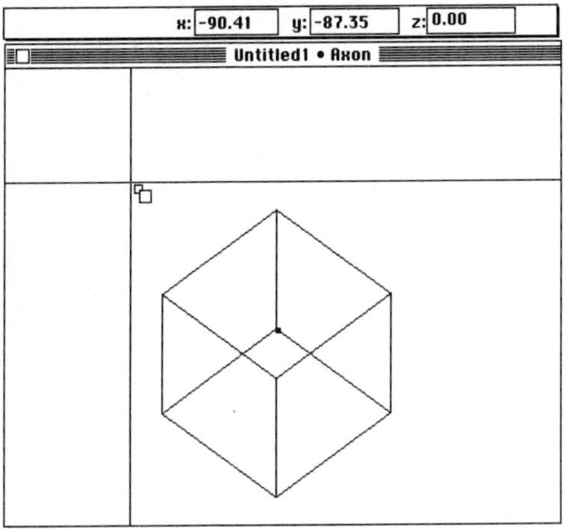

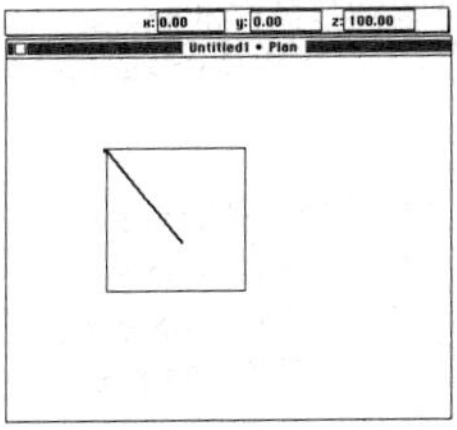

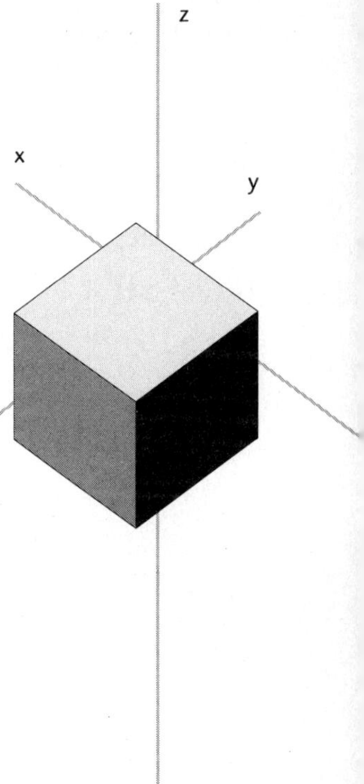

Hat der Körper seine Grundfläche, gibt das Programm automatisch eine Linie vom Ausgangspunkt, mit der die Höhe bestimmt wird. Wieder kann mit der Maus gearbeitet werden – jetzt zeigt das z-Feld die Höhe in der Achse des Bildschirms, die sich analog zur Mausbewegung verändert – oder durch numerische Eingabe.

Verschiedene Ansichten in 3D

Wenn es auf den Standpunkt ankommt

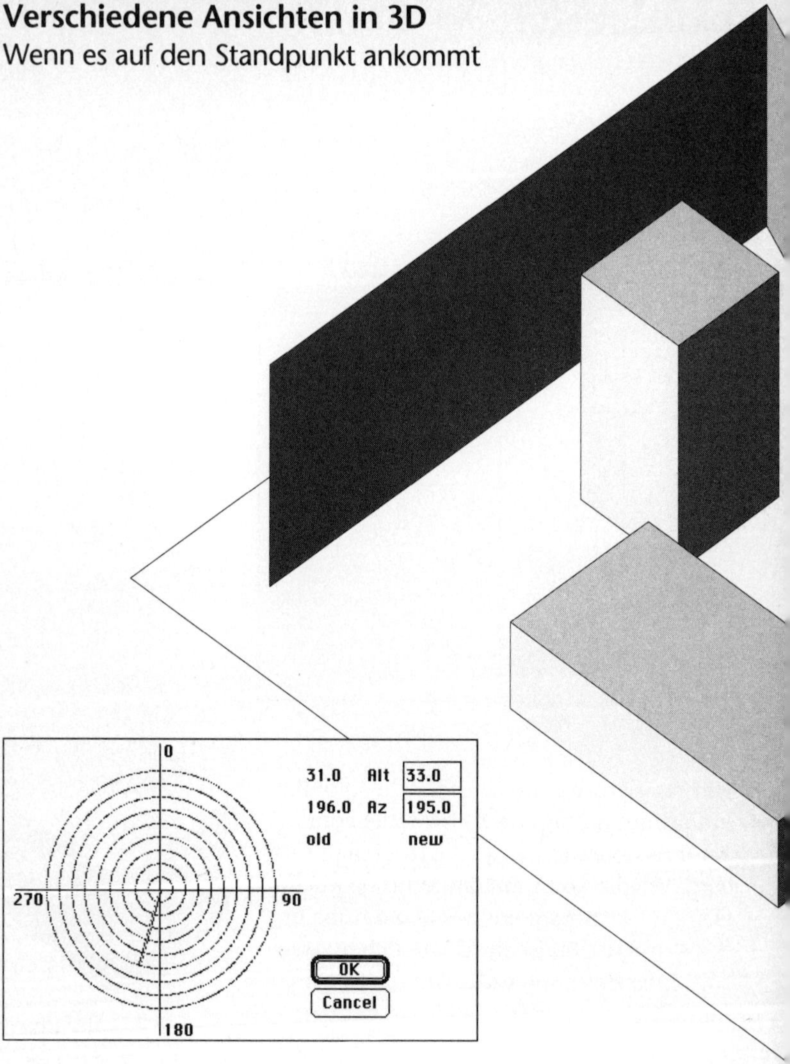

Die Befehle *Move Standpoint...* und *Move Lightsource...* öffnen beide ein Fenster, in dem mit der Maus die Blick- und Lichtrichtung verändert werden kann. In die umrandeten Felder können die Werte auch numerisch eingegeben werden (z.B. für 30°- oder 45°-Isometrien).

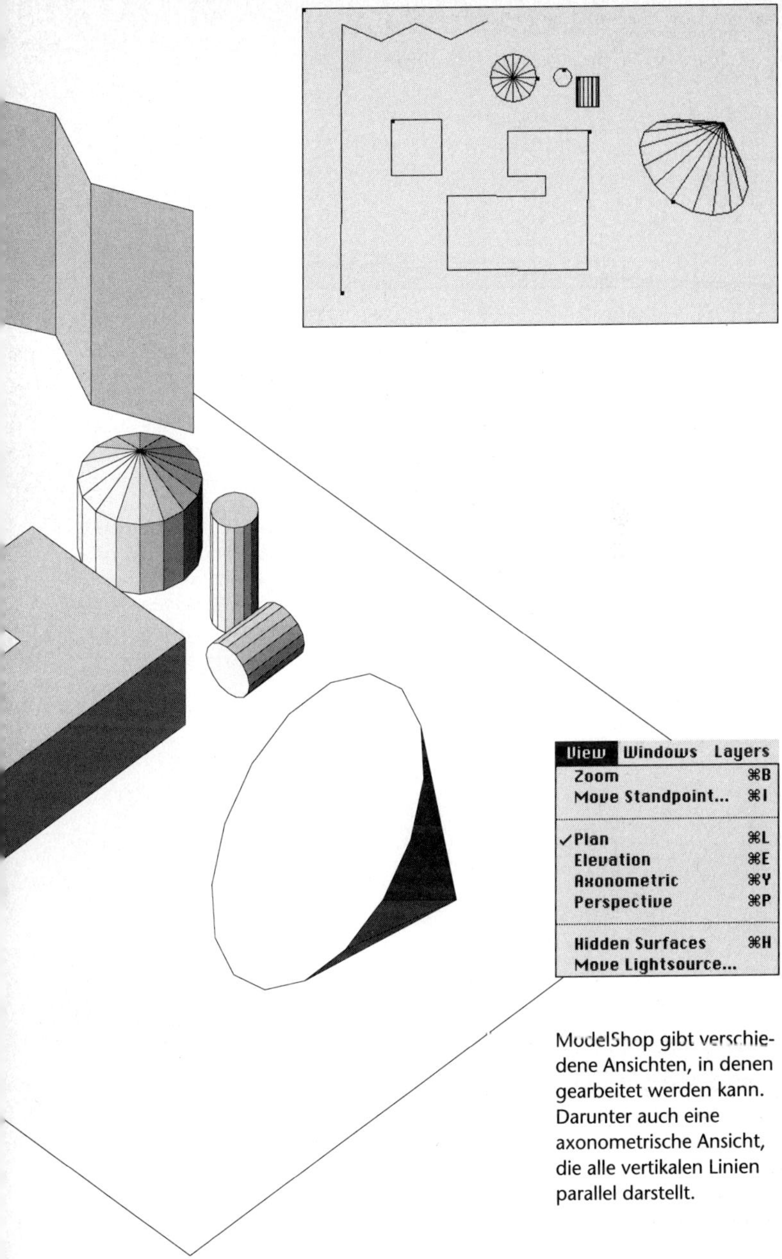

ModelShop gibt verschiedene Ansichten, in denen gearbeitet werden kann. Darunter auch eine axonometrische Ansicht, die alle vertikalen Linien parallel darstellt.

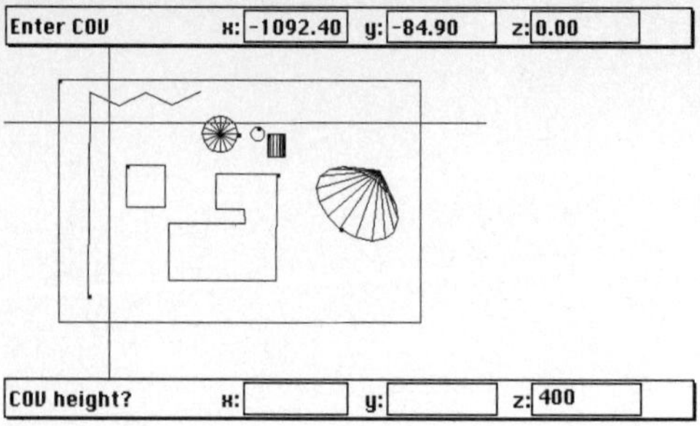

Die Perspektiv-Ansicht wird unter dem Menü View gewählt. Das Programm fragt mit *Enter COV…* nach dem Punkt, auf den geblickt werden soll. Dieser Punkt wird am Bildschirm angeklickt.

Dann wird die Horizonthöhe eingegeben (*COV Height* im z-Feld). Anschließend wird der Standpunkt des Betrachters auf dem Bildschirm geklickt und die Augenhöhe angegeben (*standpoint height*).

Werden Horizont- und Augenhöhe gleich groß gewählt, so sind die vertikalen Linien der Perspektive parallel.

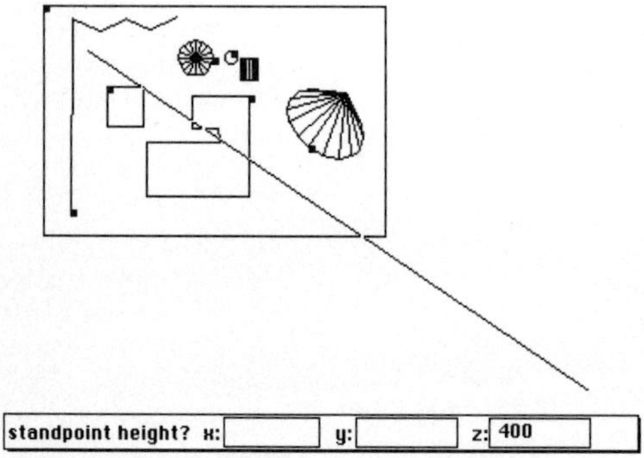

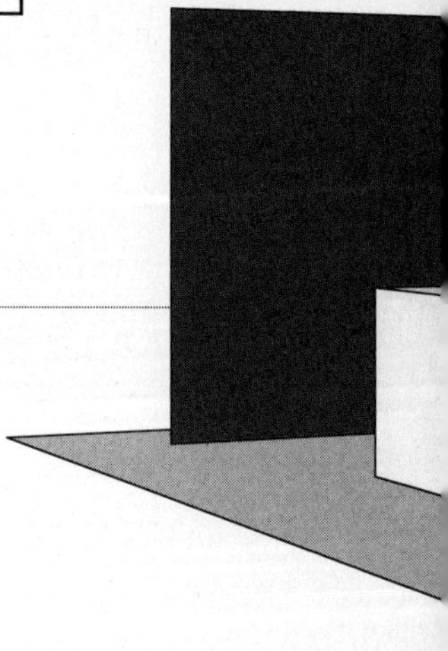

Perspektive:
Standpunkt + Blickpunkt

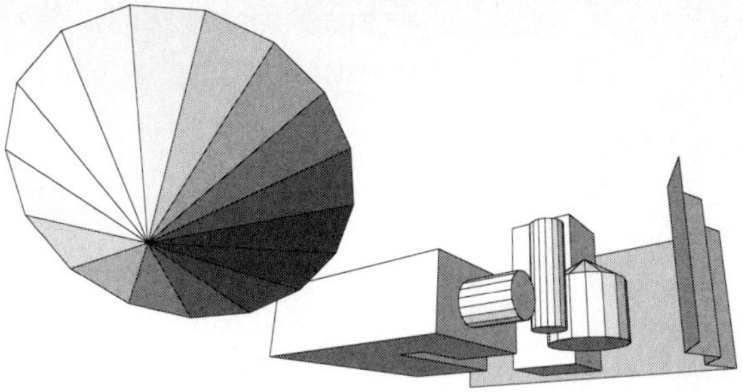

Mit dem Befehl *Move Standpoint…* kann der Betrachter das Modell auch von unten ansehen.

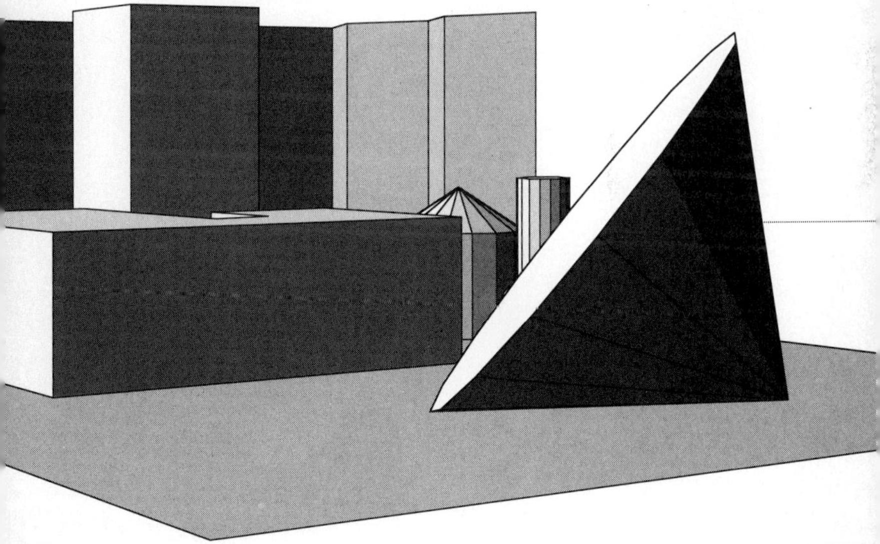

Raum-Planung in 3D

Beispiele…

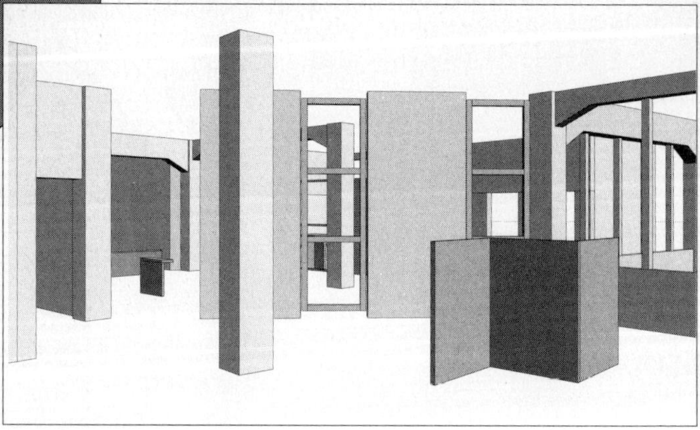

ModelShop als
Simulations-Werkzeug für
räumliche Installationen,
Inneneinrichtungen etc...

In den Perspektiv-Ansichten kann der Eindruck einer Einrichtung von jedem Punkt des Raums vorvollzogen werden.

Objekte aus verschiedenen Layern können einzeln als Bild gespeichert werden. Und lassen sich z.B. in axonometrischer Ansicht mit Illustrator- oder FreeHand-Zeichnungen kombinieren.

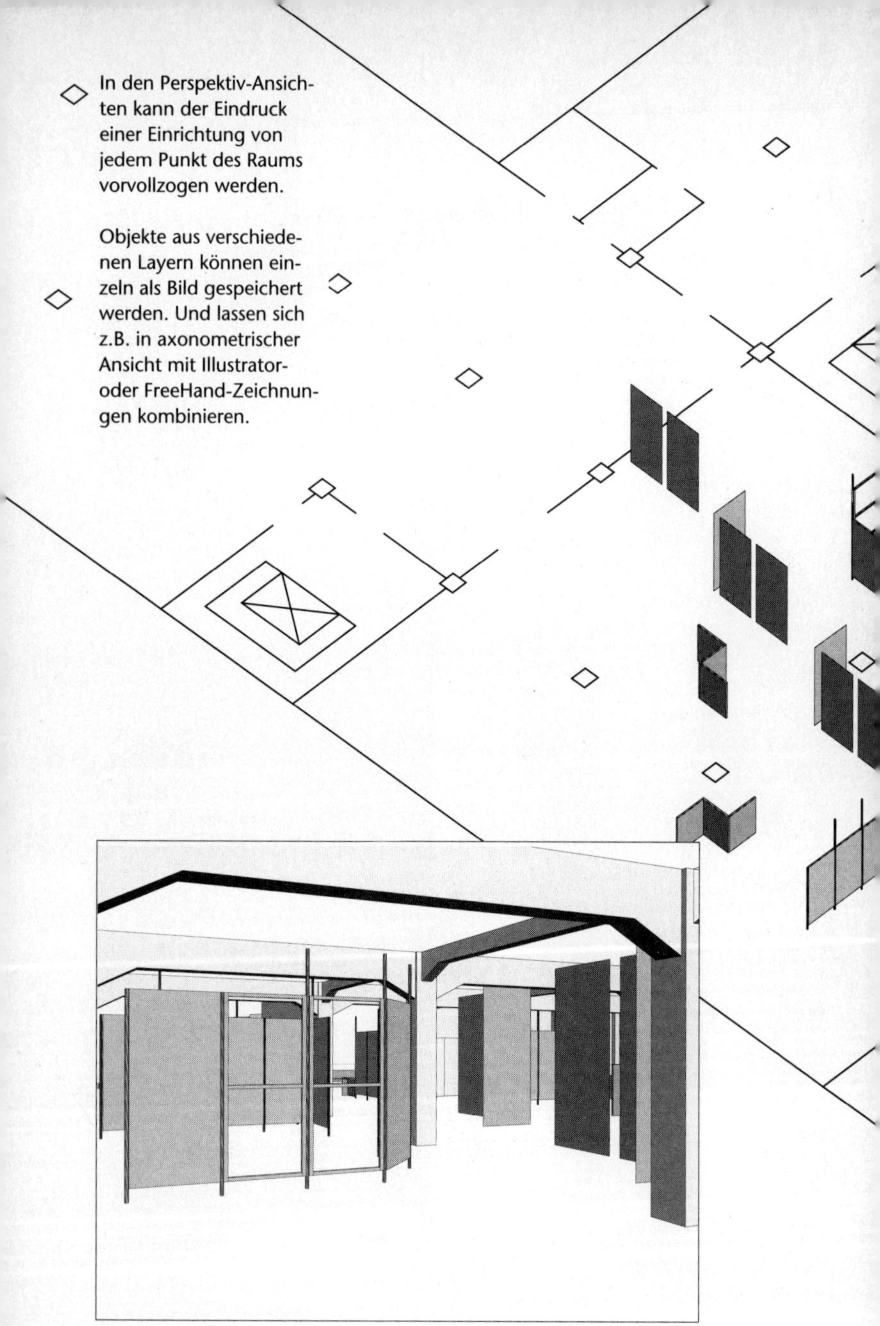

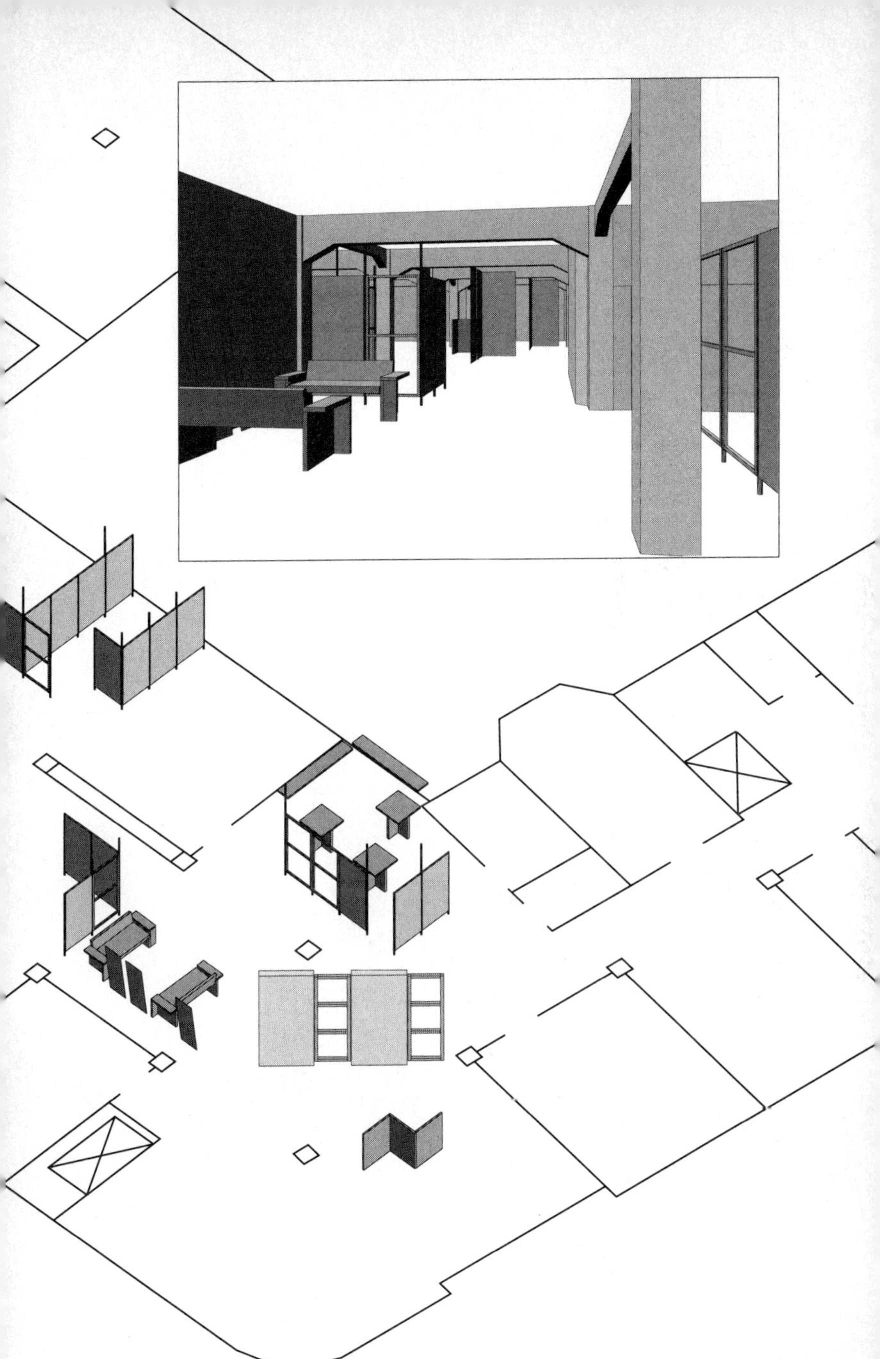

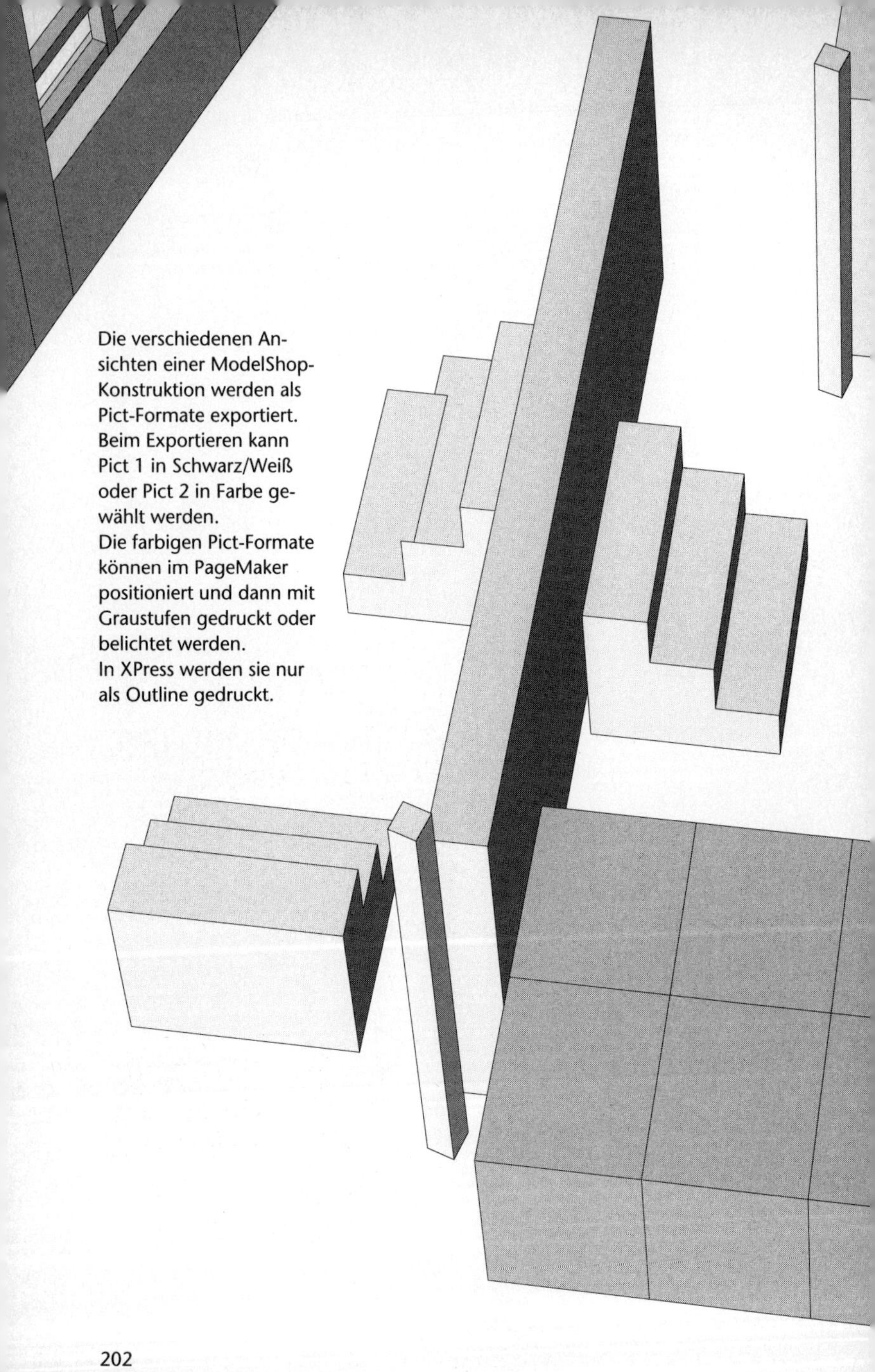

Die verschiedenen Ansichten einer ModelShop-Konstruktion werden als Pict-Formate exportiert. Beim Exportieren kann Pict 1 in Schwarz/Weiß oder Pict 2 in Farbe gewählt werden.
Die farbigen Pict-Formate können im PageMaker positioniert und dann mit Graustufen gedruckt oder belichtet werden.
In XPress werden sie nur als Outline gedruckt.

Scan Tour

Keine Reise ohne Schnappschüsse
... oder Bilder digitalisieren

Scanner und Digitizer sind Peripherie-Hardware, mit der zwei- oder dreidimensionale Vorlagen digitalisiert werden können.

Flachbett-Scanner sind ähnlich aufgebaut wie Kopierer, sie besitzen eine Lese-Optik, die das eingelegte Bild abfährt, die Hell-Dunkel-Werte aufnimmt und diese über den SCSI-Port in den Mac sendet. Hier lassen sich die digitalen Bilddaten mit Scanner- oder Bildbearbeitungs-Software weiterverarbeiten.

Neben Flachbett-Scannern, die zweidimensionale Vorlagen einlesen, gibt es Digitizer. Diese Produkte bestehen ebenfalls aus Hard- und Software und erlauben die Digitalisierung von Video-Signalen. Mit Hilfe einer Video-Kamera können so dreidimensionale Arrangements aufgenommen werden.

Digitizer gibt es als externe Hardware oder als Einbau-Karten für Macs mit NuBus-Steckplätzen. State-of-Art der Karten ist inzwischen die Farb-Digitalisierung mit bis zu 16,7 Mio. Farben. Die Qualität der digitalisierten Bilder hängt jedoch zu allererst von der Optik der Video-Kamera ab.

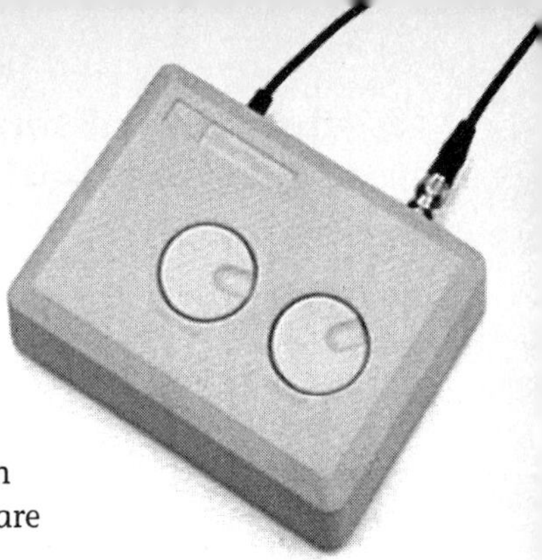

Als Low-Cost-Digitizer besteht MacVision aus Hardware und Software. Die Hardware ist ein kleines Kästchen mit Reglern für Helligkeit und Kontrast, einem Eingang für das Video-Signal und einem Ausgang für die Digital-Daten. Es wird am Mac über Printer- oder Modem-Port angeschlossen. So ist dieser Digitizer auch an kleinen Macs ohne NuBus-Steckplätze verwendbar.

Die Abbildungen dieser Seite sind mit MacVision und einer Video-Kamera digitalisiert worden.

MacVision wird mit zwei Programmen geliefert: eins als DA, d.h. ein Programm, das unter dem Apfel installiert wird und Video-Signale in zwei Graustufen, also schwarz-weiß, als Paint-Formate digitalisiert. Die Software MacVision 3.0 digitalisiert bei identischer Hardware Bilder bis zu 256 Graustufen.

Das Programm erlaubt die Bearbeitung der gescannten Vorlagen und den Export verschiedener Formate: Tiff, Epsf, Pict, Paint...

Es lebe das Paint-Format

Pixel versus Graustufen

Coin paint

5K Speicherplatz

Paint-Formate lassen sich in allen Paint-Programmen bearbeiten oder retuschieren. Siehe auch Bitmap-Grafik Seite 50.

Die Abbildung unten zeigt eine mit MacVision gescannte Telefonmünze im Paint-Format. Digitalisierte Bilder in diesem Format haben nur zwei Pixel-Farben.

Faszinierend ist, wie MacVision-Paints mit schwarzen und weißen Pixeln die Graustufen eines Bildes interpretieren. Für viele Anwendungen ist gerade diese Undeutlichkeit der Oberflächendarstellung genau der richtige grafische und inhaltliche Effekt: z.B. bei Aufnahmen von einfachen Modellen, die ihre Form verraten, aber noch nichts über Oberflächen und Details aussagen sollen.

Die folgenden Seiten zeigen einige Beispiele, wie digitalisierte Vorlagen im Paint-Format verwendet werden können.

Tiff ist das Standard-Speicher-Format für gescannte Bilder mit Graustufen. Tiff lebt: Diese Formate können nachträglich in Bild-Bearbeitungs- und Layout-Programmen verändert werden. Sie lassen sich in Kontrast und Helligkeit beeinflussen oder in verschiedenen Rasterarten darstellen.

Tiff-Formate können in PageMaker, XPress, PhotoShop, FreeHand bearbeitet werden, um hier nur einige Programme zu nennen.

Werden Tiff-Formate in Layout-Programmen gesetzt, so wird nur eine Bildschirm-Darstellung im Dokument gespeichert. Soll das Layout-Dokument gedruckt oder belichtet werden, muß das Original-Tiff als externe Datei vorhanden sein, da das Layout-Programm bei der Ausgabe auf das Tiff-Bild zurückgreift.

Coin tiff

71K Speicherplatz.

Da Tiff-Formate für jeden Bildschirm-Punkt unterschiedliche Grauwerte speichern, sind sie wesentlich speicherintensiver als ein Paint-Format.

Mehr zu Tiff-Formaten siehe auf den Seiten 32, 224 sowie in der Layout Tour.

Beim Verkleinern sind Paint-Formate den Graustufen-Formaten bei der Ausgabe über Laserprinter sogar überlegen, da hier Pixel unabhängig vom Raster verkleinert werden.

Modell-Aufnahmen im Paint-Format. Die Aufnahmen wurden verwendet für die Gestaltung eines Katalogs in kleiner Auflage, der über Kopien nach den Laserdrucken verfielfältigt wurde. Das gesiebdruckte Plakat lud ein zur Ausstellung eines Design-Projekts von Studenten Nick Roerichts an der HdK-Berlin.

Für beide Herstellungsarten: Kopien und Siebdruck eignen sich Paint-Formate besonders gut.

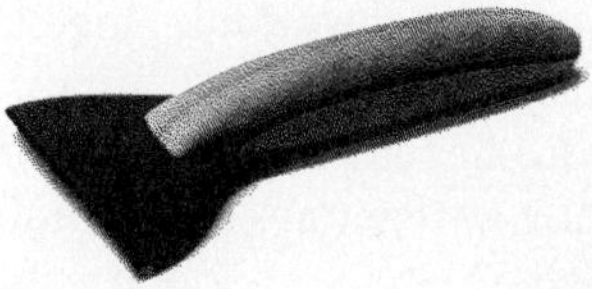

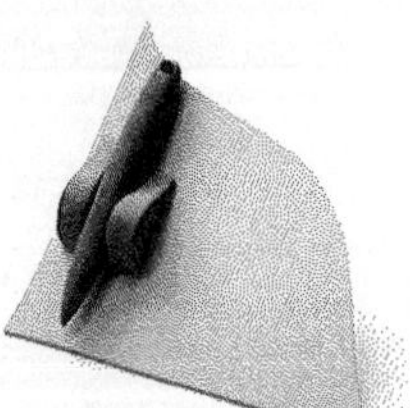

Produkt-Familien
Produkt-Systeme
Modell-Reihen
Überkreuz Entwerfen
als
kommunikative
Design
Methode
Austellung eines Projekts
HdK-Berlin Fachbereich
Industrial Design
bei Prof. Roericht
Christine Murach
Ina Schacht
Karin Schmidt-Ruhland
Anna Wagner
Brigitte Walkowiak
Guido Englich
Sven Gerlant
Bernhard Meyer
Martin Rossmann
Detlef Saalfeld
Uli Schaub
Volker Schneider
DesignTransfer Galerie
Hochschule der Künste
Grolmanstr. 16
1000 Berlin 12
030/313 80 82
030/313 98 38
Ausstellungsdauer
14.9. bis 25.10.1989
Mo - Fr : 13 - 18 Uhr

E

BatMobil

Container mit Flügeln,
Wagon-Lit: Container-Reihen,
Einzelmöbel

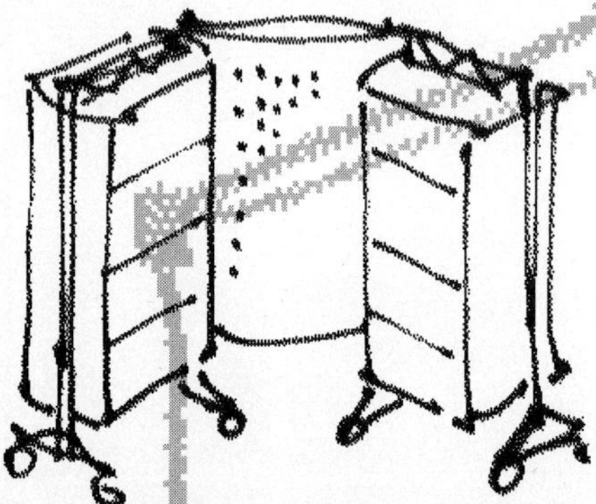

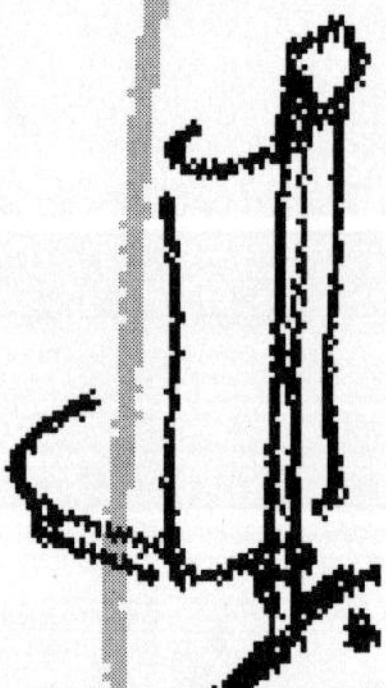

Als freistehende, bewegliche Einzelmöbel können den Containern Flügel angehängt werden…
So entstehen flexible Ketten, die variable Raum-Inszenierungen möglich machen.

Das Seiten-Rohr der Container erhält einen Auslegerfuß mit zwei Rollen.

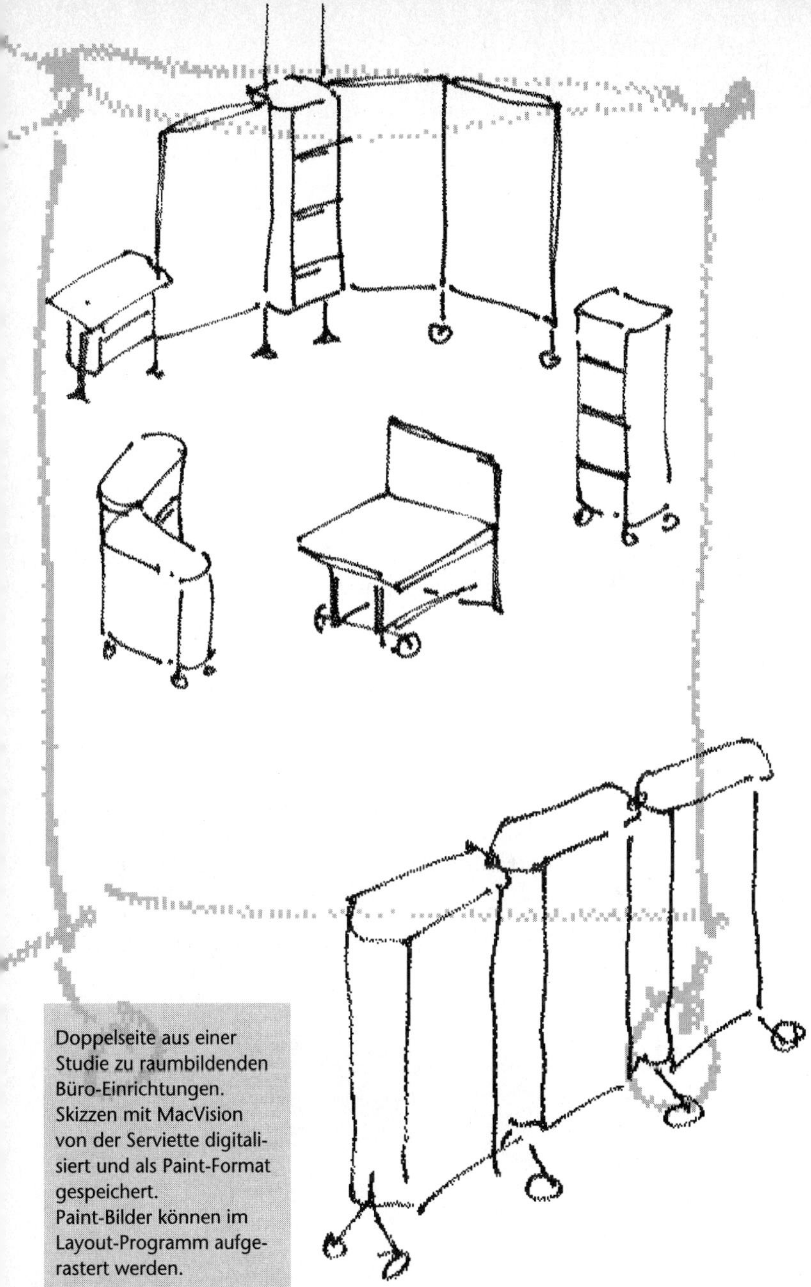

Doppelseite aus einer Studie zu raumbildenden Büro-Einrichtungen. Skizzen mit MacVision von der Serviette digitalisiert und als Paint-Format gespeichert.
Paint-Bilder können im Layout-Programm aufgerastert werden.

Scan as scan can

Wie kommt ein Foto in den Mac?

Ein Beitrag von Volker Schneider über das Digitalisieren von Halbton-Vorlagen mit Flachbett-Scannern.

Unter den verschiedenen Möglichkeiten, eine Vorlage zur Weiterbearbeitung in den Mac zu bringen, ist das Einlesen auf einem sogenannten Flachbett-Scanner die unaufwendigste und jene, mit der eine hohe Bild-Qualität erreicht werden kann.

Ähnlich dem Prinzip eines Kopierers wird eine Aufsichtsvorlage (im Gegensatz zu einem Dia, wo das Licht hindurchgeht) zeilenweise angestrahlt und die reflektierten Helligkeitswerte von winzigen Sensoren gelesen. Im Gegensatz zum Kopierer werden empfangene Lichteindrücke in elektrische Impulse umgesetzt und dann einem digitalen Wert zugeordnet, also digitalisiert.

Und was ist ein ... dpi-Scanner?

Die Auflösungskapazität eines Scanners wird in dpi angegeben. Dieser Wert verrät, wie fein maximal ein Halbton- oder S/W-Bild mit der Scan-Hardware eingelesen, also digitalisiert werden kann. Die Scan-Optik kann ein Bild (und die darin vorhandenen Halbtöne) nicht kontiniuierlich lesen, sondern zerlegt die Vorlage in kleine quadratische Flächen, sogenannte Dots. Je mehr Dots pro Inch (dpi) ein Scanner lesen kann, desto feiner und höher ist seine Auflösungskapazität.

200 dpi

400 dpi

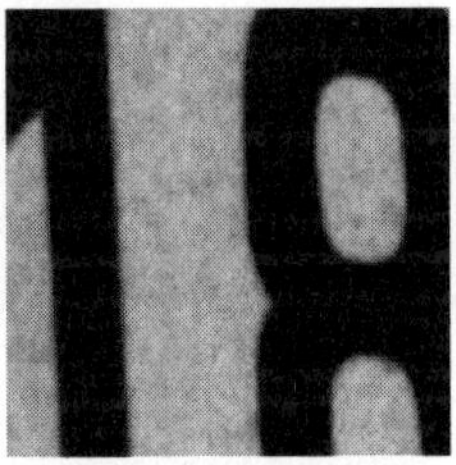

2450 dpi

Ein 400 dpi-Scanner liest 400 einzelne Informationen pro Inch (ein einziges Einlesefeld hat ungefähr eine Ausdehnung von 0,006 mm). Bei starker Vergrößerung werden die einzeln eingelesenen Felder (Dots) sichtbar.

Jedes Dot erhält, der Vorlage entsprechend, einen Grauwert.

Scan-Auflösungen, die über der physikalisch möglichen dpi-Zahl (z.B. 400 dpi) liegen, werden von der Software «extrapoliert», auf deutsch hochgerechnet, indem Zwischenpunkte eingefügt werden. Das Bild gewinnt künstlich an Information: Es wird feiner, aber nicht schärfer.

Graustufen und Bits

Farbigkeit in Schwarz und Weiß

Innerhalb der Palette von 0 = schwarz bis 255 = weiß erhält dieses helle Grau den Wert 46.

Das Digitalisieren einer Halbtonvorlage besteht darin, daß jedem unterscheidbaren Helligkeitswert ein Zahlenwert zugeordnet wird.

Ebenso wie Buchstaben, Zeichen oder Pixel werden auch Grauwerte digital in Bits gespeichert. Dabei sind jedoch zur Darstellung von verschieden hellen Zuständen – also Graustufen – mehr Bits notwendig als zum Beispiel in einem Paint-Programm zur Darstellung eines Pixels, das nur schwarz oder weiß sein kann. Im Graustufenbereich gibt es zur Definition eines Bildpixels 256 Möglichkeiten. Diese werden erreicht, indem eine Gruppe von 8 Bits, die jedes für sich zwei Zustände annehmen können (ja/nein), nach der Formel $2^8 = 256$ verschiedene Kombinationen bilden können.
256 Zustände beschreiben damit die Anzahl der Graustufen, die in digitalen Systemen unterschieden werden können.

Unser Testfahrzeug, dargestellt aufgrund einer «Graustufen-Palette» von 8 Bit...

Der Begriff «Farbtiefe» wird am besten vorstellbar als ein Stapel aller theoretisch möglichen Grauwerte, die ein Pixel annehmen kann: klar, daß der 8-Bit-Stapel mehr «in die Tiefe» geht als der 1-Bit-Stapel.

... und mit einer «Graustufen-Palette» von einem Bit, nämlich nur noch schwarz und weiß.

Das Scannen

Am Beispiel der Scan-Software Cirrus

Cirrus 1.2 (D)

Cirrus, die Software-Entwicklung einer Berliner Programmierer-Schmiede, gehört inzwischen zu den meist benutzten Scan-Programmen für den Macintosh. Das Programm wird mit Treibern für die unterschiedlichste Hardware angeboten und ist von Strichvorlagen- über Halbton- bis Farbbilder-Scannen jeder Aufgabe gewachsen.

In das Programm integriert ist eine Werkzeug-Palette für Bildbearbeitung, die für viele Zwecke der Nachbearbeitung und Korrektur von problematischen Vorlagen benutzt werden kann.

Der Scan-Prozess

1. Alle Scan-Programme beginnen mit dem Preview: Dieser zeigt dem Benutzer vorerst in niedriger Auflösung, was auf der Scheibe des Scanners liegt.
2. Anschließend werden über dem Preview Rahmen gezogen, für die zwei Scan-Modi (Strich oder Graustufen) sowie verschiedenen Auflösungen gewählt werden können. In Cirrus lassen sich beliebig viele Rahmen, auch mit unterschiedlichen Einstellungen, über der Vorlage erzeugen, die vom Programm nacheinander gescannt werden.

Über dem Prescan wird der Scan-Rahmen gezogen, der den Ausschnitt bestimmt, der eingelesen werden soll.

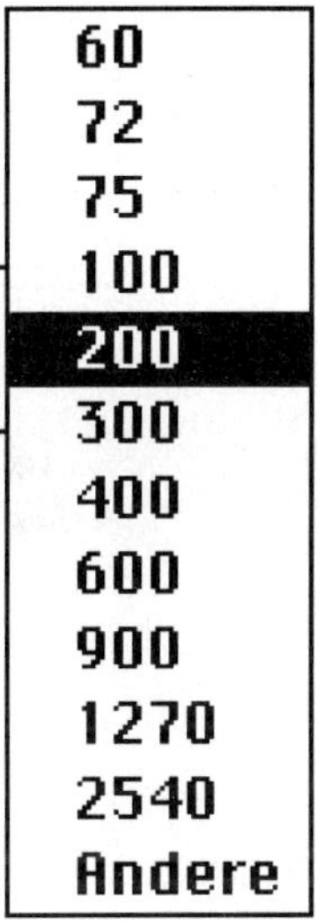

Für den Rahmen wird die gewünschte Auflösung eingegeben: Hier kann aus dem PopUp-Menü gewählt werden, oder es wird ein eigener Wert in das Feld geschrieben.

Das Scan-Fenster zeigt die Maße und den Speicherbedarf des Scan-Rahmens.

Scan-Prozess

Der Scan wird mit dem Densitometer geprüft

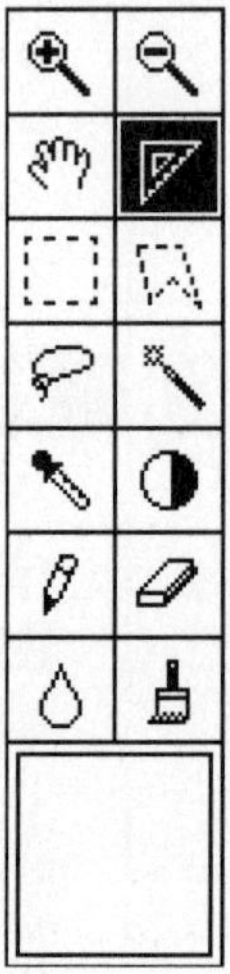

3. Nachdem das Bild mit der gewünschten Auflösung (in unserem Fall 200 dpi) eingelesen ist, wird es in einem Bildfenster dargestellt. Dem Fenster sind weitere Werkzeuge zur Bearbeitung zugeordnet.

Da sind die Orientierungs-Werkzeuge wie Lupe, Hand und Lineal zur Abstand- und Winkel-Messung, die Auswahl-Werkzeuge, bei denen der Zauberstab Flächen gleicher Farben oder Grauwerte selektiert, und die Pipette, die durch Anklicken eines Bildpunkts seinen Farb- oder Grauton zur Zeichenfarbe macht.

4. Die gescannten Bilder können nicht nur mit den Zeichenwerkzeugen retuschiert werden, sondern lassen sich auch nachträglich in Helligkeit und Kontrast verändern.

Ein wichtiges Hilfsmittel hierfür ist das Densitometer: Wird es über der Vorlage bewegt, so zeigt es für jedes Bildpixel den zugehörigen Grauwert an. So kann in schwarz oder weiß erscheinenden Flächen ermittelt werden, ob genügend verschiedene Grauwerte vorhanden sind, um über eine Veränderung des H&K-Diagramms eine verbesserte Detailzeichnung zu erreichen. Zeigt die Prüfung mit dem Densitometer, daß aus der Vorlage mehr herausgeholt werden kann, sollte nach veränderten Voreinstellungen noch einmal gescannt werden.

Im scheinbar durchgängig schwarzen Bereich zeigt das Densitometer noch Unterschiede. Klasse.

Mit der Maus können aus dem oberen und unteren Rand des H&K-Diagramms Grenzlinien gezogen werden, die für die Druckausgabe den Schwarzbereich etwas aufhellen und den Weißbereich etwas abdunkeln.

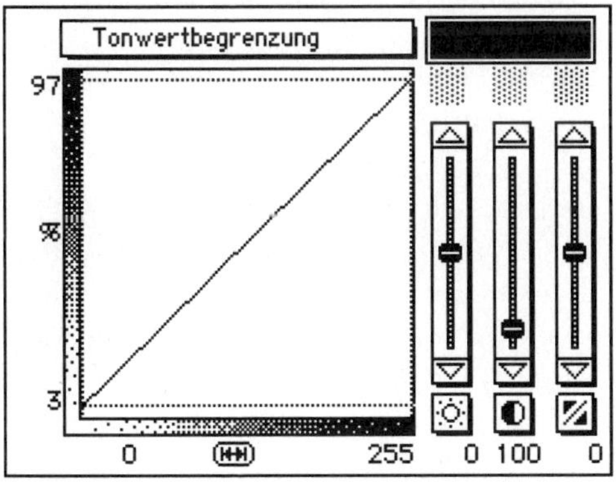

Allgemein sollte bei der Druckvorbereitung darauf geachtet werden, daß im Schwarz noch ein weißer und im Weiß noch ein schwarzer Punkt stehen bleiben, damit es keine «Ausreißer» bzw. ein Zuschmieren gibt. Als Standard-Einstellung empfiehlt sich oben und unten je 3% zu kappen. Siehe nebenstehendes Fenster.

Die Arbeit mit dem Histogramm

Veränderung der Gamma-Kurve und Tonwertspreizung

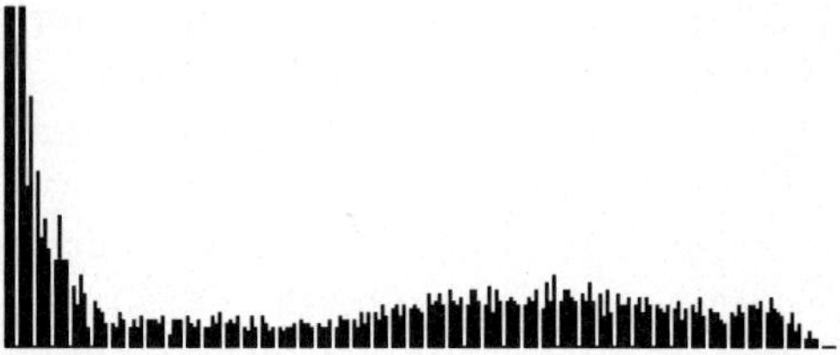

Das Histogramm zeigt die Verteilung der Grauwerte für den unkorrigierten Scan.

Das Histogramm zeigt die Häufigkeit und Verteilung der Grauwerte eines Scans, dabei werden die einzelnen Grauwerte von 0 bis 255 als senkrechte Striche dargestellt.

In unserem Beispiel hat das Motiv einen hohen Anteil von sehr dunklen Grauwerten, während ein 100%-Weiß gar nicht vorkommt. Um dem dunklen Teil des Fotos eine stärkere Zeichnung und möglicherweise Details zu entlocken, wird im H&K-Diagramm die Gammakurve verändert.

Nach den Veränderungen kann ein neuer Scan-Vorgang durchgeführt werden, der die korrigierten Werte beim Scannen berücksichtigt.

Die Prüfung des Scans mit dem Densitometer ergibt, daß der Schwarzbereich genügend Grauwerte besitzt, um «aufgespreizt» zu werden.

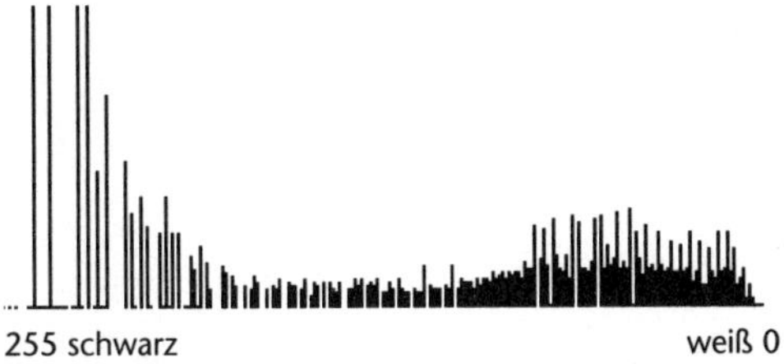

Das Histogramm nach der Korrektur der Gamma-Kurve zeigt deutlich die Tonwertspreizung im dunklen Bereich des Scans.

Das H&K-Diagramm kann durch drei Schieberegler verändert werden:

1. Helligkeit des Scans
2. Kontrast des Scans
3. Krümmung der Abbildungskurve (Gamma-Wert)

Durch eine Krümmung der Kurve nach unten werden Details im dunklen, durch eine Krümmung nach oben im hellen Bereich kontrastreicher dargestellt.

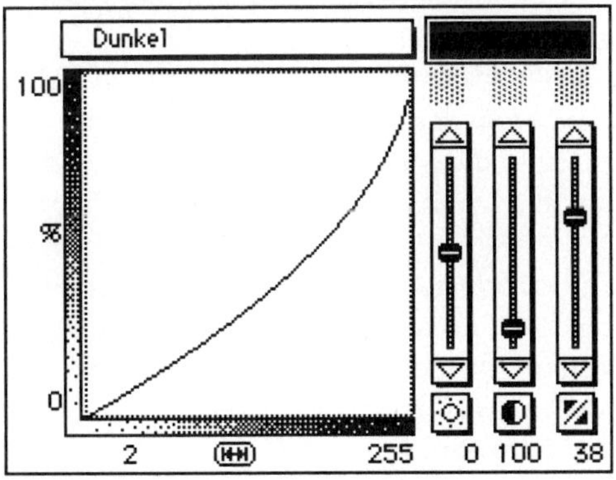

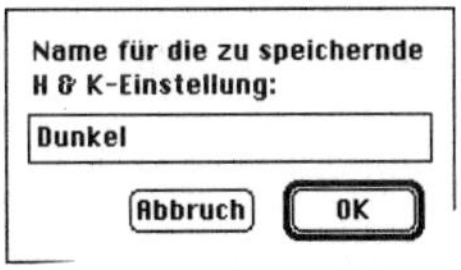

Die H&K-Einstellung kann unter eigenem Namen gespeichert werden und läßt sich bei späteren Scan-Vorgängen ähnlicher Motive als Voreinstellung verwenden.

Die Speicher-Formate

Tiff, Riff, Pict 1 und 2, EPS, Paint

So sehen digitalisierte Bilder im Hexa-Dezimal-Modus aus.

In diesem Modus findet Daten-Komprimierung statt, indem redundante Information zusammengefaßt wird.

Nach der Lempel-Ziv-Methode reduziert auf zirka:

70 %

Gescannte Bilder lassen sich in unterschiedlichen «Formaten» speichern. Hier bedeutet Format nicht die Größe eines Bildes, sondern die Art der digitalen Sprache, die für die Aufzeichnung auf der Festplatte oder einem anderen Speichermedium benutzt wird. Die möglichen Speicher-Formate für gescannte Bilder unterscheiden sich nicht nur in ihrem Speicherbedarf, sondern auch im Hinblick auf ihre Weiterverarbeitung in anderen Programmen sowie ihrer Fähigkeit, Graustufen- oder Farbinformationen zu speichern.

Der Speicher-Bedarf eines Halbton-Scans hängt von der gewählten Auflösung ab: Je feiner die Auflösung, desto größer wird die Bild-Datei.

Die im folgenden beschriebenen Formate bietet die Cirrus-Software zum Speichern von gescannten Bildern. Als Vergleichs-Maßstab für den Speicherbedarf wählen wir das Tiff-Format als 100 %.

100 %

Tiff-Format (Tag Image File Format) gilt als das Standard-Format für gescannte Bilder mit Graustufen- oder Farb-Information. Für Tiff-Dateien kann durch die Bit-Tiefe definiert werden, wie viele Graustufen bzw. Farben sie speichern (siehe Graustufen und Bits).

Halbton-Bilder im Tiff-Format können in allen Programmen mit Bildbearbeitungs-Funktionen (PageMaker, XPress, FreeHand, PhotoShop, ImageStudio u.ä.) nachbearbeitet werden.

In Layout-Programmen können Kontrast und Helligkeit verändert und die Rasterart und -weite eingestellt werden.

Tiff-Formate können mit verschiedenen Kompressions-Methoden gespeichert werden, die aber nicht unbedingt jedes Programm öffnet.

100 %

Riff-Format (Raster Image File Format) ist das programmeigene Speicherformat, das von Image-Studio und ColorStudio benutzt wird. Es speichert Graustufen- und Farbbilder.

Riff-Formate öffnen nur wenige Programme. Im Layout-Bereich ist Quark XPress das einzige Programm, das Riff-Formate liest und in Kontrast, Helligkeit und Rasterung weiterbearbeiten kann.

Speicher-Formate 2

Speicher-Formate mit Graustufen:
Tiff
Riff
Pict 2
EPSF

83 %

Pict-Format ist ein von nahezu allen Macintosh-Programmen lesbares Speicherformat, da es auf der Macintosh-internen Grafiksprache QuickDraw beruht, die für den grafischen Bildschirmaufbau zuständig ist. Das Pict 2 Format kann 8-Bit-Graustufen oder 24-Bit-Farbbilder speichern und darstellen.

Durch den Zusammenhang mit der Bildschirm-Auflösung von 72 dpi ist das Pict-Format in einigen Programmen (z.B. in Quark XPress) auch in 72 dpi Auflösung optimal zu verwenden. Hier bietet Cirrus beim Speichern die Möglichkeit «unskaliert» zu sichern. Dabei wird das Bild entsprechend vergrößert oder verkleinert, so daß die ursprüngliche Scan-Auflösung erhalten bleibt.

Pict ist ein sinnvolles Format zum Transport von Bild-Informationen innerhalb der Mac-Welt. Scans im Pict-Format können allerdings nur in wenigen Programmen nachträglich verändert werden:
In Quark XPress lassen sich Graustufen-Pict's, im PhotoShop auch farbige Pict-Formate weiterbearbeiten.

200 %

EPS-Format (Encapsulated PostScript) besteht aus einer PostScript-Beschreibung und einer Pict-Bildschirmdarstellung. EPS-Formate fixieren alle eingestellten Werte wie Helligkeit, Kontrast, Graustufen-Anzahl oder Farben als «eingekapselte» PostScript-Beschreibung. Dadurch können diese Formate nicht mehr nachträglich bearbeitet werden, sind allerdings (nach Umformatierung) zwischen verschiedenen Computer-Welten transportierbar.

EPS-Formate sind sehr speicherintensiv und benötigen entsprechend lange Laserdruck- oder Belichtungszeiten.
Die Speicherung als EPS-Format ist Bedingung, wenn Bilder im Illustrator plaziert werden sollen.

Speicher-Formate nur in Schwarz/Weiß:
Paint
Pict 1

5 %

Paint-Format ist das Speicherformat des Bitmap-Klassikers MacPaint. Es speichert in schwarzweiß mit einer Auflösung von 72 dpi.
Fast alle Programme können Paint-Formate öffnen. In Layout-Programmen und in FreeHand können Paints gefärbt oder mit Rastern belegt, also aufgehellt werden. Paint-Formate können einen interessanten grafischen Artefakt darstellen oder verkleinert eine sehr gute Graustufen-Simulation erzeugen, bei gleichzeitig sehr kleinem Speicherbedarf und sehr schnellen Druck- oder Belichtungszeiten (siehe auch Layout Tour).

Das nebenstehend abgebildete Paint-Format im «Diffusion Dither» ist nicht von Cirrus editierbar, kann aber im PhotoShop aus Tiff- oder Pict-Dateien erzeugt werden. Der Diffusions-Algorithmus (siehe auch Seite 234) erzeugt durch seine zufällige Pixel-Verteilung eine grafische Interpretation von Graustufen.

Das Paint-Format hat eine Maximalgröße von 576 x 720 Pixeln, das enspricht etwa 203 x 254 mm im Hochformat. Dither können allerdings auch in größeren Bildern in den anderen hier beschriebenen Formaten gespeichert werden.

Strichvorlagen scannen

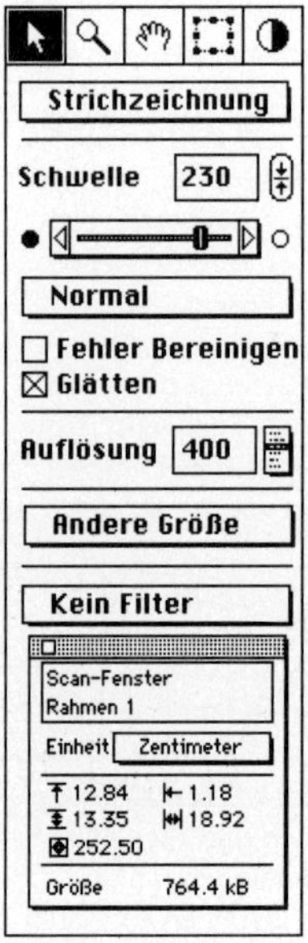

Scan-Software wie Cirrus bietet neben der Möglichkeit, Halbtonvorlagen zu digitalisieren, auch die Fähigkeit, Strichvorlagen in Schwarz/Weiß einzulesen oder in Halbton-Vorlagen durch die Einstellung eines Schwellwertes Halbton-Anteile wegzufiltern.

Der Schwellwert entscheidet über den Bereich der Grauwerte, die beim Strichscannen in Schwarz überführt werden. Je höher der Schwellwert, desto dunkler müssen die Grauwerte sein, um noch eingelesen zu werden.

Wirkung unterschiedlicher Schwellenwerte:
230 247 250

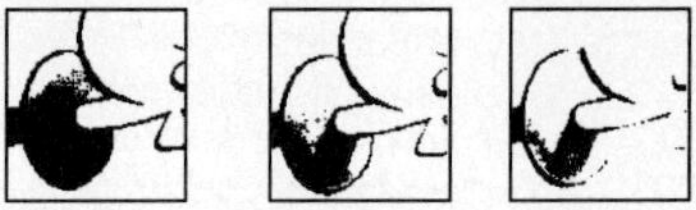

Im Strich-Modus sollte die Scan-Auflösung hoch sein. Hier bedient sich die Software eines Tricks, indem zwischen den Stufen der tatsächlich eingelesenen Felder neue hinzuaddiert oder «extrapoliert» werden. So kann die Auflösung künstlich von z.B. 600 dpi auf über 2000 dpi gesteigert werden. Im Graustufen-Modus macht das keinen Sinn. Bei Strichvorlagen jedoch, gerade wenn sie anschließend elektronisch nachgezeichnet werden sollen (z.B. Logos), kann das recht nützlich sein.

Die Vorlage, im Graustufen-Modus gescannt.

Die Abbildung im Strich-Modus ist mit einem Schwellwert von 210 gescannt, das bedeutet alle Grauwerte zwischen 0 und 210 sind beim Scannen nicht berücksichtigt.

Übrigens: Die Zuordnung der Grenzwerte 255 für Schwarz und 0 für Weiß wird nicht von allen Programmen gleich behandelt. Es kann auch genau umgekehrt sein.

Aus Bitmap wird PostScript

Autotrace mit Streamline

Adobe Streamline

Viele Grafik-Programme – z.B. Illustrator und FreeHand – bieten Autotrace-Funktionen an, mit denen Vorlagen automatisch nachgezeichnet werden können.

Adobe Streamline ist ein Programm, das auf Autotrace spezialisiert ist. Hier können Tiff-Formate, die in 1 Bit Tiefe, also in Schwarz-Weiß vorliegen, nachgezeichnet werden. Streamline speichert im PostScript-Format, das sowohl von allen Illustrator-Versionen, als auch von FreeHand 3.0 weiterverarbeitet werden kann.

Adobes Streamline bei der Arbeit: Fläche für Fläche wird die Vorlage automatisch erkannt und nachgezeichnet.

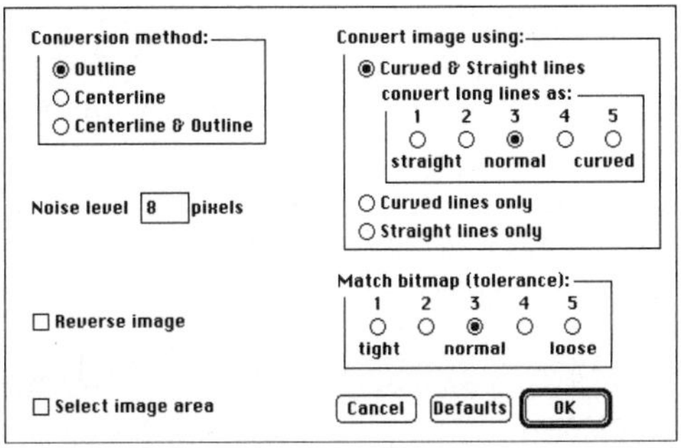

Unter den *Conversion Options…* können die unterschiedlichsten Einstellungen vorgenommen werden. Die Genauigkeit, mit der die Pixel der Vorlage umzeichnet werden sollen, läßt sich ebenso angeben wie die Art der PostScript-Pfade, die Streamline erzeugt.

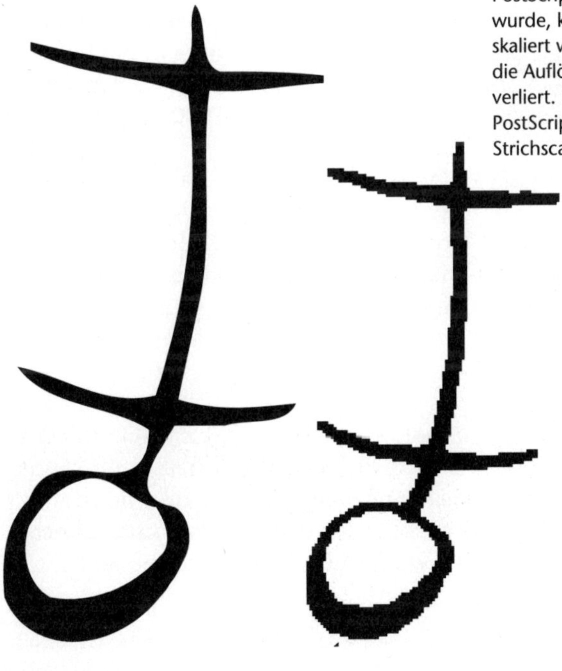

Eine Strichvorlage, die in PostScript überführt wurde, kann unendlich skaliert werden, ohne daß die Auflösung an Qualität verliert. Linkes Beispiel PostScript, rechts der Strichscan als 1 Bit Tiff.

Vom Dot zum Pixel und zurück

Durch den Einheiten-Dschungel der Scan-Technik

Input

Der Scanner liest die Vorlage in quadratischen Feldern zeilenweise ein.

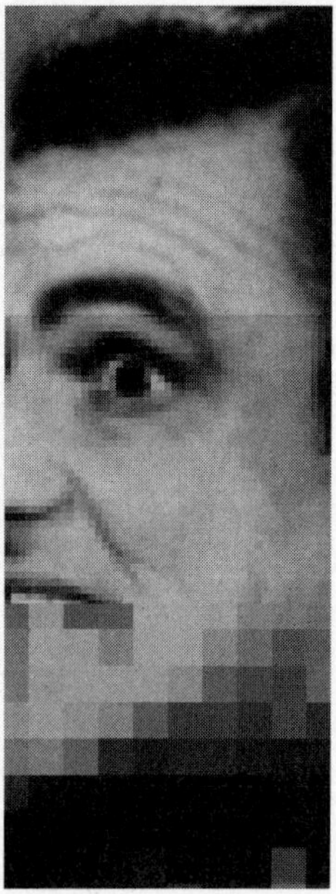

Der Einsatz semi-professioneller Scan-Technik im DTP macht es nötig, Begriffe zu schaffen, die sowohl der kleinsten Scanner-Einheit, der Photozelle, als auch der Lasertechnologie in Ausgabegeräten gerecht werden. Hier ein Wegweiser durch den Einheiten-Dschungel.

Ausgehend von einem ungerasterten Photo als Aufsicht-Vorlage, das keine kleinsten Auflösungseinheiten besitzt, liest der Flachbett-Scanner zeilenweise die Grau-Informationen ein. Die wählbare Scannerauflösung in *Dots per Inch* (dpi) oder *Punkte pro cm* (von etwa 30 bis über 2000 dpi) bezieht sich auf kleinste quadratische Einlesezellen, die Einlese-Dots. Je enger diese Einlesezellen pro Inch oder cm liegen, desto höher ist die Scan-Auflösung. Jedes Einlesefeld hat eine in Bit gemessene «Farbtiefe». Die Farbtiefe beschreibt die Anzahl der Graustufen oder Farben, die ein Einlesefeld annehmen kann (1 Bit $= 2^1 = 2$, 8 Bit $= 2^8 = 256$).

Sobald ein gescanntes (also digitalisiertes) Bild im Rechner landet, heißen die kleinsten Einheiten des Scans *Pixel*, sie entsprechen den Einlesefeldern und können schwarz-weiß, grau oder farbig sein.

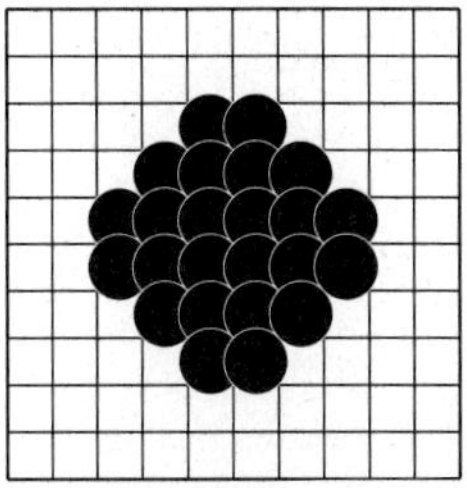

Oben: Rasterzelle mit einem Rasterpunkt von 40% Deckungsgrad, die Laserpixel sind deutlich erkennbar.
Unten: Punktraster mit einer Laufweite von 15 lpi und einem Rasterwinkel von 45°.

Damit eine Halbton-Vorlage mit verschiedenen Grauwerten belichtet oder gedruckt werden kann, muß sie aufgerastert werden. Im einfachsten Fall wird jedem Bildpixel ein *Rasterpunkt* zugeordnet: je heller das Pixel, desto kleiner der Rasterpunkt und umgekehrt.

Ein Rasterpunkt liegt in einer *Rasterzelle* und füllt diese je nach Grauwert mehr oder weniger aus. Vergleichbar den 256 Zustandsformen eines (8 Bit-) Einlesedots kann ein elektronischer Rasterpunkt auch nur eine von 256 verschieden großen Zustandsformen annehmen.

Die Anzahl der Rasterzellen, die jeweils einen Rasterpunkt enthalten können, wird auf einer Streckeneinheit in *Lines per Inch* (lpi) oder *Linien pro cm* (l/cm) gemessen. Auch Laufweite genannt, ist diese Größe neben der Rasterwinkelung und der Rasterart (Linien, Punkte etc.) entscheidend für die Auflösung eines Bildes.

Zu guter Letzt spielt die physikalische Auflösung des Ausgabegeräts (Drucker, Filmbelichter) eine wichtige Rolle. Die vom Laserstrahl belichteten, immer gleich großen Punkte werden *Laserdots* (oder belichtete Pixel) genannt, die Auflösung wird in *Dots per Inch* (dpi) angegeben.

Alles Raster

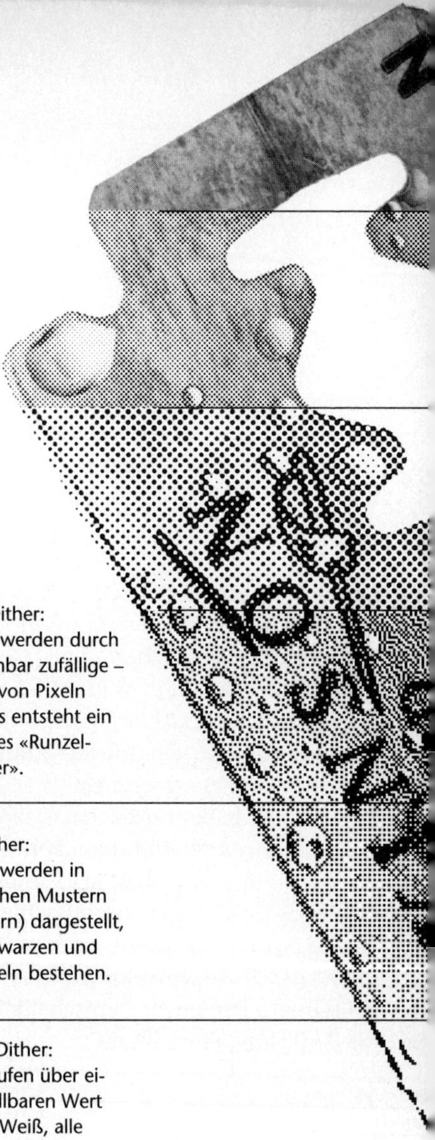

Halbton- (oder Graustufen-) Bilder werden für den Druck aufgerastert. Mit Hilfe verschieden großer Rasterpunkte können bis zu 256 Graustufen im Druckbild dargestellt werden. Die Rasterweite (am Mac meistens in Lines per Inch) ist verantwortlich für verschiedene Grade der Bildauflösung.

Eine weitere interessante Möglichkeit, Grauwerte zu simulieren, ist das Dithering. Das wohl bekannteste ist das Floyd-Steinberg-Dither, bei dem durch algorithmische Verteilung der Pixel nahezu unendlich viele Graustufen simuliert werden können. Da die einzelnen Bildpixel keine Grauwert-Information enthalten, sondern entweder schwarz oder weiß sind, wird mit diesen Dateien nur ein Bruchteil an Speicherplatz benötigt, den ein Bild gleicher Größe mit Grauwert-Information braucht.

Die Dither dieser Beispiele sind sämtlich im PhotoShop erzeugt.

Dither

Diffusion Dither:
Grauwerte werden durch die – scheinbar zufällige – Verteilung von Pixeln simuliert. Es entsteht ein interessantes «Runzelkorn-Muster».

Pattern Dither:
Grauwerte werden in geometrischen Mustern (Pixel-Pattern) dargestellt, die aus schwarzen und weißen Pixeln bestehen.

Threshold Dither:
Alle Graustufen über einem einstellbaren Wert werden zu Weiß, alle darunter zu Schwarz. In diesem Beispiel ist der Schwellwert 50%.

Halftone Screen:
Durch Pixel werden Raster abgebildet.

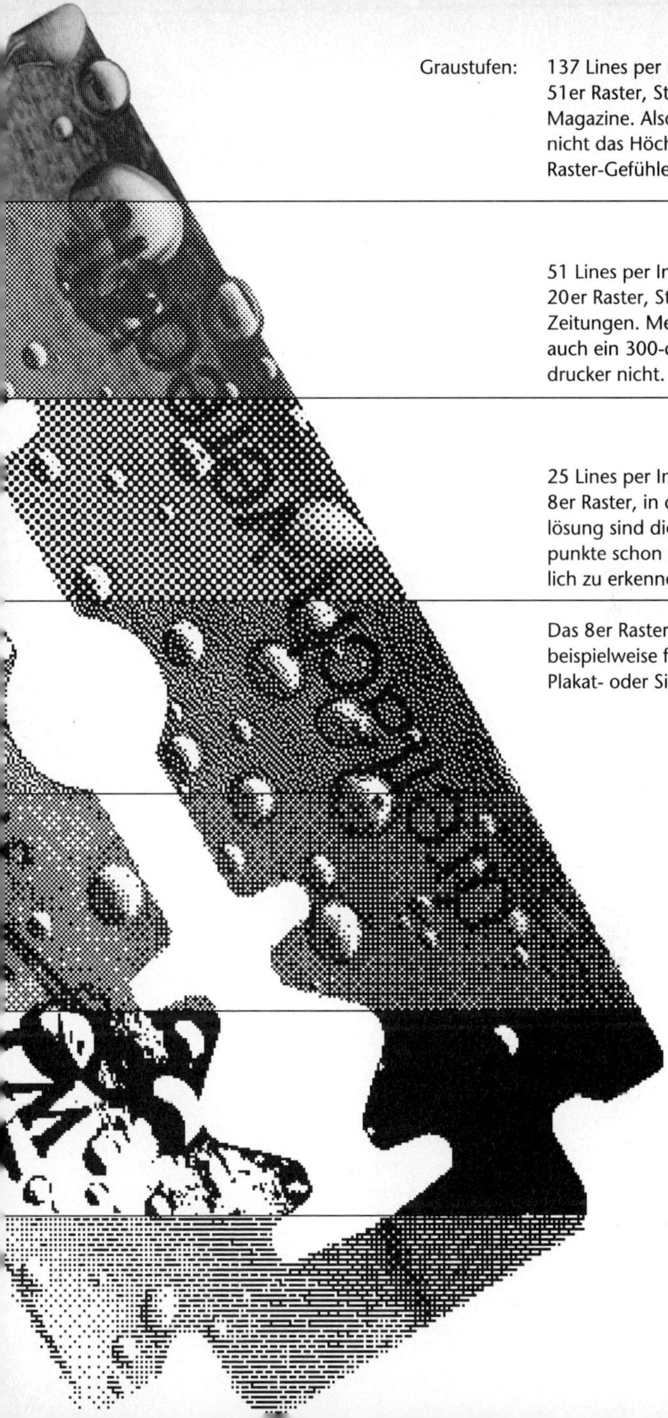

Graustufen: 137 Lines per Inch
51er Raster, Standard für Magazine. Also noch nicht das Höchste der Raster-Gefühle.

51 Lines per Inch
20er Raster, Standard für Zeitungen. Mehr schafft auch ein 300-dpi-Laserdrucker nicht.

25 Lines per Inch
8er Raster, in dieser Auflösung sind die Rasterpunkte schon sehr deutlich zu erkennen.

Das 8er Raster eignet sich beispielweise für großen Plakat- oder Siebdruck.

Ali Baba und die 40 Filter

Nachbearbeitung in der digitalen Dunkelkammer: PhotoShop

Adobe Photoshop™

Original-Scan

Ist eine Vorlage zu flau, kann sie mit dem Scharfzeichner gefiltert werden. Durch mehrmaligen Einsatz desselben Filters kann der Effekt beliebig verstärkt werden.

Bei der Tontrennung, auch *Posterize* genannt, werden die 256 vorhandenen Graustufen auf wenige Graustufen reduziert: Ein Siebdruckeffekt tritt ein.

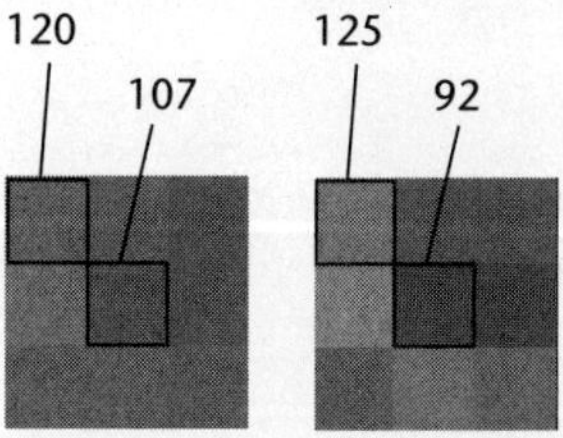

Die Veränderung beim Scharfzeichnen. Geringfügige Unterschiede in der Helligkeit benachbarter Pixel werden vergrößert.

Durch nachträgliche Tonwertspreizung können, ebenso wie in der Scanner-Software, undifferenzierte Bildbereiche aufgelöst werden: Aus dem Schatten tauchen Details auf.
Da menschliche Augen Grauwertunterschiede verstärkt in den helleren Bereichen wahrnehmen, fällt eine Reduzierung der dunkleren Halbtöne kaum auf.

Die Möglichkeiten, mit Retusche-Werkzeugen in den verschiedenen Bildverarbeitungs-Programmen Bildinhalte zu manipulieren, sind nahezu unbegrenzt.

Eines der vielen Filter-Module im PhotoShop, der Pinch-Filter mit dem Spiegel-Kabinett-Effekt vom Jahrmarkt.
Prinzipiell lassen sich im PhotoShop auch eigenhändig Filter herstellen, handelt es sich doch beim Filtern stets darum, das Verhältnis eines Pixels zu seiner Umgebung neu zu definieren bzw. zu verändern.

Welche Scan-Auflösung für welchen Drucker?

Ein Unglück kommt selten allein

Eine falsche Berechnung der benötigten Scan-Auflösung kann zu einem durchaus erwünschten Effekt führen: der *Zellbildung*. Die verschiedenen Grauwerte innerhalb eines gerasterten Bildes werden hier nicht durch verschiedene Rasterpunkte dargestellt, sondern zu Pixelfeldern «verklumpt».

Die Erklärung ist einfach: Um einen Rasterpunkt zu erzeugen, ist ein Mindestmaß an Scan-Information notwendig. Das Verhältnis von Scan- zu Bildauflösung sollte nicht kleiner als 1:1,5 gewählt werden. Ein Bild mit 100 lpi belichtet, muß mit mindestens 150 dpi gescannt worden sein. Zu niedrige Scan-Auflösung und ebenso nachträgliches Vergrößern führt zur beschriebenen Zellbildung.

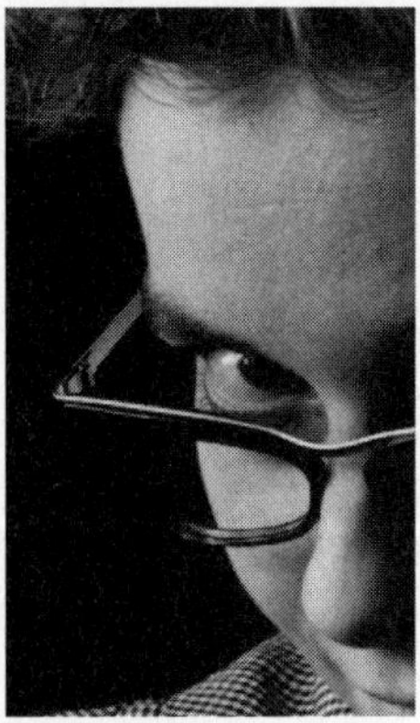

Dieser Scan wurde mit 200 dpi eingelesen, kann also mit einer Bildauflösung bis zu etwa 130 lpi belichtet werden.

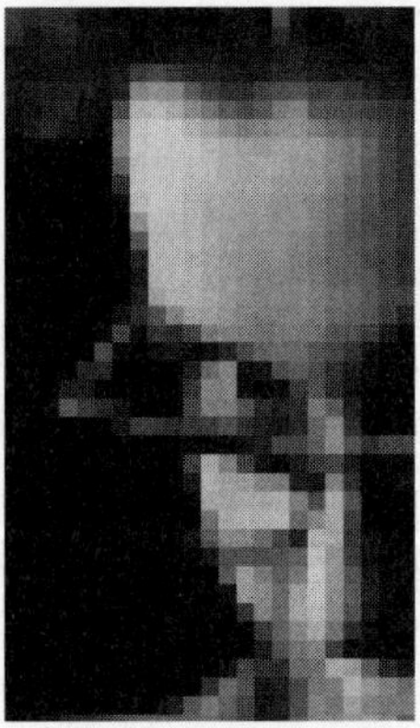

In diesem Beispiel wurde nur mit 50 dpi eingelesen. Die entsprechende Bildauflösung läge bei etwa 75 lpi. Da diese Seite mit 122 lpi belichtet wurde, kommt es zur Zellstruktur.

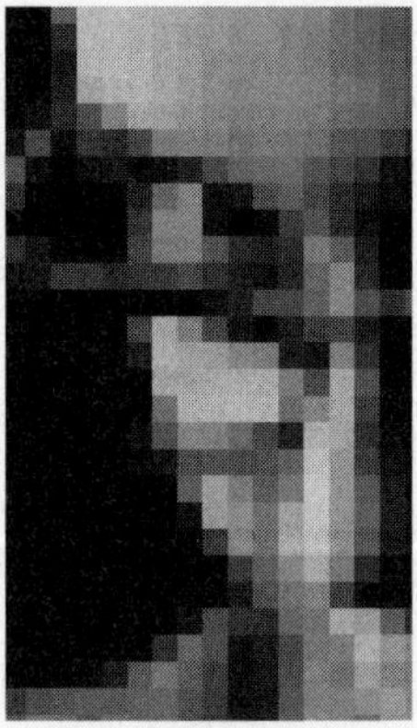

Bei einer Bild-Vergrößerung im Layout hat auch der Skalierungsfaktor Einfluß auf die Scan-Auflösung: Die Grauzellen werden noch größer.

Unter den 256 möglichen Graustufen, die PostScript im Moment maximal darstellen kann, kommt es bei der Darstellung feiner Tonwert-Übergänge oft zur *Stufenbildung.* Ursache dafür sind entweder eine zu niedrige Auflösung des Ausgabegeräts (in dpi) oder eine zu hoch gewählte Bildauflösung (in lpi): Der Drucker schafft es in beiden Fällen nicht, die verschieden großen Rasterpunkte in allen gewünschten Variationen darzustellen. Ist kein höher auflösendes Ausgabegerät vorhanden, bleibt nur der Ausweg, die Laufweite des Bildrasters zu verringern.

Hier sind die Graustufenübergänge ausreichend weich, da der Belichter dieses Buches mit 1800 dpi fein genug ist, jeden Rasterpunkt korrekt wiederzugeben.

Mit Hilfe folgender Formel läßt sich die maximal zulässige Laufweite für einen vorhandenen Drucker errechnen:

$$\text{Rasterweite in lpi} = \frac{\text{Druckerauflösung in dpi}}{\sqrt{\text{Anzahl der Graustufen}}}$$

Diese Formel, auf einen 300-dpi-Laserdrucker und 64 erwünschte Graustufen angewendet, ergibt als optimale Rasterweite 300 : 8 = 37,5 lpi.
Dagegen läßt ein 2450-dpi-Belichter bei 256 Graustufen 2450 : 16 = 153 lpi zu. Wird dennoch eine höhere Laufweite gewählt, passiert nicht gleich Dramatisches. Anfangs reduziert sich nur die Anzahl der Graustufen, bei normal kontrastreichen Bildern kaum sichtbar. Also don't panic: Menschliche Augen können kaum mehr als 60 Graustufen unterscheiden.

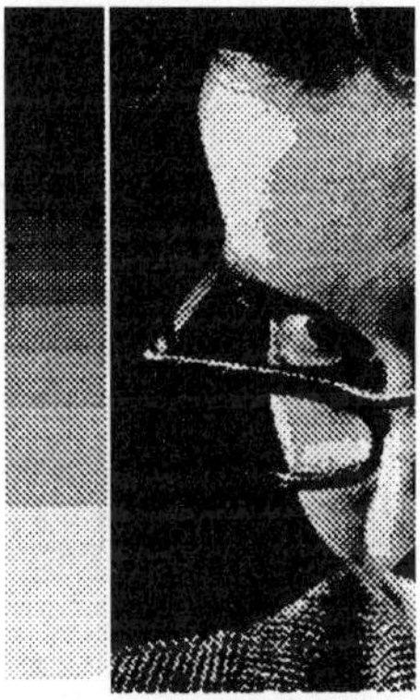

Für einen 300-dpi-Laserdrucker sind die hier gewählten 71 lpi zu hoch. Es gibt Stufenbildung, die sich gerne an glänzenden Stirnpartien bemerkbar macht.

Das Bild von hinten aufzäumen

Die Scan-Formel

Endlich: Die Formel, die verrät, wie hoch die Scan-Auflösung gewählt wird.

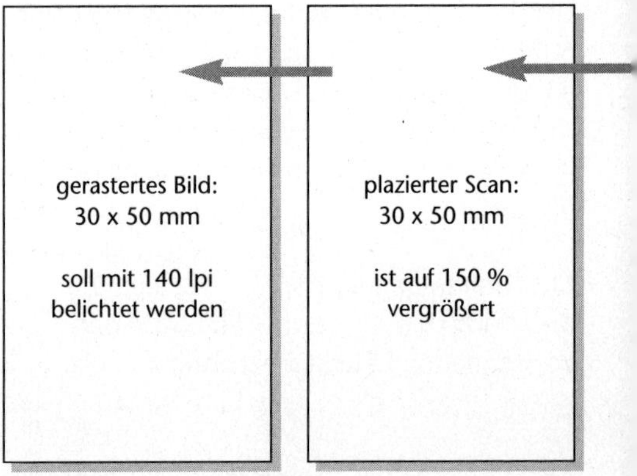

Vor dem Einlesen einer Vorlage sind drei Dinge zu beachten:

Zuerst sollte festgestellt werden, mit welcher Rasterlaufweite das Bild belichtet werden soll. Für eine Bildqualität, wie sie beispielsweise in Magazinen zu finden ist, wird ein 54er Raster (140 lpi) benutzt.

Als nächstes ist das Größenverhältnis von im Layout plaziertem Bild zur Originalvorlage wichtig. Wird das plazierte Bild vergrößert, muß beim Einlesen eine höhere Scan-Auflösung gewählt werden. Wird das Bild verkleinert, kann die Auflösung verringert werden: So läßt sich Speicherplatz sparen. Im Beispiel beträgt der Vergrößerungsfaktor 150% oder das 1,5 fache, multipliziert mit der Rasterweite von 140 lpi ergibt sich die Scan-Auflösung von 210 dpi.

Scan:
20 x 33 mm

muß mit 315 dpi gescannt werden

Zu guter Letzt wird die ermittelte Auflösung von 210 dpi mit dem sogenannten Qualitätsfaktor multipliziert, er liegt bei Graustufenbildern, die für gewöhnlich im 45°-Winkel gerastert werden, bei etwa 1,5. Für unser Beispiel bedeutet das eine mindestens notwendige Scan-Auflösung von 315 dpi.

Diese gefährlich aussehende Formel beschreibt das Verhältnis der Vorlage zum gerasterten Bild sowie der Scan-Auflösung:

$$\text{Scanauflösung (dpi)} = \frac{\text{Maßstab (\%) x Rasterweite (in lpi) x Qualitätsfaktor (\textasciitilde 1,5)}}{100}$$

Copy it!

Ein Inch entspricht 2,54 cm.
Daraus ergeben sich für 1 Linie/cm (l/cm) 2,54 Lines/Inch (lpi)

l/cm	lpi
60	152
54	137
48	122
40	101
34	86
28	71
24	61
20	51

Umrechnungstabelle für verschiedene Rasterweiten.

5 Fünf

Typo Tour

Typografie am Mac

Auf dem besten Wege zum Kulturgut

Zweifarbige Effekte, wie bei dem Wort 'Glossar', können in FreeHand 3.0 mit einfachen Arbeitsschritten erstellt werden.
1. Die Schriftzeichen unter dem Menü Schrift in *Zeichenwege* umwandeln.
2. Zwei Rechtecke in unterschiedlicher Farbe oder Füllung aneinander setzen und deckend über der Schrift plazieren.
3. Die Balken *ausschneiden* unter dem Menü Bearbeiten.
4. Schrift aktivieren und unter dem Menü Bearbeiten auf *Innen einfügen.*
Fertig!

Zur Zeit feiert die Typografie unterstützt von neuen kommunikativen Werkzeugen wie dem Mac ihre Renaissance. In unserem an schriftlichen Mitteilungen orientierten Kulturkreis steht das geschriebene Wort an erster Stelle der möglichen Ausdrucksformen. So ist durch die Verbreitung der dezentralen Publikationsmittel (unsere Definition von DTP) auch das Interesse an Typografie gewachsen.

Aus dem selbst für viele Gestalter ehemals trockenen Thema wird das Gestalten mit Satzschriften am Bildschirm zu einem kreativen Ereignis. Statt Rubbel-Buchstaben, Blindtext und schier endlosen Korrekturen zwischen Fotosetzer und Grafiker steht das Satzgerät jetzt auf dem Schreibtisch. Von materieller Schwere und Nicht-Verfügbarkeit befreit, wird Typografie «digital begreifbar», zum Kultur- und Sub-Kulturgut.

Auch wer nicht sein Brot mit Schrift verdienen muß, aber am Mac Texte verfaßt, wird früher oder später mit typografischen Gestaltungsfragen in Berührung kommen.

Die folgende Tour zeigt typografische «Basics» mit den entsprechenden Werkzeugen zur Umsetzung am Mac.

GLOSSAR

Kleines Typografie…

von A wie Absatz
bis Z wie Zeilenschaltung

Absatz
gliedert einen Text in Sinnzusammenhänge. Dabei gibt es verschiedene Möglichkeiten, den Absatz zu gestalten:
Einzug der ersten Zeile, Zeilenschaltung in Verbindung mit einer Leerzeile oder eine halbe Leerzeile.

Akzente
Die deutsche Sprache kennt keine Worte mit Akzenten. In romanischen Sprachen kommen sie häufiger vor und bilden zusammen mit dem Buchstaben ein eigenes Zeichen. Siehe auch Sonderzeichen. É á è í

Akzidenzschriften
Druckschriften für Titel und Auszeichnungen

Anführungszeichen, Abführungszeichen
„Gänsefüßchen"
‚halbe Anführungen'
«franz. Guillemets»
"amerik. Anführungen"

Antiqua
Im weitesten Sinne alle Schriften (außer den handschriftlichen und gebrochenen Schriften), die sich aus den Proportionen der klassischen Antiqua-Schriften mit Serifen und unterschiedlich starken Auf- und Abstrichen entwickelt haben. Auf der nächsten Seite werden drei Klassifikationen von Antiqua-Charakteren beschrieben…

Wer mehr über typografische Gestaltung erfahren will, als wir in diesem Rahmen vermitteln können, findet auf Seite 348 eine interessante Literaturauswahl.

Schrift-Schnitte

Das erste typografische Ereignis

Stone Serif Regular

Pa

In allen Text-Verarbeitungs-, Layout- und Grafik-Programmen für Macintosh können die unterschiedlichen Schnitte einer Schriftfamilie unter dem Menü Schrift, Type oder Font gewählt werden.
Mehr zu Schrift-Dateien und dem Umgang mit Schriften am Mac finden Sie am Ende dieser Tour.

Als Schriftschnitt wird der Charakter der Garnitur innerhalb einer Schriftfamilie bezeichnet.
Stone Serif Regular

Echte kursive Schnitte einer Schrift werden mit «italic» bezeichnet, und weisen Bezüge zur handschriftlichen Herkunft auf. Zu erkennen ist ein kursiver Schnitt am kleinen «a», welches sich deutlich von dem der aufrechten Schnitte unterscheidet. Liegt kein kursiver Schnitt einer Schrift vor, werden die Zeichen nur «digital schräg gestellt». Die Kursive ist eine zurückhaltende Art der Auszeichnung im Grundtext.
Stone Serif Italic

Zur Verstärkung von Textaussagen kann der halbfette (semibold) oder fette (bold) Schnitt gewählt werden. Hierbei fällt jedoch auf, wenn magere und fette Schriften gemischt werden, daß die fetten Zeichen bei gleicher Punktgröße kleiner wirken.
Stone Serif Semibold

Der Grund liegt darin, daß die Punzen, die Weißräume innerhalb der Zeichen, kleiner werden. So müßte genaugenommen die fette Auszeichnungsschrift bei gleichbleibendem Zeilenabstand etwas größer gewählt werden als die magere.
Stone Serif semibold italic

Stone Serif Italic:

(oh)

Stone Serif Semibold:

Xa

Stone Serif Semibold Italic:

Za

Stone Serif Bold:

Ya

Stone Serif Bold Italic:

Ja

... noch Antiqua.
Die *Renaissance-Antiqua* ist am Duktus der schräggestellten Breitfeder zu erkennen und hat deutlich ausgeprägte Auf- und Abstriche, z.B: Seneca, Sabon, Garamond oder

Palatino

Die *Barock-Antiqua*, hat feine Auf- und dicke Abstriche. Die Serifen der Kleinbuchstaben sind oben meist schräg, z.B: Novarese, Caslon, Baskerville, oder

Times

Die *Klassizistische-Antiqua* ist an den Haarlinien der Aufstriche und an den waagerecht angesetzten Serifen zu erkennen, z.B: Walbaum, Fenice oder

Bodoni

Apostroph'
Auslassungszeichen, wird oft mit dem Akzent verwechselt. Richtig gesetzt wird es mit der Akzent- und Optiontaste. Wer's weiß, der macht's richtig.

ausgleichen, spacing
Feinregulierung der Buchstabenabstände. Bei manuellem Kerning muß die Textmarke zwischen den Buchstaben blinken, dann wird mit gedrückter Command- oder Option-Taste und den Cursortasten feinreguliert.

Schrift-Familien
Am Beispiel der Stone

Stone Serif
Stone Serif italic
Stone Serif semibold
Stone Serif semibold italic
Stone Serif bold
Stone Serif bold italic

Stone Informal
Stone Informal italic
Stone Informal semibold
Stone Informal semibold italic
Stone Informal bold
Stone Informal bold italic

Stone Sans
Stone Sans italic
Stone Sans semibold
Stone Sans semibold italic
Stone Sans bold
Stone Sans bold italic

Die Stone ist eine Schriftfamilie mit drei unterschiedlichen Charakteren. Entworfen wurde sie Mitte der achtziger Jahre von Sumner Stone für einen breit gefächerten Einsatz an digitalen Systemen.

Die Stone Informal nimmt mit ihren runden Serifen eine Sonderstellung ein, sie ist besonders für den «härteren DTP-Einsatz» geeignet, da sie von geringer bis hoher Auflösung gut druckbar ist. Eine Schrift, die auch im Laserausdruck nicht auf typografische Qualität verzichtet*.

Darüber hinaus stellen alle Stone-Charaktere hochwertige Satzschriften dar, die mit ihren 18 Schnitten für die unterschiedlichsten Aufgaben verwendet werden können.

Die nebenstehenden Abbildungen zeigen die proportionalen und metrischen Familien-Ähnlichkeiten der drei Schriften, die hier jeweils an den Regular-Schnitten demonstriert werden.

*Für Laserdrucker gilt: Feine Details einer Schrift (spitze Serifen, aber auch optisch einheitliche Strichstärken) können sich in niedrigauflösenden Druckbildern nicht entfalten.

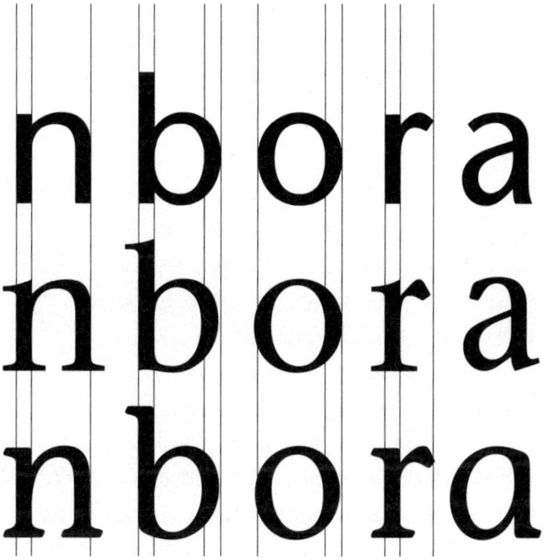

Stone Sans Regular
Stone Serif Regular
Stone Informal Regular

Ausrichtung
Satzart, links-, rechtsbündig, zentriert oder Blocksatz

auszeichnen
Hervorheben einzelner Wörter und Wortfolgen durch *kursive* oder **halbfette** Varianten der Grundschrift. Andere Auszeichnungsarten sind KAPITÄLCHEN, VERSALIEN, Unterstreichen oder Andersfarbigkeit.

Belichtung
Prozeß, der eine digitale Datei auf Film belichtet.

Bitmap-Schriften
Orientieren sich an der Bildschirmauflösung und zeigen auch in hochauflösenden Druckbildern ihren Pixel-Aufbau, z.B:
Chicago

Bleisatz
Satztechnik, bei der die einzelnen, in Bleikegel gegossene Lettern spiegelverkehrt gesetzt werden. Viele heute noch gebräuchliche typografische Begriffe stammen aus der Bleisatz-Technik. Vgl. Hochdruck

Blindtext
Text zur rein formalen Darstellung des Schriftbildes. Sofern der Text erfaßt ist, beim DTP nicht mehr notwendig, z.B:
Nedunfeg, muz eisedif bonter nedogal tabchoder quiz glugim Afsend clügol berindgam urb...

Schriftgrade

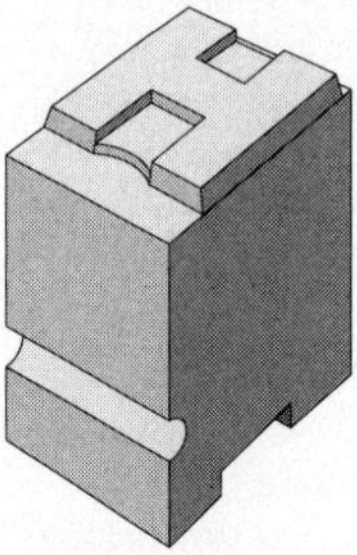

Konsultationsgröße 6-8 pt, hier sollten Sie schon etwas näher heran rücken.

Lesegröße 9-12 pt, da können Sie sich auch zurücklehnen.

Schaugröße ab 14 pt

Die Wahl der Schriftgröße richtet sich nach Format, Leseabstand und Anlaß: Ein Plakat wird eine größere Schrift benötigen als die Marginalspalte in diesem Buch.
Dennoch darf im Hintergrund auch mal ein Wort in 296 pt stehen, oder nicht?

Der Schriftgrad bezeichnet die Größe einer Schrift. Sie besteht aus Ober- und Unterlängen der Schriftzeichen. Im Bleisatz wurde die Größe einer Schrift am Kegel, dem Träger des Schriftzeichens gemessen. Dabei können jedoch die Versalhöhen verschiedener Schriftschnitte trotz gleicher Kegelgröße unterschiedlich sein. Das gilt auch für digitale Schriften (siehe Abbildung oben rechts: Helvetika und Stone Serif).

Aus dem Bleisatz wurde die Größenbezeichnung für Schriften in typografischen Punkten übernommen. Hier ist zu unterscheiden zwischen Didot- und Pica-Punkten. Im DTP ist die Messung in Pica-Points üblich, die sich am amerikanischen Inch-System orientieren.

1 Pica-Point = 0,353 mm
12 Pica-Point = 1 Pica
6 Pica = 1 Inch = 72 Pica-Point

Mit 72 dpi-Bildschirmen (es gibt auch andere!) ist bei Macintosh die Kantenlänge eines Pixels gleich 1 Pica-Point.

1 Didot-(oder Berthold-) Punkt
= 0,376 mm

In allen Programmen mit Textverarbeitungsfunktionen können Schriften per Menübefehl die unterschiedlichsten Pointgrößen gegeben werden.

Da die Größe einer Schrift auch den Zeilenabstand beeinflußt, haben alle Programme einen automatischen Zeilenabstand, der meist 120% des Schriftgrades in Point beträgt. Der schwarze Balken, der bei der Aktivierung von Schriftzeichen, Worten oder Zeilen am Bildschirm entsteht, ist in vielen Programmen gleich dem Zeilenabstand. Man könnte ihn also als den fiktiven Kegel bezeichnen, der jedoch keine fixe Größe ist, sondern je nach eingestelltem Zeilenabstand auch kleiner als das Schriftzeichen sein kann.

Die Schriftgröße wird mit dem Typometer von der Unterlängen- bis zur Oberlängenlinie gemessen. In diesem Beispiel also von der unteren Rundung des «g» bis zur oberen des «f».

Blocksatz
Zeilenlänge auf voller Spaltenbreite.
Siehe Seite 256-58

Bold
Fetter Schriftschnitt, z.B. **Stone Sans Bold**

Bruchziffer
Besteht eigentlich aus zwei Ziffern, von denen die eine an der Versal-Höhe, die andere an der Grundlinie des Textes orientiert ist. Für sie gibt es in DTP-Systemen keine Automatik. Ein Notbehelf ist das Hochstellen der einen Ziffer und die Veränderung der Punktgröße bei der anderen, z.B: $^{1}/_{2}$
Siehe Seite 260

Brotschrift, Grundschrift, body type
Schriften für den Werksatz von Büchern und Zeitungen (Texte, mit denen der Setzer sein Brot verdient).

Buchstabe, letter
Das einzelne Schriftzeichen. Kleine Buchstaben heißen Minuskeln oder Gemeine, große Versalien oder Majuskeln.

Cursor, Texthaken
Typografie-Werkzeug, das auf dem Bildschirm Zeichen, Worte, Zeilen und Textblöcke aktiviert.

Buchstaben- und Wortabstände

Laufweiten im PageMaker
Einstellungs-Menü

sehr schmal	Raum zwischen Buchstaben
schmal	Raum zwischen Buchstaben
normal	Raum zwischen Buchstaben
weit	Raum zwischen Buchstaben
sehr weit	Raum zwischen Buchstaben

RaumzwischenWorten
Raum zwischen Worten
Raum zwischen Worten
Raum zwischen Worten
Raum zwischen Worten

Allgemein wird der Buchstabenabstand einer Schrift durch die Dickte bestimmt. Diese bezeichnet den gesamten Raum eines Schriftzeichens inklusive der nichtdruckenden Bereiche vor und hinter dem Zeichen. Die Dickte gehört sozusagen ebenso zum Charakter einer Schrift wie das Zeichen selbst, beeinflußt sie doch entscheidend die Lesbarkeit. Textverarbeitungs- und Layout-Programme sowie die PostScript-Grafik-Programme Illustrator und FreeHand sind von sich aus auf die «richtigen und angemessenen» Buchstaben- und Wortabstände eingestellt, die für digitale Schriften schon beim Entwurf berücksichtigt und dem Font

SPATIONIEREN
SPATIONIEREN

«eingeschrieben» sind. Darum sollte bei Fließ- und Lesetexten an den Abständen der Schrift ohne besonderen Grund nichts verändert werden. Jedoch bei Auszeichnungen oder Titeln, z.B. wenn ein fetter Schriftschnitt oder Versal-Satz verwendet wird, können die Abstände zwischen den Buchstaben ausgeglichen werden. Hierfür bieten die Programme sowohl manuelles Kerning oder Spationieren (beides bezeichnet das Verändern der Abstände), mit dem zwischen einzelnen Buchstaben ausgeglichen werden kann, als auch die Veränderung der Laufweite gesamter aktivierter Textteile oder -blöcke.

Für den Wortabstand gilt gleiches wie für den Buchstabenabstand. Wo dennoch nachträglich verändert wird, z.B. bei der Gestaltung von Blocksatz, sollte darauf geachtet werden, daß der Wortabstand nicht größer als der Durchschuß wird, damit sich keine «Rinnsale» im Text bilden. Ein angenehmer Wortabstand entspricht ungefähr dem gemeinen «i» der verwendeten Schrift.

Dickte
Breitenmaß eines Schriftzeichens mit seinem links- und rechtsseitigen nichtdruckenden Freiraum. Im DTP veränderbar, was an den Aktivierungsfeldern deutlich wird und Auswirkungen auf die Laufweite der Schrift hat.

Divis
Bindestrich, Trennungsstrich. Bei Kuppelwörtern wird ein Bindestrich ohne Zwischenräume gesetzt.

Doppelpunkt
Sitzt ohne Zwischenraum hinter dem vorhergehenden Zeichen: Anschließend eine Leertaste und Großschreibung.

DTP
Desk Top Publishing, die Technik, der auch dieses Buch seine Existenz verdankt. Professionelle digitale Satzgeräte auf dem Schreibtisch von Gestaltern, die damit Zeichnungen, Grafik, Textsatz und Layout erstellen.

Durchschuß
Begriff aus dem Bleisatz für Zeilenzwischenraum, bei dem Bleiplättchen zwischen die Zeilen *geschossen* wurden, um den Abstand zu vergrößern. Vgl. Zeilenabstand

Der Zeilenabstand

Kontrastreiche oder fette Schrifttypen vertragen einen kleineren Zeilenabstand.

Leichte oder breite Schrifttypen können luftig mit einem größeren Zeilenabstand gesetzt werden.

VERSALSATZ KANN MIT GRÖSSEREM ABSTAND ZWISCHEN ZEILEN, WORTEN UND BUCHSTABEN GESETZT WERDEN.

Der Abstand der Zeilen bestimmt die Farbigkeit eines Textes und damit seine Lesbarkeit. Ein zu geringer Zeilenabstand macht den Text dunkel und lädt nicht zum Lesen ein. Das Auge übersieht ganze Zeilen bei der Suche nach der darauf folgenden.

Ein zu großer Zeilenabstand läßt das Auge von Zeile zu Zeile springen und zerstört den Text.

Die Wahl des Zeilenabstandes steht in engem Zusammenhang mit der verwendeten Schrift und der Zeilenlänge. Viele Programme bieten einen automatischen Zeilenabstand. Dieser Wert muß aber keineswegs die beste Lesbarkeit gewährleisten. Darum ist bei der Gestaltung längerer Textpassagen das Experimentieren mit unterschiedlichen Zeilenabständen empfehlenswert. Bei Lesetexten sollte die Entscheidung das Auge treffen.

Der Zeilenabstand wird in DTP-Systemen von der Oberlängenlinie einer Zeile zur Oberlängenlinie der nächstfolgenden gemessen. Er wird genauso wie der Schriftgrad in Pica-Point angegeben. Der auch gebräuchliche Ausdruck «Durchschuß» stammt aus der Technik des Bleisatzes. Hier ist der minimale Zeilenabstand bestimmt durch die Höhe des Schriftkegels. Sind die in den Zeilen übereinanderliegenden Kegel ohne Zwischenraum gesetzt, so spricht man von «kompressem» Satz; wird ein Zwischenraum eingefügt, so spricht man von durchschossenem Satz und beschreibt mit dem Durchschuß den Zeilenzwischenraum. Das ist im sichtbaren Druckbild der Abstand von der Unterlängenlinie einer Zeile zur Oberlängenlinie der darauffolgenden Zeile.

Was bedeutet Zeilenabstand?
Was bedeutet Zeilenabstand?
Was bedeutet Zeilenabstand?
Was bedeutet Zeilenabstand?
Was bedeutet Zeilenabstand?

In Layout- und Illustrations-Programmen kann der Zeilenabstand durch numerische Eingabe verändert werden, sei es, um spezielle Effekte zu erzielen oder weil der automatische Zeilenabstand bei verschiedenen Schriftarten nicht dem angestrebten Ausdruck oder der optimalen Lesbarkeit entspricht.

Eine Grundregel heißt, je länger die Zeile, desto größer der Zeilenabstand. Im Layout sollten für Textkolumnen mit großem Zeilenabstand entsprechend breitere Außenstege verwendet werden. Siehe dazu auch die Layout-Tour.

Wer im DTP eine verwendete Schrift und ihr Schriftbild charakterisieren will, gibt am besten ihren Schriftgrad in Verbindung mit dem Zeilenabstand an. Für diesen Text hieße das: Stone Informal Regular 9/12 Pica-Point.

Der Zeilenabstand
wird mit dem
Typometer von der
Grundlinie der einen
bis zur Grundlinie der
nächsten Zeile
gemessen.

Egyptienne
Serifenbetonte Linear-Antiqua, mit gleichbleibenden Strichstärken der Buchstabenkörper und der Serifen.
Beispiel: Rockwell, Glypha, Gordon oder

Memphis

Einzug
Eingerückte Zeile, z.B. am Anfang eines Absatzes, zur besseren Gliederung des Textes.

Exponent^{1}
Hochstehendes Schrift- oder Zahlzeichen. Unter dem Begriff *Zeichenlage* einstellbar.
Vgl. hochstellen

Farbauszug
Separation der Farben einer digital erstellten Drucksache auf Film oder Papier

Flattersatz
Satz mit offenem Zeilenausgang ohne Worttrennung

Fließtext, bodytype
Der Lesetext in der Grundschrift (auch Brotschrift).

Font
Als Font wird im DTP der digitale Zeichensatz eines Schriftschnittes bezeichnet. Vgl. Schriftart

Die Satzarten

Linksbündiger Flattersatz
ist daran zu erkennen, daßer
keine Worttrennungen
aufweist.

Da die Zeilen sehr
ungleichmäßige Längen
aufweisen, sollten Absätze
durch Leerzeile oder Einzug
gekennzeichnet werden.

In linksbündigem Rauh-
satz werden Worte ge-
trennt.
Nach Absätzen können
Einzüge für eine bessere
Strukturierung des Textes
sorgen.

Zentriert
gesetzter Text
orientiert sich
an der
Mittelachse
der Textkolumne
und besitzt keine
Worttrennungen.

Satzarten: Linksbündiger Flattersatz, linksbündiger Rauhsatz, zentriert gesetzt, Blocksatz, rechstbündiger Flattersatz

Satzarten können in textverarbeitenden Programmen per Menü-Befehl gewählt werden. Für die Gestaltung von langen Textpassagen eignen sich am besten jene Satzarten, die mit Leserichtung und -gewohnheit am besten harmonieren. Das sind die linksbündigen Satzarten oder Blocksatz.

Die linksbündigen Satzarten unterscheiden Flattersatz und Rauhsatz. Der Flattersatz weist keine Worttrennungen auf, die Zeile wird häufig sogar nach Sinnzusammenhängen umbrochen, was zu einer starken Strukturierung des Lesens führt und ein interessantes Gestaltungsmittel darstellen kann, wenn die Aufmerksamkeit des Lesers gesteigert werden soll. Ansonsten läuft der Flattersatz entsprechend besser, je länger die Zeile ist.

Beim Rauhsatz wird die Zeile weitgehend gefüllt, hier wird mit Worttrennungen gearbeitet. In Layout-Programmen können mehrere Trennungsoptionen eingestellt

Im Blocksatz werden die Zeilen auf vollerSpaltenbreite gefüllt, Worte werden hier getrennt.
Die erste Zeile nach einem Absatz wird häufig zur besseren Strukturierung des Textblocks eingezogen.

Rechtsbündiger
Flattersatz ist
interessant, wenn er
sich an einer Kante,
sei's die eines Bildes,
sei's die eines
linksbündigen Textes,
orientiert.
Mit Lesegewohnheiten
hat er nichts zu tun.

werden, unter anderem die Zahl der aufeinander folgenden Trennungen, in welchem Abstand zum rechten Textrand Trennungsoptionen angewendet werden und wie viele Buchstaben vor und hinter dem Trennungsstrich stehen sollen (letztes nur in XPress). Wer bei Rauhsatz einen ausgeglichenen rechten Textrand erzeugen will, wird diese Angaben je nach Spaltenbreite und Schriftgröße individuell und nach ausgiebigem Probieren bestimmen.

Beim Blocksatz wird die Zeile auf der ganzen Spaltenbreite gefüllt. Der Raum, der am Zeilenende übrigbleibt, wird zwischen die Wörter verteilt. Das übernehmen viele Programme durch erzwungenen Blocksatz: Und kaum etwas sieht häßlicher aus, als ständig variierende Wort- und Zeichenabstände innerhalb eines Textes.

Für Blocksatz gilt das gleiche, was Karl Valentin zur Kunst sagte: Ist schön, macht aber viel Arbeit.

Font/DA Mover
Programm bei Macintosh, das die Bildschirmschriften in das System integriert, um die Fonts den Programmen zugänglich zu machen. Ab System 7.0 ist der Font/DA Mover überflüssig.

Font/DA Mover

Format
Größe der Seite, auf der gearbeitet werden soll. Viele Programme bieten Standardformate an, z.B. DIN A4

formatieren
Einen Text mit bestimmten Satzeigenschaften versehen, z.B. Schriftart, Ausrichtung, Zeilenabstand, Einzüge...

Formsatz
Ein Text, der in einer gestalteten Kontur gesetzt ist. Siehe Seite 258

Fraktur
gebrochene Schrift, gotisch

Fraktur

Garnitur
Bezeichnet die zusammengehörige Gruppe aller Schrift-, Zahl-, Satz- und Sonderzeichen eines Schriftschnittes. Das Repertoire einer Schriftgarnitur wird im KeyFinder-Window überschaubar. Siehe Seite 260-61

Alle Arten von Formsatz um positionierte Grafiken lassen sich in PageMaker und XPress erstellen.

In den PostScript-Programmen Illustrator und FreeHand ist Text an geschwungenen Linien oder allen Arten von Kurven kein Problem. In den PostScript-Programmen Illustrator und FreeHand ist Text an geschwungenen Li

In den PostScript-Programmen Illustrator und FreeHand ist Text an geschwungenen Linien oder allen Arten von Kurven kein Problem.

In Illustrator kann Text in alle Flächen gesetzt werden. In Illustrator kann Text in alle Flächen gesetzt werden. In Illustrator kann Text in alle Flächen gesetzt werden. In Illustrator kann Text in alle Flächen gesetzt werden. In Illustrator kann Text in alle Flächen gesetzt werden. In Illustrator kann Text in alle Flächen gesetzt werden. In Illustrator kann Text in alle Flächen gesetzt werden. In Illustrator kann Text in alle Flächen gesetzt werden. In Illustrator kann Text in alle Flächen gesetzt werden. In Illustrator kann Text in alle Flächen gesetzt werden. In Illustrator kann Text in alle

PageMaker bietet für Formsatz unter dem Menü Einstellungen den Befehl *Konturenführung*, der ein Fenster öffnet, in dem die Art der gegenseitigen Behandlung von Text und Grafik gewählt werden kann. Um die Grafik wird vom Programm eine gestrichelte Linie erzeugt, auf der durch Mäuseklick zusätzliche Punkte erstellt werden können. An den Punkten läßt sich die Kontur eng um die Grafik schieben und bildet die Satzkanten des Formsatzes. Bei Formsatzarten sollte die Ausrichtung des Textes auf Blocksatz gestellt sein, so macht er die beste Figur. Jetzt fehlt noch eine Zeile.

…r allen Arten von Kurven kein Problem.

Im Illustrator kann für Formsatz oder Textsatz an einer Kurve entlang das entsprechende Werkzeug aus den PopUps der Toolbox gewählt werden.

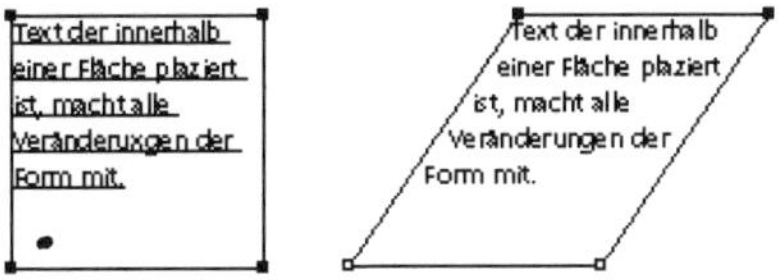

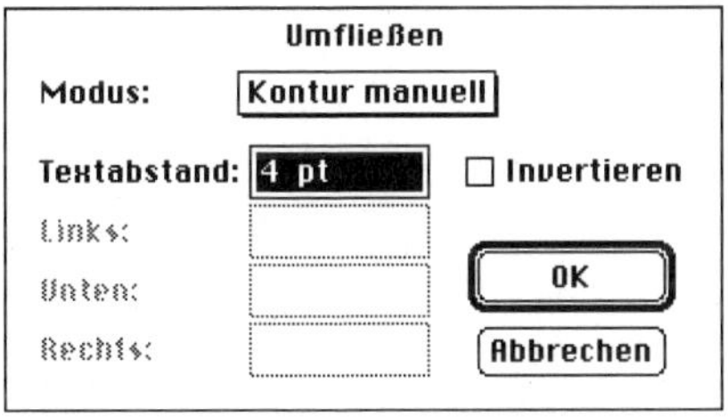

In Xpress wird mit dem Befehl *Umfließen…* ein Fenster geöffnet, in dem eine manuelle Kontur mit frei bestimmbarem Abstand zur Grafik gewählt werden kann. Diese Kontur läßt sich von Hand verändern.

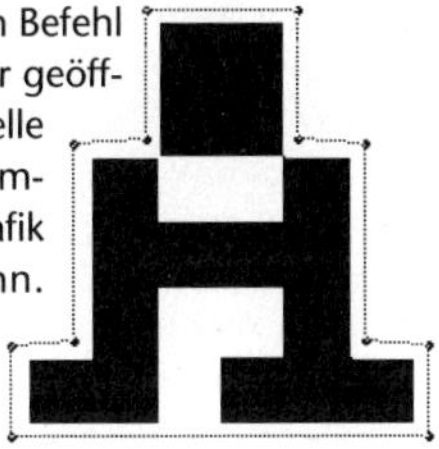

Gedankenstrich
Ist breiter als der Bindestrich und wird mit Abstand vorn und hinten gesetzt. Er wird – und darauf kommt es an – mit der Option-Taste und Bindestrich gesetzt.

Gemeine
Kleinbuchstaben, auch Minuskeln: abcdefg…

Geviert
Begriff aus dem Bleisatz: Quadratische Metallstifte, mit der Seitenlänge des Kegels der verwendeten Schrift. Gevierte unterschiedlicher Stärken (Viertel-, Drittel-, Halb-Geviert) werden zum Vergrößern der Wort- und Zeichenabstände gebraucht.

Graphem
Nicht symbolisches, grafisches Zeichen

Grotesk
Serifenlose Linear-Antiqua aus den Proportionen der klassischen Antiqua entwickelt. Beispiele: Franklin Gothic, Frutiger, Optima, Helvetika oder

Futura

Grundlinie, base line
Die Grundlinie auf der alle Buchstaben stehen. Darunter befinden sich z.B. die Unterlängen der Schriftzeichen: gjpqy

Tasta Tour
... und wo die Sonderzeichen versteckt sind

Gemeine	a b c d e f g h i j k l m n o p q r s t u v w x y z
Versalien	A B C D E F G H I J
Kapitälchen	A B C D E F G H I J K L M
Umlaute	Ä Ö Ü ä ö ü
Akzente	Å Á Ã Â á à â ã ç é ñ û ì
Ligaturen	Æ Œ æ œ fi fl ß
Versalziffern	1 2 3 4 5 6 7 8 9 0
Mediävalziffern	1 2 3 4 5 6 7 8 9 0
Satzzeichen	(!¡ ?¿ .,;:– —“ …„)«»
Sonderzeichen	% + = & £ § © † * $
Bruchziffern	¼ ½ ¾ ⅛ ⅜ ⅝ ⅞

Zeichenerklärung am Beispiel der Garamond

Die Kapitälchen, Mediäval- und Bruchziffern entstammen dem Garamond Expert-Schnitt.
Kapitälchen können auch über Menü-Befehl erzeugt werden. Bei dieser Technik werden allerdings nur die Gemeinen im Text durch digital verkleinerte Versalien und entsprechend magerer Strichstärke dargestellt.
«Echte Kapitälchen» dagegen haben die Strichstärke der übrigen Zeichen der Grundschrift.

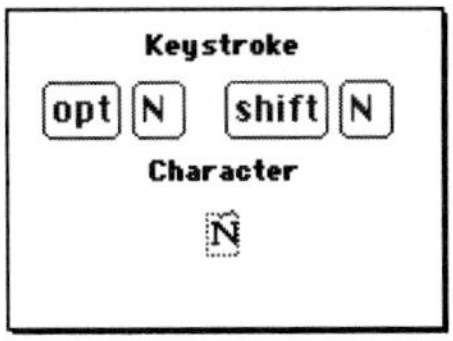

Ñ

Unser Alphabet besitzt 26 Buchstaben. Eine vollständige Schrift hat dagegen einen Umfang von mindestens 120 Zeichen. Die Grundausstattung der Fonts besteht aus Gemeinen, Versalien, Ziffern, Akzenten und Ligaturen, während zum Repertoire einer Satzschrift auch echte Kapitälchen, Bruch- und Mediävalziffern gehören, die leider nur in den Expert-Schnitten zu finden sind.

Sofern installiert, kann unter dem Apfel-Menü der KeyFinder aufgerufen werden. Er bietet die gesamte Garnitur einer Schrift im Überblick. Werden die erwünschten Schriftzeichen angeklickt, zeigt ein Fenster die entsprechende Tastatur-Kombination.

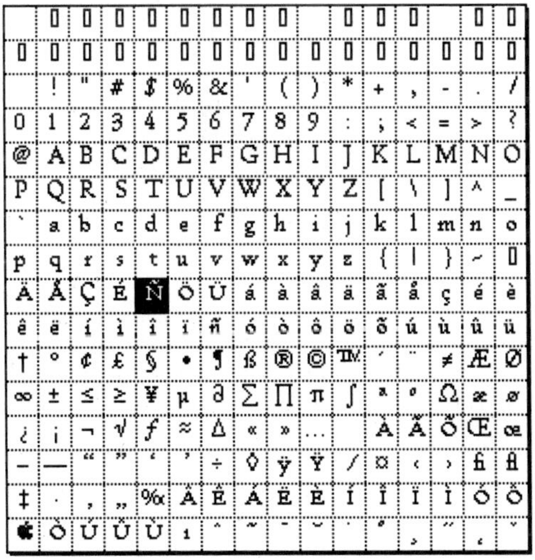

Hieroglyphe
Schriftzeichen mit bildhafter Bedeutung

Hochdruck
Erfolgt von erhabener Druckform, deren nichtdruckende Teile tiefer liegen. Bleisatz ist ein Hochdruck-Verfahren.

Hochformat
Diese Buchseite ist ein Hochformat.

hochstellen
Zur Darstellung von Potenzen 2^2 oder der Kennzeichnung einer Verbindung von Textstelle und Fußnote. Vgl. Exponent

Hurenkind
Schlußwort oder -zeile eines Absatzes, die am Anfang einer neuen Spalte oder Seite für Verwirrung sorgen.

Impressum
Angaben zur Produktion des jeweiligen Druckerzeugnisses.

Initialen
Schmückende große Anfangsbuchstaben eines Textabschnitts.

Interpunktionszeichen
Schriftzeichen für die korrekte grammatikalische Zeichensetzung. , ; : ! ?

Invertieren
einen Text weiß auf schwarz setzen

Italic
Der echte *kursive* Schnitt einer Schrift.

Schräge Typen

Die Verzerrten, Gespiegelten und Gedrehten…

Die Manipulations-Werkzeuge in FreeHand und Illustrator können auch auf Schriftzeichen angewendet werden: proportional oder unproportional skalieren, scheren, spiegeln, drehen…

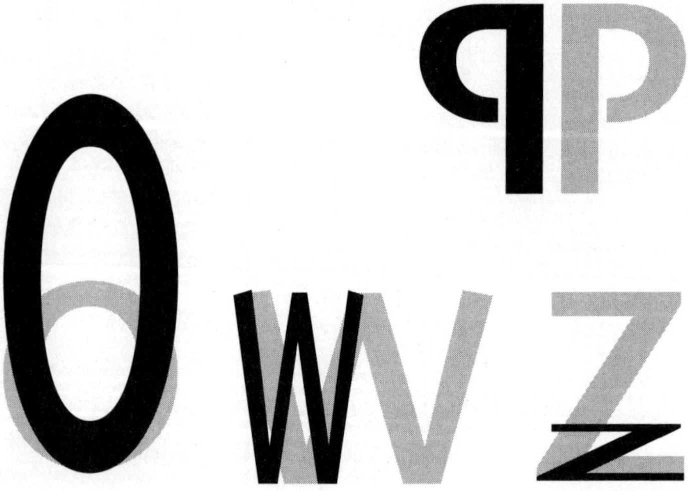

Kapitälchen
Grossbuchstaben in der Höhe der Mittellängen, unter dem Begriff Buchstabenart einstellbar.

Kapitel
Die Hauptteile eines gegliederten Textes.

Kegel
Der Bleikörper, auf dem der Buchstabe im Bleisatz aufsitzt.

Kolumne
Text-Spalten im Gestaltungsraster einer Seite:

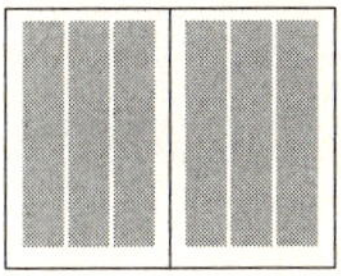

Komma,
Satzzeichen, das Sätze in Sinnabschnitte gliedert. Es steht umittelbar am vorangehenden Wort und mit Abstand zum nachfolgenden.

kompreß setzen
Zeilenabstand und Punktgröße der Schrift sind identisch – wie in diesem Beispiel 7,5/7,5 pt

kontern
Seitenverkehrt darstellen

Kontur
Die Linienkontur um ein grafisches Zeichen, die in Layout-Programmen fest definiert, aber in Illustrations-Programmen frei gewählt werden kann.

Outline

Entfesselte Typografie

Schriftzeichen als grafisches Material

In den beiden PostScript-Grafik-Programmen Illustrator und FreeHand (beide ab der Version 3.0) können Schriftzeichen, deren Fonts als PrinterFonts im Systemordner liegen, mit dem Befehl *Create Outline…* bzw. *Zeichenwege…* in die PostScript-Pfade überführt werden.

Erstmals ist es möglich, an Hand der Bézier-Punkte, die jetzt für jedes Zeichen sichtbar sind, sehr genaue Gestaltungs-Eingriffe an Zeichen vorzunehmen.

Um im Illustrator den Pfad des Zeichens zu lösen und an die einzelnen Kurven zu kommen, wird nach dem Befehl *Create Outline…* auf das noch aktivierte Zeichen der Befehl *Release Compound* angewendet. (Der Befehl Compound betrifft die Punzen der Zeichen, die quasi aus der Outline ausgestanzt werden.)

In FreeHand werden die Zeichen durch den Befehl *Elemente trennen…* der weiteren Manipulation zugänglich.

1. Create Outline
2. Release Compound
3. Die PostScript-Pfade sind entfesselt

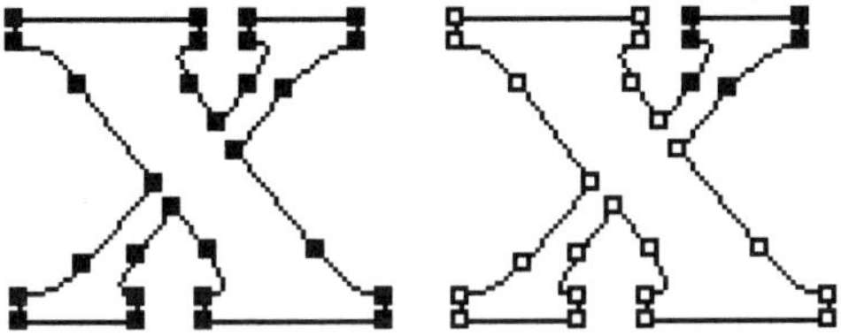

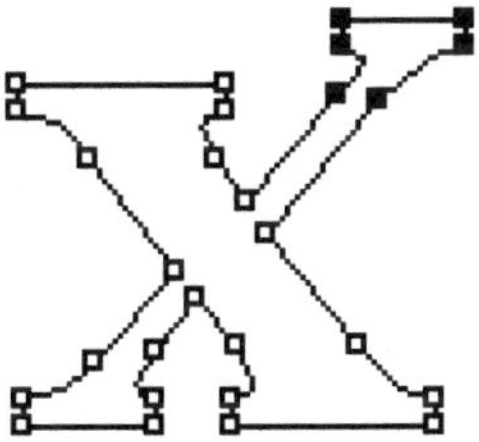

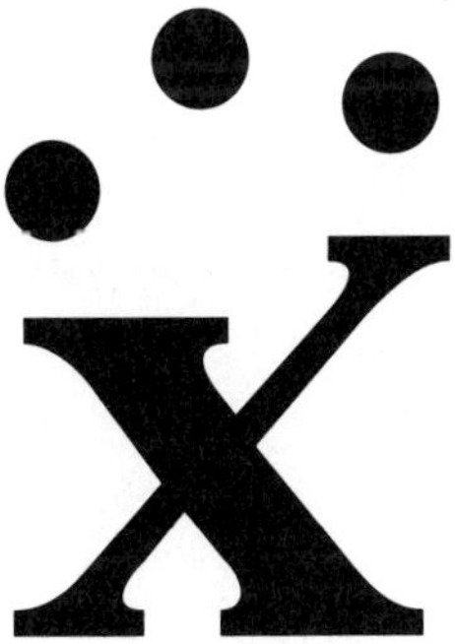

Kurrentschrift
Kursive Schreibschriften

Freestyle Script

Laufweite, letterspace
Abstand zwischen den Buchstaben eines Wortes. Automatisch voreingestellt oder manuell nachregulierbar. Siehe S. 252

Laut'ʃrift
Schriftzeichen, die in Wörterbüchern den Klang einer fremden Schrift simulieren.

Layout
Seitenaufbau und -gestaltung der verschiedenen Elemente einer Drucksache. Siehe Layout Tour

Legende
Bildunterschrift

Ligatur
(Lat. = ist verbunden) Laute, die zu einem Zeichen zusammengefaßt sind. Durch sie können gleichmäßigere Wortzwischenräume erzielt werden: Æ æ œ ß fi fl Typografie, ÆROflot

Linien
Können in Layout-Programmen direkt in den Text eingebunden werden. Eine Linie in gewünschter Länge ziehen und in aktiviertem Zustand ausschneiden, dann an die Stelle des blinkenden Text-Cursors setzen, und die Linie läuft als Grafik mit dem Text.

Konturen und Füllungen

Outline, Muster, Rasta basta!

Schriftzeichen können in Illustrator und FreeHand mit Rastern oder Farben und unterschiedlich starken und farbigen Konturlinien definiert werden, ohne daß die Zeichen dafür in die PostScript-Pfade umgewandelt werden müssen. (In Text- und Layout-Programmen gibt es nur eine Standard-Outline, die in ihrer Linienstärke nicht verändert werden kann.)

Nachdem Schriftzeichen in Zeichenwege überführt sind, können sie in FreeHand auf sehr einfachem Wege unter *Linie und Füllung…* mit Verlaufsrastern gefüllt werden. Ebenso ist die eigene Definition der Rasterart (Punkt oder Linie) sowie der Laufweite (in lines per inch) in FreeHand sehr komfortabel.

In beiden PostScript-Programmen können die «Schrift-Outlines» mit selbstdefinierten Mustern gefüllt werden. (Siehe dazu auch PostScript Tour.)

Beispiele aus FreeHand nach der Überführung in PostScript-Pfade.

Beispiele aus Illustrator an Hand «normaler» Schriftzeichen.
Die Relief-Effekte werden durch Kopieren und Verschieben unterschiedlich gerasterter Schriftzeichen erzeugt.

... noch Linien
Im PageMaker können auch andere Abbildungen in den Text integriert werden, wenn bei blinkendem Cursor *Positionieren...* mit eingebundener Grafik gewählt wird.
Siehe auch Layout Tour

Litho
In der Offsetdruck-Branche übliche Bezeichnung für gerasterte Filme (Farbseparation) als Vorlage für die Belichtung der Druckplatten.

Makrotypografie
Die typografische Anlage: Format, Layout, Größe und Plazierung von Satzkolumnen und Abbildungen.

Marginalien
Randbemerkungen

Mediävalziffern
Minuskelziffern, die sich besser dem Rhythmus eines Textes anpassen als Versalziffern. Durch Expert Fonts erweiterte Satzschriften bieten Mediävalziffern. Siehe S. 260
861 76 43

Mikrotypografie
Detailtypografie, die sich mit den Feinheiten der Zeichen-, Wort- und Zeilenabstände befaßt.

Mittelachse
Zentriert gesetzter Text

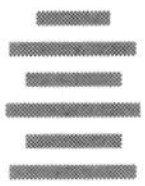

Verschmelzen und Verbinden

Auf zu neuen Ligaturen

In Illustrator und Free-Hand lassen sich Schriftzeichen, nachdem sie in PostScript-Pfade überführt sind, miteinander zu neuen Zeichen präzise an den Bézier-Punkten verbinden.

Eine sehr wertvolle Hilfe für Leute, die typografische Logos oder ähnliches entwerfen wollen und dabei auf vorhandene Schrift zurückgreifen möchten.

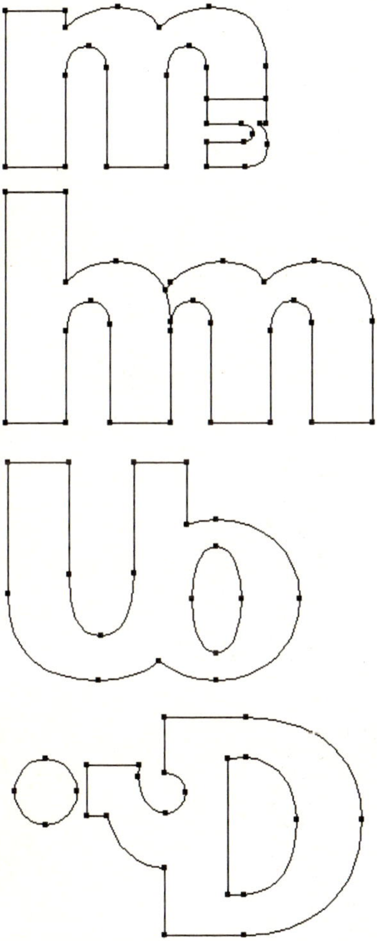

Mittellänge
Auch x-Höhe; die Höhe der Kleinbuchstaben ohne Ober- und Unterlängen.

Mustervorlage
Eine vorgefertigte Satzdatei (z.B. ein Layoutraster) mit ihren Druckformaten.

Oberlänge
Bezeichnet den Raum, der über die Mittellänge und Versalhöhe ragenden Schriftzeichen, z.B: bdfhkl

Offsetdruck
Flachdruck mit chemischer Trennung von Druck- und Leerfläche. Die Filme zum Belichten der Druckplatten sind positiv-seitenverkehrt.

Outline
1. Die Linien um ein Schriftzeichen.
2. Die editierbare Hülle digitaler Grafiken:

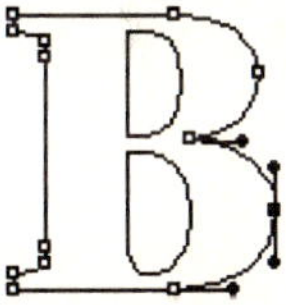

Pagina
Seitenzahlen, sind automatisch editierbar und werden in Layout-Programmen auf den Muster- oder Stammseiten angelegt.

Kreuz und Quer
mit Überlappung

Diese reversible Typo-Grafik ist in Illustrator 3.0 entstanden.
Dazu wird unter dem Menü Type, die Schrift mit dem Befehl *Create Outline...* behandelt und auf eine Fläche geschoben. Nachdem beide Elemente eine Farbe erhalten haben, wird der Befehl *Make Compound...* unter dem Menü Paint angewendet. Zum Schluß wird im Style-Window für das vorher mit dem Hohlpfeil aktivierte Rechteck das Feld *Reverse* angeklickt.

Um Schriftzeichen so zu überlagern, daß sie ineinandergreifen, müssen sie wieder in PostScript-Pfade umgewandelt sein.

Wenn ein Schriftzeichen sowohl im Vordergrund als auch im Hintergrund liegen soll, so muß es in Teile zerlegt werden. Soweit es ausreicht, kann das Zeichen jeweils an seinen schon vorhandenen Punkten getrennt werden, sonst müssen mit dem Schneid-Werkzeug (in der Additions-Stellung) zusätzliche Punkte auf den Pfad gebracht werden. Die zerschnittenen Teile der Schriftzeichen dürfen nicht wieder gruppiert werden, da gruppierte Teile nicht in verschiedenen Ebenen liegen können.

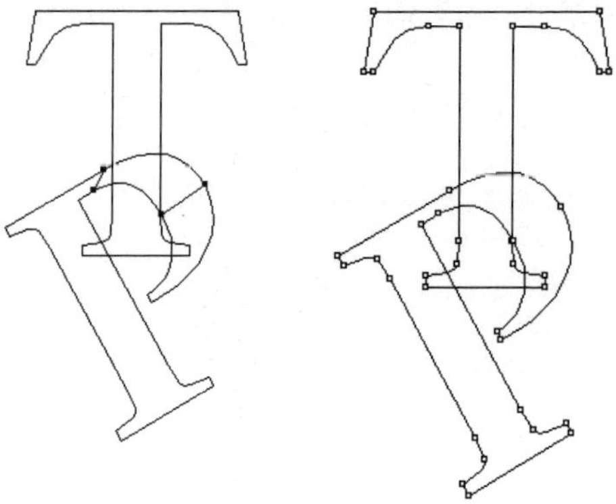

Passerkreuze,
registration marks
Werden unter den Druck-Optionen gewählt und gewährleisten bei belichteten Farbauszügen die passgenaue Montage übereinander. Crop marks sind die Beschnittzeichen.

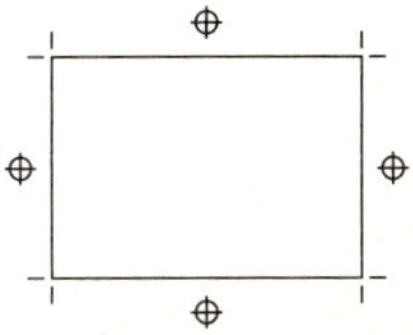

Pica-Point
Amerikanische Maßeinheit in Inch für DTP-Systeme;
1 Inch = 6 Pica;
1 Pica = 12 Point;
1 Pica-Point (pt) = 0,353 mm

Piktogramm
Ein bildhaft-verständliches grafisches Symbol, z.B.

PrinterFont
im System-Ordner abgelegte Datei, in der die PostScript-Informationen einer Schrift enthalten sind, die den Drucker oder Belichter steuern.

Proportional Schrift
Alle Zeichen haben ausgeglichene Abstände, im Gegensatz zu Schreibmaschinenschriften wie z.B. Courier

Typografie mit Bildern füllen

In FreeHand können Pict-, EPS-, Paint- und Tiff-Formate plaziert werden. Die beiden letztgenannten können ebenso wie im PageMaker nachbearbeitet, in Kontrast und Helligkeit verändert und gerastert werden.

Plazierte Bilder können auf einzelne Schriftzeichen oder auf Textblöcke gelegt werden.

Das obere Beispiel ist mit einem Paint-Format, das untere mit einem Halbtonbild im Tiff-Format hinterlegt.

In FreeHand: Der Text wird normal geschrieben und dann im aktivierten Zustand mit dem Befehl *Zeichenwege...* in die PostScript-Pfade überführt. Ein Bild, das in den Text gelegt werden soll, wird hinter diesen geschoben, aktiviert und ausgeschnitten. Anschließend wird der Text aktiviert und das Bild mit dem Befehl *Innen Einfügen...* hinter die Schriftzeichen gelegt.

Ein kleiner Trick, der Speicherplatz, Rechenzeit und Nerven spart: Im Illustrator wird aus einer weißen Fläche mit dem Befehl *Make Compound...* ein Wortbild ausgestanzt und anschließend im Layout-Programm über einem beliebigen Bild positioniert, das dann nur noch innerhalb der Schriftzeichen sichtbar ist.

Punkt.
Satzzeichen, das ohne Abstand zum Wort davor gesetzt wird.

Punktgröße
Die Angaben zur Größe einer Schrift. Hier existieren verschiedene Systeme, im DTP-Bereich ist das amerikanische Pica-Point-System vorherrschend. Siehe oben. Die in Deutschland gebräuchliche Bemaßung richtet sich nach dem Didot-Punkt. 1 Didot-Punkt = 0,375 mm

Punktraster
Auflösung einer Fläche in einzelne Punkte zur Erzielung von Halbtönen im Druck.

Punzen
Innenräume eines Buchstaben. Das Beispiel zeigt, daß die Punzen des fetten Schnittes kleiner sind. Deshalb wirken fette Schriften in Zusammenhang mit normalen auch kleiner und können etwas größer und mit engeren Abständen gesetzt werden.

Querformat
Ist breiter als hoch

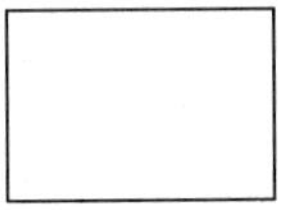

Dekonstruktivistische Typografie

Nachdem im Illustrator Schriftzeichen in ihre «Outlines» überführt wurden, können mit dem weißen Pfeil (der aus gruppierten oder verbundenen Zeichnungen Einzelteile aktiviert) einzelne Pfade herauskopiert, im Vordergrund eingesetzt *(Paste in front)* und über die Cursor-Tasten verschoben werden.
Im Preference-Fenster im Feld *Transform* kann der Wert (in cm, point oder inches) eingegeben werden, um den sich aktivierte Grafiken mit den Cursor-Tasten verschieben lassen.

Die PostScript-Pfade der «dekonstruktivistischen» Typen…

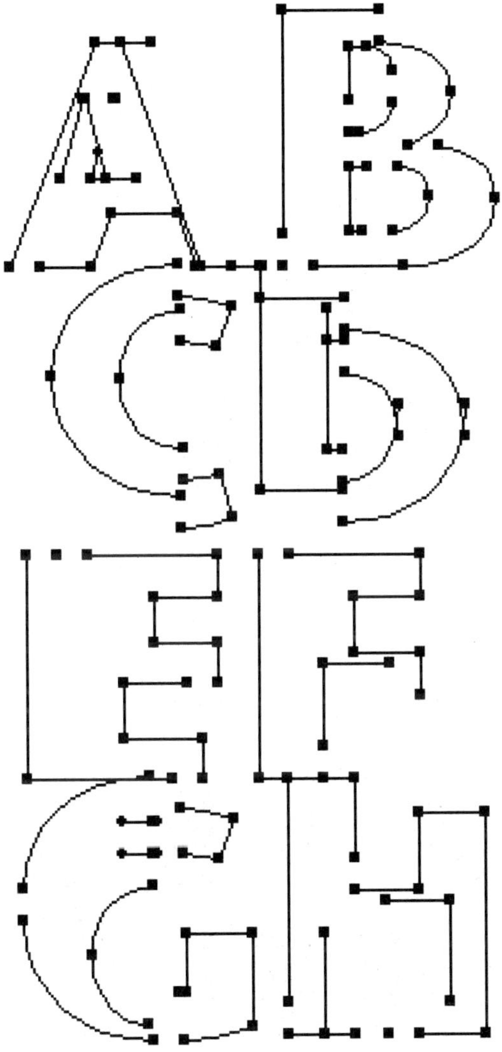

Raster
1. Siehe Layout-Systeme, Layout Tour
2. Rasterung von Halbton-Flächen. Jedes Raster wird durch seine Weite - z.B. lines per inch oder Linien pro cm - und seine Winkelung beschrieben.

Rauhsatz
Flattersatz mit Worttrennung. Die Texte dieses Buches sind in linksbündigem Rauhsatz gesetzt.

Register
Horizontale Gliederung im Zeilenabstand. Gewährleistet bei doppelseitigem Druck (wenn der Satzspiegel sich spiegelt), daß die Zeilen bei durchscheinendem Papier übereinander liegen. S. 295

Satzspiegel
Die zu bedruckende Fläche einer Seite, im Verhältnis zum unbedruckten Freiraum. Ist am Mac frei einstellbar.

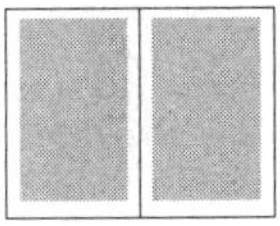

Satzzeichen
Interpunktion .,;:!?

Schmutztitel
Vortitel, ursprünglich zur Orientierung für noch nicht gebundene Bücher.

Schriftart
typeface, font
Bezeichnet die Familie einer Schrift, …

Type Aliens

Die Dynamischen unterm Apfel

TypeAlign

Ein geschriebenes Wort erhält Umrißlinien (siehe Plopp), an denen mit der Maus gezogen werden kann. Das Ergebnis ist sofort zu sehen. Die verzerrten Wortbilder können per Mausklick unterschnitten oder gesperrt werden und lassen sich in allen Farben anlegen.

Adobe TypeAlign ist ein kleines DA-Programm mit großen Eigenschaften, was alle grafischen Transformationen von Schriftzeichen angeht. Genau das Richtige für alle ehrfurchtslosen Mausanleger, die den Typobody mal so richtig in die Zange nehmen wollen.

Das Programm funktioniert nur, wenn gleichzeitig der Adobe TypeManager und Adobe PostScript Fonts im System Ordner zur Verfügung stehen. Dann jedoch kann TypeAlign Schriften in alle Richtungen drehen, verzerren, stauchen und... .

Die Ergebnisse können per *Copy*-Befehl gleich auf die Seite gebracht oder als Illustrator-Format gespeichert werden.

(Fortsetzung Schriftart)… z.B. Stone Sans als Schriftart, während Stone Sans regular ein Schriftschnitt ist.

Schriftfamilie
Bezeichnet die Gruppe aller familienangehörigen Arten einer Schrift, z.B.
Stone Sans
Stone Informal
Stone Serif
mit den jeweils dazugehörenden Schnitten: fett, halbfett, kursiv…

Schriftgrad, typesize
Schriftgröße in Pica Point, Punkt oder Millimeter

Schriftlinie, base line
Vgl. Grundlinie, auf der die Buchstabenkörper stehen.

Schusterjunge
Anfangszeile eines neuen Absatzes, die als letzte Zeile einer Spalte oder Seite erscheint.

ScreenFont
Bildschirm-Darstellung einer digitalen Schrift in z.B. 72 dpi Auflösung

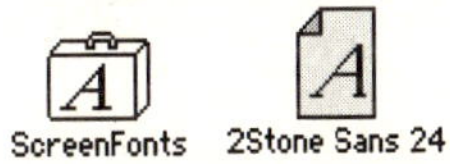

Der Koffer enthält die ScreenFonts in verschiedenen Schnitten und Größen. Wird er zweimal angeklickt, öffnet er ein Fenster, das die einzelnen Screenfonts zeigt. (Voraussetzung ist System 7.0)

Scharfe Typen
Bitmap-Schriften im ImageStudio «gefiltert»

Diese Beispiele sind Bitmap-Schriften, die als Paint-Formate ins Image Studio importiert wurden. Dort wurden sie mit den Filtern *Blur, Diffuse, Trace Edge, Star Lense…* manipuliert und als Paint-Formate gespeichert.

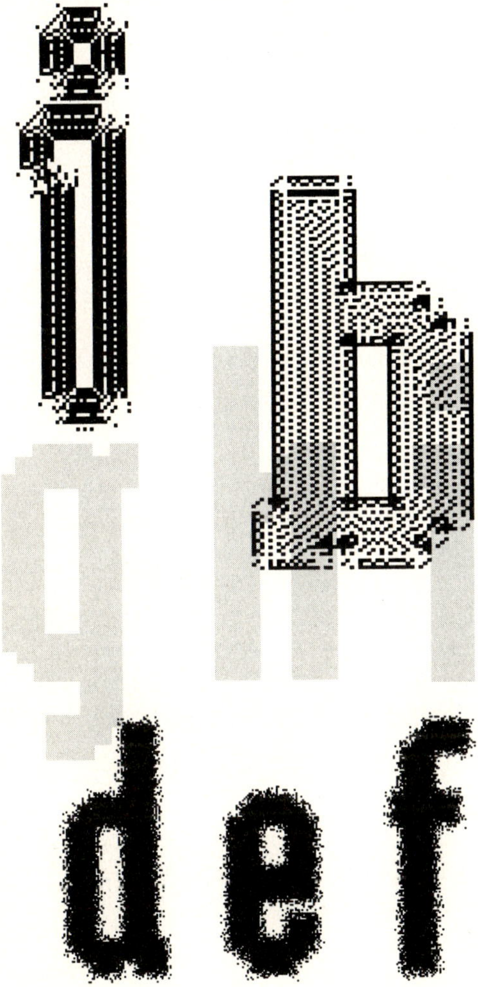

Semibold
Halbfette Schriftschnitte

Serifen
Fußstriche von Antiqua-Schriften. Serifenschriften können durch ihre Betonung der Schriftgrundlinie bei längeren Texten zu besserer Lesbarkeit beitragen.

Serifen

Siebdruck
Durchdruckverfahren, bei dem dickflüssige Farbe mit Hilfe einer Rakel durch ein belichtetes, partiell durchlässiges Sieb gerakelt wird. Die Film-Vorlage zur Belichtung des Siebes muß positiv-seitenrichtig sein.

Silbentrennung
In PageMaker und XPress kann die Silbentrennung flexibel eingestellt und den Druckformaten und Stilvorlagen der verschiedenen Schriftschnitte zugeordnet werden, die in einem Dokument Verwendung finden. Es können maximal aufeinanderfolgende Trennzeichen und die Silbentrennzone in mm bestimmt werden.

Spalte, column
Die vertikale Organisation eines Layouts

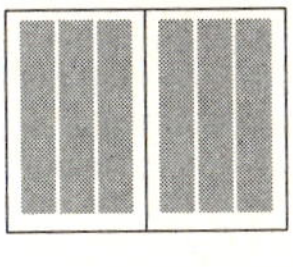

Font-Management am Mac
Wie kommt eine Schrift auf den Bildschirm?

Die Bitmap-Schrift Chicago sieht am Bildschirm und im Druck gleich aus.

Jeder, der am Bildschirm mit Schriftzeichen arbeitet, hat es mit Bildschirm-Schriften zu tun. Diese ScreenFonts oder Bitmap-Schriften werden immer in der Pixel-Auflösung des Bildschirms dargestellt. Eine reine Bitmap-Schrift, wie z.B. die Chicago, die bei Macintosh für Menü-Befehle am Bildschirm verwendet wird, hat auch im Ausdruck die Stufen, durch die Pixel-Grafiken gekennzeichnet werden.

Mit der Einführung von PostScript als Seitenbeschreibungs-Sprache, die jedes Element bis hin zum Schriftzeichen als «grafische Gestalt» aus Kurvenverläufen definiert, war die Druckauflösung einer Schrift nicht mehr durch die Bildschirm-Darstellung, sondern nur noch durch die Auflösung des Druckers selbst bestimmt. Eine PostScript-Schrift wird demnach auf einem 72 dpi Matrixdrucker in 72 dpi gedruckt, während sie auf hochauflösenden PostScript-Belichtern mit bis zu 2450 dpi gestochen scharf und den höchsten Satzanforderungen entsprechend aufs Papier beziehungsweise als Druckvorlage auf den Film gebracht werden kann.

Stone Informal in 12 pt als ScreenFont am Bildschirm...

... und hochauflösend belichtet und gedruckt.

Da auch PostScript-Schriften am Bildschirm nur «gepixelt» dargestellt werden können, gehört zu jeder Schrift ein ScreenFont, der den Schrift-Charakter bestmöglich darstellt.

Ohne ScreenFont ist am Macintosh keine Schrift benutztbar, erst dieser teilt dem System die Verfügbarkeit der Schrift mit, so daß sie in Programmen gewählt werden kann. Die ScreenFonts verbergen sich in den kleinen Köfferchen und enthalten meist die Schriftgrößen 9, 10, 12, 14, 18 und 24 pt.

Alle Betriebssysteme vor System 7.0 integrieren Schriften mit dem Font/ DA-Mover ins System.

Der Koffer wird zweimal angeklickt und öffnet automatisch den Font/ DA-Mover, der als Zubehör zur System-Software bei Macintosh gehört.

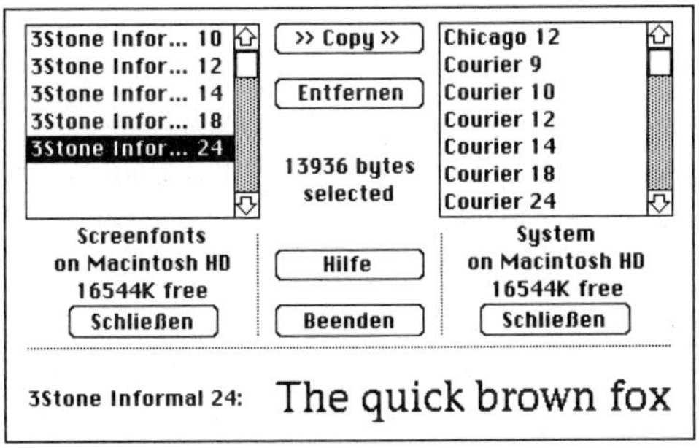

Auf der linken Seite erscheinen die Schriften des Screenfonts. Auf der rechten Seite wird mit dem Befehl *Öffnen...* das System im Systemordner geöffnet.

Im Fenster des Köfferchens können mehrere Schriften durch Anklicken bei gedrückter Shift-Taste aktiviert und mit dem *Copy*-Befehl ins System intergriert werden.

Spaltenabstand
Column space, Abstand zwischen Satz-Kolumnen

Spaltenbreite
Die Spaltenbreite entscheidet über die Anzahl der Zeichen in der Zeile. Es gibt eine Regel, nach der nicht weniger als 25 und nicht mehr als 75 Zeichen pro Zeile als gut lesbar gelten.

spationieren
Buchstabenabstände eines Wortes manuel ausgleichen. Siehe Seite 253

sperren
Buchstabenabstände vergrößern: S P E R R E N

Stege
Die Freiräume einer Seite vom Satzspiegel zu den Blattkanten: Bund-, Fuß-, Kopf- und Seitensteg.

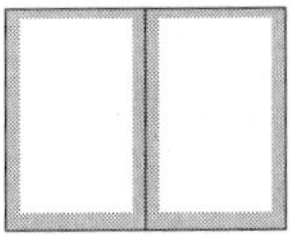

Strichpunkt; Semicolon
Unterteilt einen Satz in Sinnabschnitte

Symbolschrift
z.B. Cairo oder Carta:

Tabulatoren, Tabs
Einstellbare Abstände zur linken Textspaltenkante, die durch die Tabulator-Taste ausgelöst werden. In Dialogfeldern aktiviert sie numerische Felder.

To see what you get
Große Typen ohne Zacken

Die PrinterFonts der Post-Script Schriften werden im System-Ordner abgelegt.

Der Adobe TypeManager stellt Adobe PostScript Schriften, deren Printer-Fonts im SystemOrdner liegen, am Bildschirm in jeder Größe in guter Auflösung dar. So müssen nicht alle Größen der ScreenFonts einer Schrift installiert werden, prinzipiell genügt einer. Wenn häufig mit Größen gearbeitet wird, die auch als ScreenFont vorhanden sind, sollten sie trotz TypeManager installiert werden, da sie den Bild-Aufbau beschleunigen.

Nachdem die ScreenFonts in das System integriert sind, müssen bei der Verwendung von PostScript-Schriften noch die Printer-Fonts an die richtige Stelle gebracht werden. Eine PostScript-Schrift besteht aus mehreren Dateien: Den erwähnten Screen-Fonts, den PrinterFonts, die dem PostScript-Drucker oder-Belichter die Daten der Schrift mitteilen, und den AFM-Files, das sind Textdateien, in denen Informationen zu Längen und Abständen der Zeichen enthalten sind, die jedoch für die normale Anwendung keine Bedeutung haben.

Die PrinterFonts liegen für jeden Schnitt der Schrift extra vor und werden im System-Ordner abgelegt.

Da bei der Verwendung der Schriften am Bildschirm stets nur jene Punktgrößen gut lesbar abgebildet werden, die auch als ScreenFont installiert sind, hat der Anwender bei allen abweichenden Größen mit den Treppenstufen zu kämpfen, die von den Programmen bei der Vergrößerung hinzugefügt werden. Durch Verwendung des Adobe TypeManagers kann diesem Problem abgeholfen werden. Prinzipiell wird jeder, der mit PostScript-Schriften arbeitet, auch den TypeManager installieren, indem er das Programm einfach im System-Ordner ablegt, wo es sich selbständig installiert.

Links die Darstellung einer 120 pt Stone Serif Semibold mit TypeManager, rechts ohne.

Stark vergrößerte 18 pt Stone Serif Semibold.

ScreenFonts sind aus Pixeln aufgebaut. Der TypeManager versucht, die Bildschirm-Darstellung weitgehend der originalen Form anzupassen. Manuelles Unterschneiden oder Ausgleichen ist am Bildschirm nur mit einer Darstellung machbar, wie sie TypeManager erzeugt.

Adobe Type Manager ist in der neuesten Version (höher als 2.0) auch unter System 7.0 verwendbar.

Textverarbeitung
Das Editieren und Formatieren von Texten sowie die automatische Fehlerkorrektur. Alle Layout-Programme verfügen über eingebaute Text-Editoren, so daß kürzere Texte auch im Layout-Programm erfaßt und korrigiert werden können.

Typografie
Im weitesten Sinne die Gestaltung von Mitteilungen in Schriftform mittels Schriftzeichen, Bild, Linie, Fläche, Farbe und Papier.

Typometer
Eine Maßlehre zur Ermittlung von Schriftgröße, Zeilenabstand, Zeilenzahl. Z.B. das DTP-Typomaß mit Inch- und Pica-Scala und ausführlichem Beiheft.

Umbruch
Zuordnung von Text- und Bildmaterial in die Seitengestaltung. DTP-Technik ermöglicht das parallele Bearbeiten der Elemente am Bildschirm.

Umbruchsystem
Layout-Raster, das die Zahl und Breite der Spalten vorgibt und die registerhaltige Anordnung der grafischen und typografischen Elemente auf einer Seite ermöglicht.

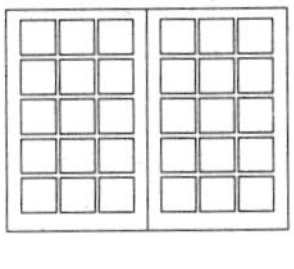

Suitcase und Juggler

Koffer-Handling

Suitcase™ II

Font/DA Juggler

Auch für die Installation der ScreenFonts über den Font/DA Mover gibt es eine Alternative. Es ist einsichtig, daß ein System, in dem viele Schriften installiert werden, mit der Zeit immer größer und damit immer langsamer wird. Zwei Programme umgehen dieses Problem, indem sie Schriften nicht fest ins System einbinden, sondern ihm nur den Weg beschreiben, an dessen Ziel die ScreenFonts zu finden sind.

Suitcase II und Font/DA Juggler sind beide DA-Programme, d.h. Programme, die unter dem Apfel über jeder geöffneten Applikation benutzt werden können.

Suitcase oder Juggler sind die ersten Programme unter dem Apfel-Menü. Wird Suitcase geöffnet, so erscheint zunächst ein Übersicht-Fenster, in dem zwischen DA (den Desktop-Accesoires), Fonts, Fest-Tasten-Einstellungen und Sound gewählt werden kann.

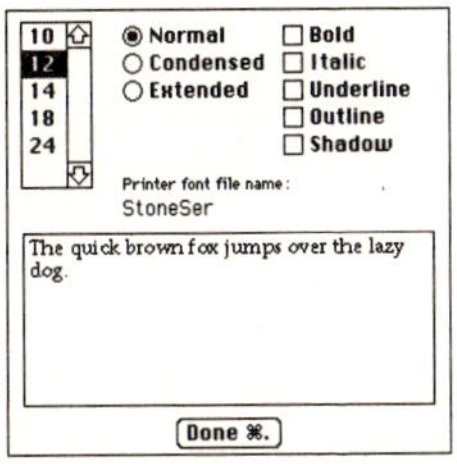

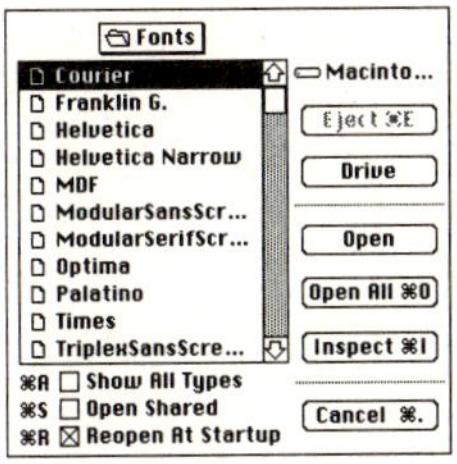

Wird Fonts angeklickt, so zeigt eine Liste alle momentan verfügbaren ScreenFonts. Jeder dieser Fonts kann über die Befehls-Taste *Show* näher inspiziert werden: Ein Fenster zeigt, in welchen Größen die Screen-Fonts vorliegen und wie sie aussehen.

Um über Suitcase dem System eine Schrift anzubinden, wird einfach der Befehl *Suitcases...* ausgelöst. Im darauf folgenden Fenster sucht man sich den Ordner, in dem Fonts abgelegt sind, klickt den gewünschten zweimal an, und schon ist die Schrift am Bildschirm verfügbar.

Beide Programme, Suitcase und Juggler, sind in ihren neuesten Versionen auch unter System 7.0 verwendbar.

Unterlänge
Buchstabenteil unter der Grundlinie, z.B. pgjy

unit
Kleinster Baustein eines Layoutrasters, in den eine bestimmte Zeilenanzahl paßt und an dem Bildmaterial in Höhe oder Breite orientiert werden kann.

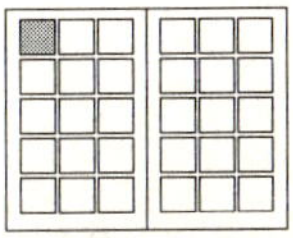

Untertitel, subtitle
Erschließt die zweite Zugangsebene zum Thema. Der Untertitel sollte typografisch anders behandelt sein als der Haupttitel.

unterschneiden
Das manuelle Verkleinern der Abstände zwischen den Buchstaben eines Wortes.
UNTERSCHNEIDEN

Vakatseite
Leerseite, z.B. Rückseite des Schmutztitels

Versalien, caps
Majuskel, Großbuchstabe

Versalhöhe
Höhe der Großbuchstaben, die bei unterschiedlichen Schriften trotz gleicher Punktgröße nicht identisch ist. (Ausnahme Berthold-Schriften)

Fonts unter 7.0

Wie PostScript-Fonts ohne Font/DA Mover installiert werden

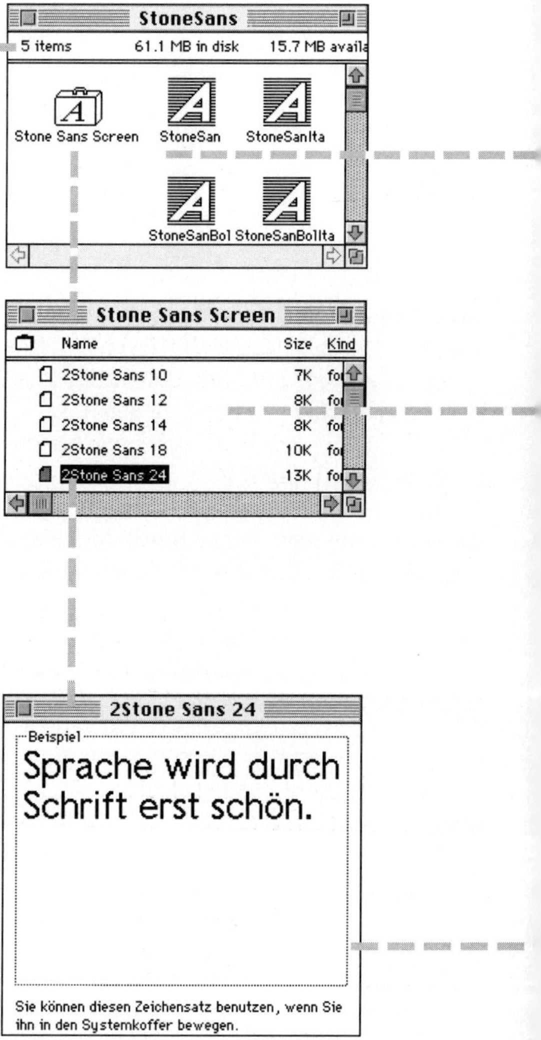

Installation von PostScript-Schriften unter System 7.0:

1. Der Ordner (oder die Diskette), der ScreenFonts und PrinterFonts enthält, wird durch Doppelklick geöffnet.
2. Die PrinterFonts werden direkt in den Systemordner kopiert, der sie selbständig an den richtigen Platz ordnet.
3. Ein Schriftenkoffer kann jetzt durch Doppelklick geöffnet werden. Hier können einzelne ScreenFonts ausgewählt und direkt ins System kopiert werden, indem ihre Icons auf das System-Icon geschoben werden.

Auch das ist neu: Doppelklick auf einen ScreenFont zeigt, wie er aussieht.

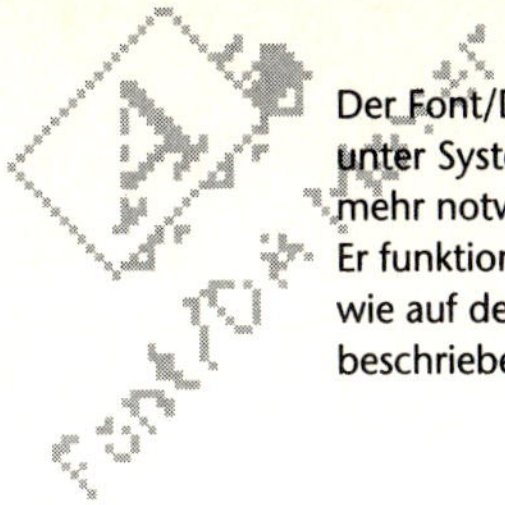

Der Font/DA Mover ist unter System 7.0 nicht mehr notwendig.
Er funktioniert trotzdem wie auf den Vorseiten beschrieben.

Der Systemordner ist jetzt wirklich ein «Ordner». Selbstständig verteilt er Dateien in die passenden Unter-Ordner.

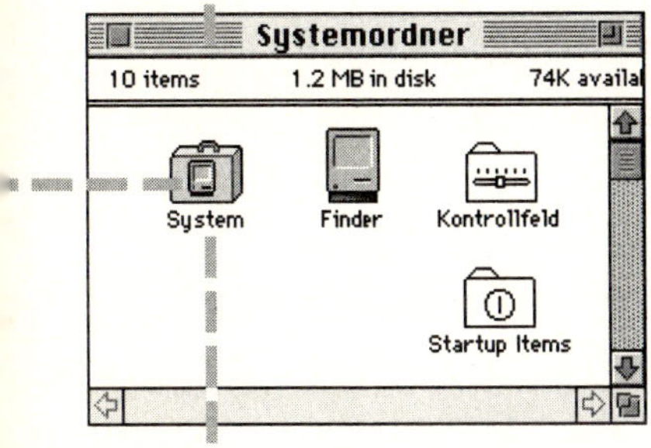

Auch das System kann durch Doppelklick geöffnet werden und zeigt dann ScreenFonts und Systemsounds.

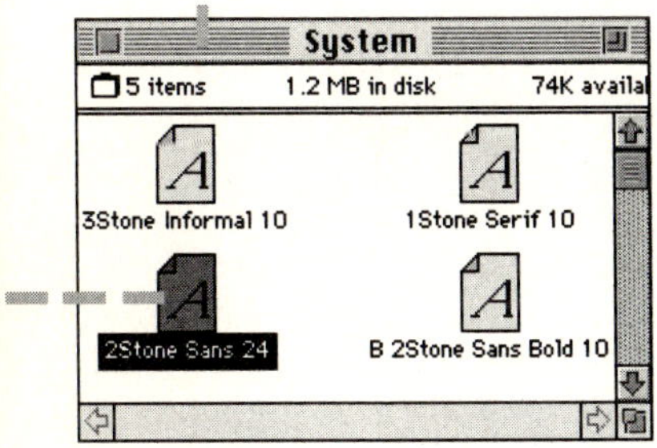

Versalsatz
Text gesetzt aus Großbuchstaben;
VERSALSATZ KANN FÜR DIE BESSERE LESBARKEIT GRÖSSERE ABSTÄNDE ZWISCHEN ZEILEN UND WÖRTERN VERTRAGEN.

Viertelsatz
Satz mit einem Viertelgeviert als Wortabstand

Wortzwischenraum, wordspace
Abstand zwischen einzelnen Wörtern, der sich in Layout-Programmen und im Illustrator nach Prozent einstellen läßt.
Der Wortzwischenraum sollte immer kleiner als der Zeilenabstand sein, um nicht «zwischen den Worten zu lesen» und damit sich keine Rinnsale im Text bilden.

Zeichenlage
Beschreibt die Stellung von Zeichen: Hoch-, Tief- oder Normalstellung.
Vgl. Exponent

Zeichensatz, Font
auch Garnitur; Buchstaben, Zahlen, Satzzeichen und andere typografische Symbole in gleichartiger Gestaltung

Zeile, line
Die Reihe von Zeichen, die nebeneinander in einer Textspalte stehen.
Eine gut lesbare Zeile sollte nicht weniger als 25 und nicht mehr als 75 Zeichen fassen.

TrueType oder PostScript?

ScreenFont

PrinterFont

Für die Benutzung von PostScript-Schriften sind pro Schriftschnitt zwei Dateien notwendig: Der ScreenFont für die Bildschirm-Darstellung, der PrinterFont, der die notwendigen Informationen für den hochauflösenden Druck an PostScript-Druckern oder -Belichtern enthält.

Gleich voran: Beide Schrifttechnologien können – miteinander gemischt – im gleichen System, im selben Programm oder Dokument verwendet werden.

Worin besteht nun der Unterschied zwischen PostScript-Schriften und TrueTypes? PostScript-Schriften benutzen zwei Dateien, eine für die Bildschirm-Darstellung und eine für den Druck. Wird eine PostScript-Schrift auf einem PostScript-Laserdrucker ausgeben, so geht das unproblematisch, solange der PrinterFont vom System gefunden wird. Soll sie jedoch auf einem Nicht-PostScript-Drucker ausgegeben werden, ist das Druckbild identisch mit der Bildschirm-Darstellung. Die Drucker-Auflösung spielt dabei keine Rolle.

Sowohl für eine bessere Bildschirm-Darstellung von Schriftgrößen, die nicht als ScreenFonts vorliegen, als auch beim Druck auf Nicht-PostScript-Druckern hilft Adobe TypeManager aus der Pixel-Klemme. Der TypeManager errechnet aus dem PrinterFont die bestmögliche Darstellung.

TrueTypes bestehen aus einer Datei pro Schriftschnitt, die sowohl die Bildschirm-Darstellung als auch die Druckausgabe ermöglicht. Dabei sind TrueTypes voll kompatibel mit PostScript-Druckern und

-Belichtern, können aber auch – und das ist für den Anwender eine nicht zuletzt kostengünstige Innovation – hochauflösend auf Nicht-PostScript-Druckern ausgegeben werden. Als System-Bestandteil ist TrueType seit 7.0 fest integriert. Für die Zeichenqualität von TrueTypes gilt letztendlich das gleiche wie für PostScript-Fonts: Die Programmierung entscheidet darüber, welche Figur das Schriftzeichen auf Film oder Papier macht.

TrueType-Fonts liegen pro Schriftschnitt als eine Datei vor, gekennzeichnet durch ein dreifaches A. Ein Doppelklick öffnet die Datei und zeigt drei integrierte ScreenFonts. Unter 7.0 werden TrueType-Fonts installiert, indem die Icons der gewünschten Schriftschnitte auf das System-Icon geschoben werden. TrueTypes lassen sich ebenso wie PostScript-Schriften mit Suitcase verwalten.

Sofern vorhanden, können auch die ScreenFonts von PostScript-Schriften verwendet werden, da ein «handgeschnitzer» ScreenFont meist besser läuft als ein Errechneter.

Zeilenabstand, linespace
Der Abstand von der Grundlinie einer Zeile zur Grundlinie der nächsten. Der automatische Zeilenabstand in Textprogrammen beträgt 120% der Schriftgröße. Der Zeilenabstand kann in Layout-Programmen nach Punkt-Angaben verändert werden.

Zeilenschaltung
Bricht die Zeile manuell um und setzt die Schreibmarke an den Anfang der nächsten. Bei der Verwendung von automatischen Formatierungen (z.B. Einzügen) wird durch die Zeilenschaltung ein neuer Absatz begonnen. In vielen Programmen läßt sich die Zeilenschaltung durch Steuerzeichen anzeigen. Eine «weiche» Zeilenschaltung, die keinen Umbruch bewirkt, wird mit gleichzeitig gedrückter Shift-Taste erreicht. Eine Zeilenschaltung wird durch die Reset-Taste rückgängig gemacht.

Ende

Layout Tour

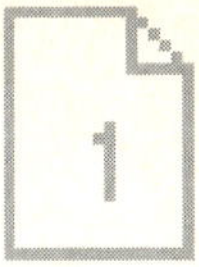

Satzspiegel
Keine Angst vor leeren Seiten

Layout Planung

Am Beginn der Planung eines Layouts steht die Festlegung des Satzspiegels. Er bestimmt das Verhältnis der bedruckten Fläche zur freibleibenden Fläche einer Seite. Text und Bild werden innerhalb des Satzspiegels angeordnet (es sei denn, daß Abbildungen über den Bund der Doppelseite oder im Anschnitt über die Seitenränder hinaus stehen), während Pagina und Kolumnentitel, Registerbalken und ähnliches außerhalb des Satzspiegels stehen.

Satzspiegel und Format

Der Satzspiegel trägt viel zur Erscheinung einer Seite bei. So kann ein Buch bei gleichem Format höher oder breiter wirken – je nach den Maßen und der Stellung des Satzspiegels. In der Vergangenheit haben verschiedene Typografen Regeln entwickelt, nach denen ein Satzspiegel konstruiert werden kann. Wie es Regeln so an sich haben, sind auch diese nicht unbedingt immer anwendbar. Gerade, wenn sie ästhetischen Gleichungen, z.B. dem goldenen Schnitt entspringen, können sie das Gefühl des Gestalters beruhigen, stehen jedoch selten inhaltlich im Zusammenhang mit einer Drucksache. Der beste Weg ist es, die Parameter für Inhalte und ihre Präsentation, sowie für den Gebrauch und Einsatz zu überlegen, um daraus die Gestaltungsregeln – Satzspiegel, Layoutraster und die zu verwendenden Schriften – abzuleiten.

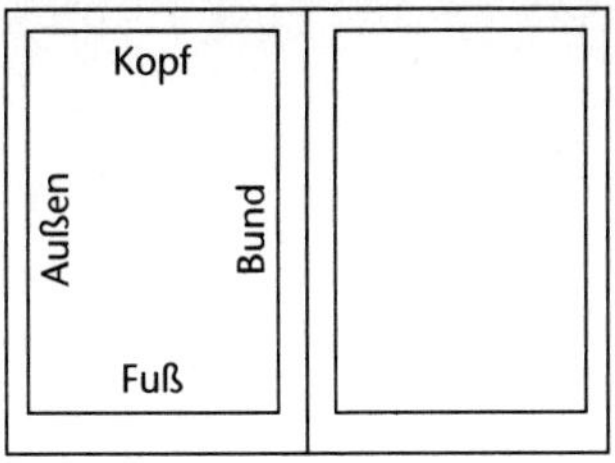

Dreidimensionalität

Bei der Doppelseiten-Gestaltung am Bildschirm wird leicht aus den Augen verloren, daß ein Buch (oder eine Zeitschrift) im Gebrauch ein dreidimensionaler Gegenstand ist, der nicht nur gelesen, sondern auch «gehandhabt» werden soll. Abhängig vom Format wird es handgehalten, flach auf dem Tisch oder im Schoß liegend gelesen. Der Daumen, der das Buch hält, wird genügend Platz am Rand verlangen, und je nach Art der Bindung – ob geklebt oder fadengeheftet – sollte die Breite des Bundstegs gewährleisten, daß Texte nicht in der Wölbung verschwinden. Der Fußsteg kann proportional den meisten Raum, der Kopfsteg den geringsten einnehmen.

Gestaltung und Inhalt

Wie oben erwähnt, steht der Satzspiegel im Zusammenhang mit dem Inhalt: Handelt es sich um ein reines Textwerk, so muß der Satzspiegel in der Horizontalen nicht weiter unterteilt werden. Einspaltig läuft der Textfluß durch das Buch und seine Kapitel. Dabei wird die Wahl der Schrift, ihre Laufweite, Größe, Durchschuß und Zeichenzahl einer Zeile ebenfalls Einfluß auf die Maße des Satzspiegels haben.

Zeilenabstand

Bei stark durchschossenem Satz (ein helles Textbild mit großem Zeilenabstand) empfehlen sich breitere Ränder zu den Blattkanten als bei einem kompressen Satz (dunkles Textbild).

Zeilenlänge

Die Länge einer Zeile sollte bestimmte Größen nicht unter- oder überschreiten. In Fließtexten lesen wir nicht nach einzelnen Worten, sondern in Sinnzusammenhängen. Wo eine Zeile zu lang wird, verliert das Auge seinen Halt bei der Suche nach der darauffolgenden, wo sie zu kurz ist, fängt es an zu stottern. Angenehm zu lesen sind Texte mit einer Zeichenzahl zwischen 35 und 70 auf einer Zeile. Selbstverständlich gibt es hier Ausnahmen, wenn ein Gestalter durch den Satz des Textes die Aufmerksamkeit steigern oder die Aussage durch das Textbild unterstreichen will.

Illustrierte Bücher

Bei Sachbüchern – oder stark bebilderten Büchern – in denen Abbildung, Fließtext, Marginalien oder Legenden verwendet werden, wird der Gestalter den Satzspiegel in Spalten unterteilen und die Register zu einem Raster zusammenfassen. In diesem Fall spricht man von einem Layoutraster oder Umbruchsystem.

Satzspiegel und Register

Grundraster im Layout

Das graue Feld im Hintergrund zeigt den Satzspiegel des vorliegenden Buches. Die Linien zeigen das Register oder Grundraster der verwendeten Grundschrift, die in einem Zeilenabstand von 12 pt läuft.

Bei der Planung eines Satzspiegels im Layout-Programm spielt der Zeilenabstand der Grundschrift eine wichtige Rolle: So sollte darauf geachtet werden, daß die Zeilen vollständig in den Satzspiegel passen. Zur Vereinfachung der Berechnung und Messung läßt sich sowohl im PageMaker als auch in XPress das vertikale Lineal unabhängig vom horizontalen Lineal auf Pica-Point einstellen.

Layoutraster oder Umbruchsystem

Als Layoutraster oder Umbruchsystem wird die Struktur bezeichnet, innerhalb der die verschiedenen Elemente einer Drucksache in bestimmten Verhältnissen zueinander auf den Seiten stehen. So wie der Satzspiegel den Rahmen für die Elemente einer Seite vorgibt, begründet das Layoutraster die innere Organisation.

Das vorliegende Buch ist nach dem abgebildeten Raster gestaltet. Jedes Layoutraster steht in engem Zusammenhang mit dem Material, das untergebracht werden soll, sowie mit Schriftgrad und Zeilenabstand der Grundschrift.

Das Raster vereinfacht die durchgängige Gestaltung einer Drucksache. Wo Bild und Text in einem mehrspaltigen Layout eingesetzt werden, sorgt es dafür, daß die Elemente zueinander Register halten.

Das Raster stellt also keine Einschränkung dar, sondern bietet einen Baukasten, in dem die Elemente flexibel positioniert werden können. Dabei hat ein Raster stets dienende und nicht vorrangige Funktion. Text und Bild-Elemente auf einer Seite sind nicht Blöcke unterschiedlicher Helligkeit, sondern transportieren Inhalte. Darum sollte die Darstellung des Inhalts stets den Vorrang gegenüber dem Ordnungsprinzip behalten und vom Raster abweichen, wo es der «Präsentation» nutzt.

Wer also ein Layoutraster gestalten will, wird seinen Satzspiegel dem Zeilenabstand, diesen der Anzahl der Rasterfelder und umgekehrt anpassen, bis die Einteilung des Rasters stimmt. So ist im vorliegenden Fall ein 3 x 5 Raster gebildet, bei dem die Höhe der Rasterfelder 7 x 12 = 84 pt beträgt und sieben Zeilen der Grundschrift aufnimmt.

Nicht jedes Raster eignet sich für jedes Material. In diesem Buch, für das die meisten Abbildungen auch von uns erstellt wurden, geht eine Struktur, die annähernd auf einem Quadrat beruht, auf. Wo jedoch viel mit Abbildungen anderer Autoren gearbeitet wird, z.B. Fotografien, die als gesamtes einen vom Fotografen beabsichtigten Aussagewert besitzen, sollte das Raster entsprechend der Bildvorlagen gewählt werden. Empfehlenswert ist hier ein Raster, das sowohl quadratische als auch rechteckige Formate zuläßt, in dem die Abbildungen montiert werden können, ohne sie zu beschneiden.

Layout Vorgaben

Druckformate, Stilvorlagen und Musterseiten

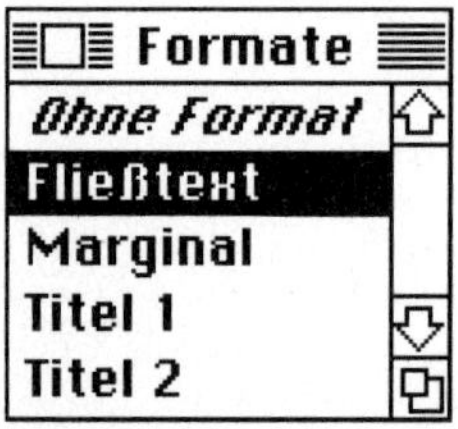

Im PageMaker können Schriften für ein Dokument unter *Druckformate definieren...* festgelegt werden.

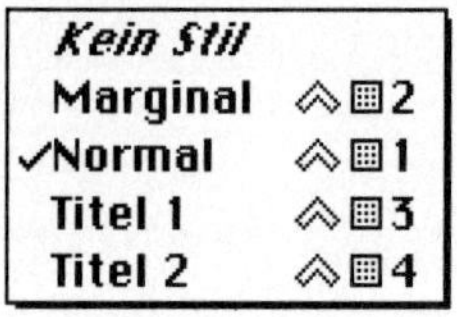

In XPress heißen die definierten Layoutschriften Stilvorlagen und sind als PopUp-Menü unter *Stilvorlagen* oder durch einen selbstdefinierten Tastaturbefehl erhältlich.

Alle Schriften, die in einem Layout-Dokument verwendet werden sollen, können als Druckformate oder Stilvorlagen definiert werden. Dabei lassen sich alle relevanten Merkmale bestimmen: Schriftgröße und -schnitt, Zeilenabstand, Satzart, Buchstaben- und Wortabstände, Trennungsoptionen, Einzüge, Farbe und weitere Einstellungen.

Die Definition als Format bietet den Vorteil, daß mit einem Mausklick oder einem Tastaturbefehl alle gewählten Einstellungen auf einen aktivierten Textblock angewendet werden. Außerdem lassen sich nachträglich die Formate verändern und werden dann automatisch vom Programm auf alle schon formatierten Textteile angewendet.

Wird mit einem Layoutraster gearbeitet, so stehen die Wahl der Zeilenabstände und Punktgrößen der Schriften in engem Zusammenhang mit dem Aufbau des Rasters. Ober- und Unterkante der Raster-Felder sollen mit den Zeilen alinieren und gewährleisten, daß auch bei Textblöcken, die in unterschiedlichen Rasterfeldern beginnen, die Zeilen in einer Linie stehen.

Zum Beispiel dieses Buch

Die Höhe eines Rasterfeldes beträgt 84 Pica-Point (pt). Die Grundschrift mit einer Größe von 9 und einem Zeilenabstand von 12 pt geht mit sieben Zeilen genau in ein Rasterfeld. Der Abstand zwischen den Rasterfeldern ist gleich groß dem Zeilenabstand gewählt, ebenfalls 12 Pica-Point.

Die hier verwendete Marginal-Schrift geht bei einer Größe von 7,5 und einem Zeilenabstand von 9,6 Pica-Point mit zehn Zeilen von einer Rasteroberkante zur nächsten. So ist auch bei unterschiedlichem Durchschuß von Grundschrift und Marginalschrift die Orientierung beider Schriften am Layoutraster gewahrt.

In PageMaker oder X-Press wird das Layout-Raster auf den Stamm- oder Musterseiten mit Hilfe von Spalten und Hilfslinien erstellt und ist dann auf allen weiteren Seiten des Dokuments verfügbar. In beiden Programmen können den Hilfslinien «magnetische» Eigenschaften gegeben werden, die ein genaues Positionieren der Elemente vereinfachen.

Ebenso werden die automatische Pagina, Kolumnentitel und weitere Layout-Elemente, die auf allen Seiten verfügbar sein sollen, auf den Musterseiten angelegt.

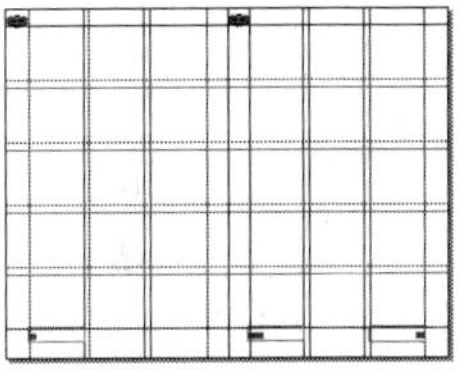

Die Musterseiten aus XPress in den Layoutdokumenten für das vorliegende Buch.

Die PageMaker-Arbeitsfläche

Ein Schreibtisch wie im richtigen Leben

PageMaker 4.0

Bilder und Texte werden über den Befehl *Positionieren...* unter dem Menü Datei auf die Seite gebracht.

Die wichtigsten Werkzeuge im PageMaker sind Pfeil und Maus: Alle Elemente lassen sich frei auf der Seite anordnen und verschieben.

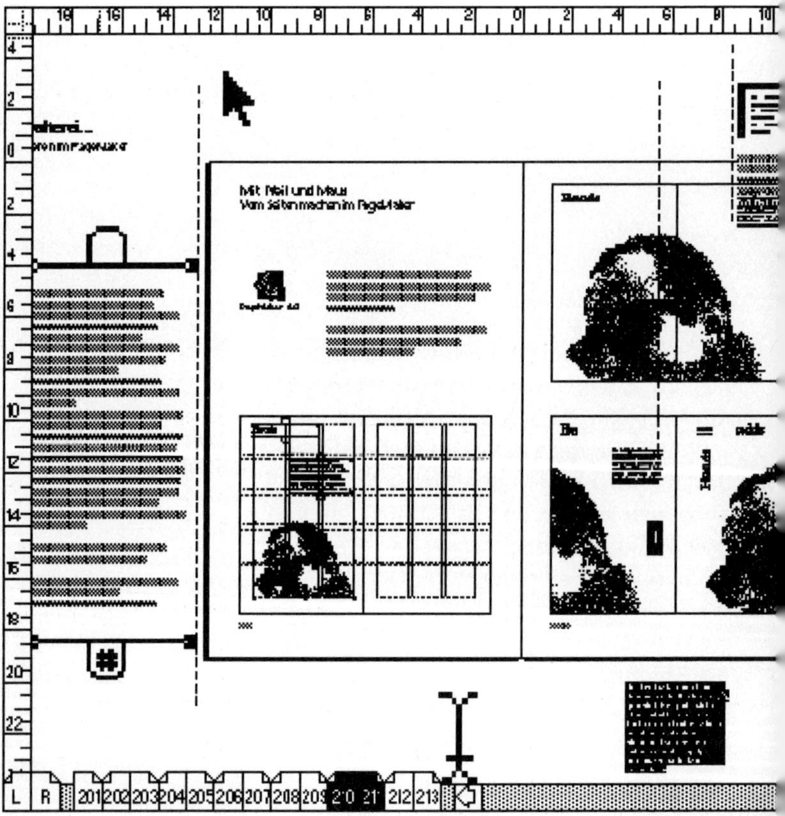

Die Fläche um das Dokument herum kann vollständig als Montage-Ablage benutzt werden. Dabei zeigt das Programm jedoch nur eine Doppelseite des Dokuments. Alle Elemente die außerhalb der Seite liegen, sind auch beim Umblättern vorhanden. So kann Material auch ohne Kopieren oder Ausschneiden von einer Seite zu einer anderen transportiert werden.

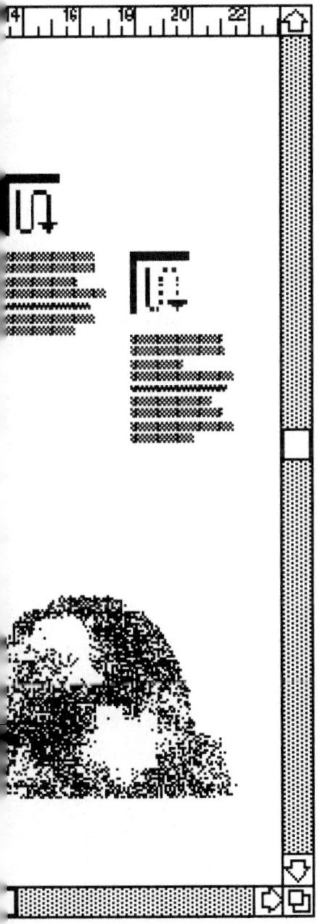

Die Werkzeug-Box (Funktionen) ist im PageMaker ein auf dem Bildschirm frei bewegliches Window. Hier befinden sich der Pfeil zum Aktivieren und Verschieben der Elemente, das Textwerkzeug, ein Cutter zum Beschneiden von Bildern und die Werkzeuge für Flächen und Linien.

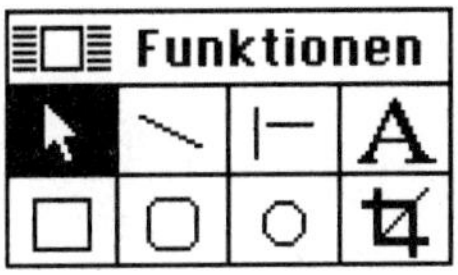

Weitere bewegliche Fenster auf der Arbeitsfläche sind das für Druckformate – hier können die Schriftarten für ein Dokument festgelegt und so ohne Umweg über die Menüs auf Texte angewendet werden – und das Fenster für selbstdefinierte oder aus der Pantone-Palette entnommene Farben.

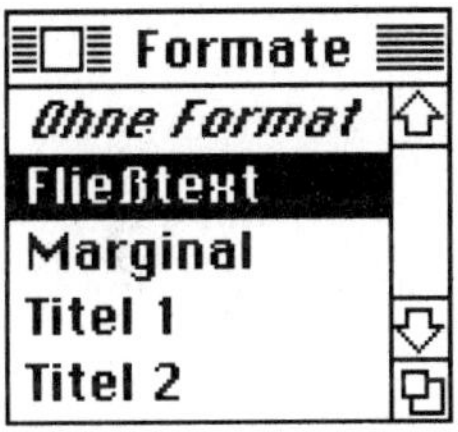

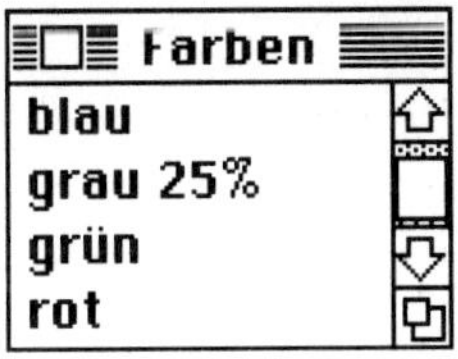

Seiten einrichten im PageMaker

Wie man sich bettet, so setzt man

Für ein neues Dokument wird das Format und die Seitenbegrenzung festgelegt. Das Fenster erscheint automatisch, wenn eine *Neue Datei...* gewählt wird – und kann unter dem Menü Datei als Befehl *Seite einrichten...* aufgerufen werden.

Neben DIN-Formaten können freie Formate bis zur Maximalgröße einer Seite von 431 x 558 mm gewählt werden. Der Umfang eines PageMaker-Dokuments kann 999 Seiten betragen.

Im Fenster für die Seiteneinrichtung werden die Optionen für zweiseitige Dokumente und die doppelseitige Darstellung am Bildschirm gewählt. Für die automatische Paginierung kann hier die Seitenzahl der ersten Seite angegeben werden (das ist wichtig, wenn sich eine Arbeit über mehrere Dokumente verteilt, aber durchgehend paginiert werden soll) sowie unter *Numerieren...* die Art der Seitenzahlen – von arabischen Ziffern bis Kleinbuchstaben.

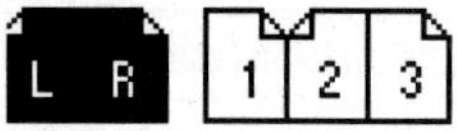

Am unteren Rand des Bildschirms werden die Seiten des Dokuments und die Stammseiten durch Symbole dargestellt. L und R sind die Zeichen für Stammseiten: Jedes hier gesetzte Element erscheint auf allen folgenden Seiten. Umblättern erfolgt durch Mausklick auf die gewünschte Seite.

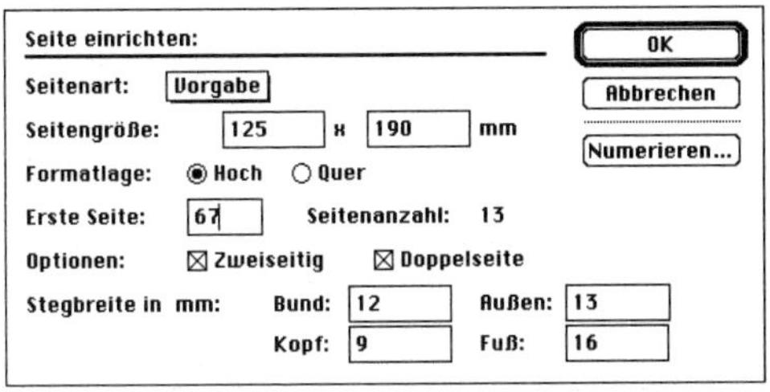

Der Satzspiegel
wird im PageMaker durch die Angabe der freibleibenden Ränder – Bund-, Kopf-, Fuß- und Außensteg – bestimmt.

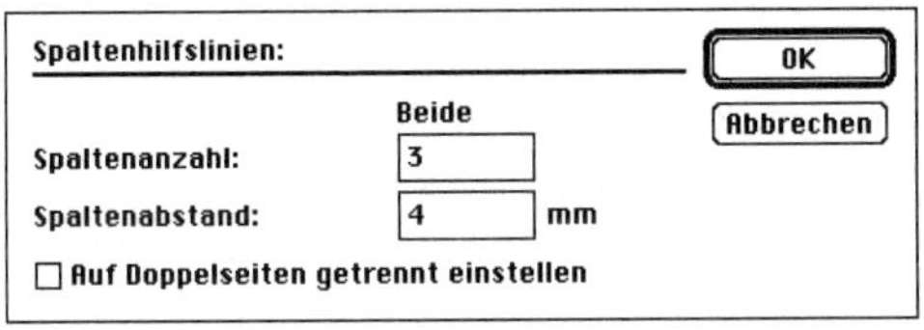

Layout-Spalten
werden unter dem Menü Optionen mit *Spaltenhilfslinien...* eingestellt. Spalten haben einen Einfluß auf das Positionieren von Text-Dateien: Der Text wird beim Einfließen automatisch auf die Spaltenbreite gebracht.

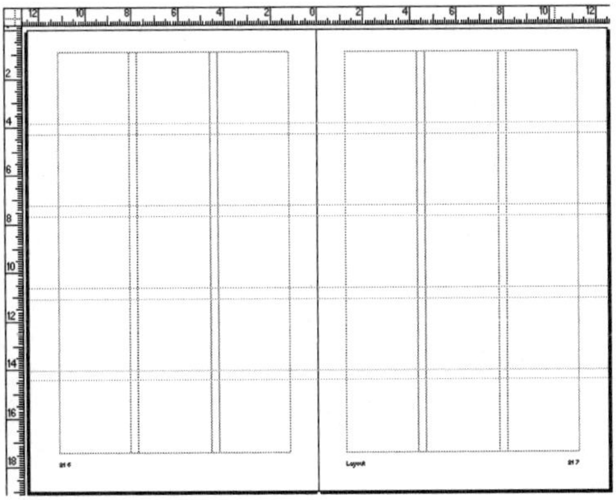

Horizontale und vertikale Hilfslinien
werden mit gedrücktem Mausschalter aus den Linealen gezogen. Lineale sind unter dem Menü Optionen erhältlich.

Das Layout-Raster
aus Spalten und horizontalen Hilfslinien, die für alle Seiten des Dokuments gelten sollen, wird auf den Stammseiten eingestellt. Ebenso die automatische Paginierung mit *Command/Option S* sowie die Kolumnentitel.

Text-Spalterei

Texte plazieren im PageMaker

Text-Dokumente aus den gängigen Textverarbeitungs-Programmen können im PageMaker über den Befehl *Positionieren...* gesetzt werden.

Texte, die soeben plaziert sind oder die durch Anklicken mit dem Pfeil aktiviert wurden, haben oben und unten Textklammern. Ist der Haken an der unteren Klammer leer, ist auch der Text zu Ende. Gibt es in einem Textblock noch weitere nicht sichtbare Sätze, so zeigt der untere Haken ein Plus. An diesem Haken kann der Textblock mit dem Pfeil aufgezogen werden. Wird statt dessen einmal mit dem Pfeil auf das Plus geklickt, erscheint erneut das Positionier-Symbol, und der restliche Text kann an anderer Stelle, in einer anderen Layout-Spalte erneut gesetzt werden. Textblöcke können durch Hochschieben der unteren Klammer gekürzt werden.

Als Block aktivierte Texte lassen sich kopieren oder ausschneiden.

Wird an den seitlichen Aktivierungspunkten der Textklammern gezogen oder geschoben, so ändert sich die Spaltenbreite des Textes.

Positionier-Symbol für Text-Dateien: läßt den Text in die vorhandene Spalte bis zu ihrem Ende fließen und gibt dann die Klammer mit dem Plus, wenn noch Text in der Datei ist.

Positionier-Symbol mit gleichzeitig gedrückter Command-Taste: läßt längere Texte in alle vorhandenen Spalten fließen, auch über die folgenden Seiten.

Positionier-Symbol mit gleichzeitig gedrückter Shift-Taste: läßt längere Texte in die Spalte fließen und gibt am Ende der Spalte erneut das Positionier-Symbol, wenn noch Text in der Datei ist.

A

Der Texthaken wird mit dem A aus der Toolbox gewählt. Er funktioniert wie in allen Programmen mit Text-Funktion: Worte, Zeilen oder ganze Absätze werden durch Drüberfahren mit gedrücktem Mausschalter aktiviert (sie werden schwarz hinterlegt) und lassen sich dann verändern.

Linien und Balken

Schmuck-Elemente im Layout

20%

30%

40%

60%

80%

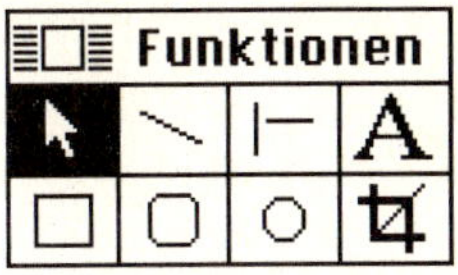

Linien stehen in allen Layout-Programmen in unterschiedlichen Formen und Strichstärken zur Verfügung. Mit dem entsprechenden Werkzeug aus der Toolbox können sie horizontal, vertikal, schräg oder als Rahmen für Rechteck und Kreisformen eingesetzt werden.

Alle Linien lassen sich auch negativ auf dunklem Hintergrund darstellen. Mit gedrückter Shift-Taste werden Linien im 45°-Winkel gezogen.

Linien können im PageMaker 4.0 in Texte eingebunden werden. Dazu werden der Text aktiviert und unter dem Menü Schrift die *Absatz-Optionen* gewählt. Hier gibt es nach dem Unter-Befehl *Linien* ein Fenster, in dem mehrere Einstellungen vorgenommen werden können. So kann die Stärke der Linie bestimmt werden, ihr Abstand zur Zeile, ob sie Spaltenbreite (wie oben) oder Textbreite (wie hier unten) besitzt.

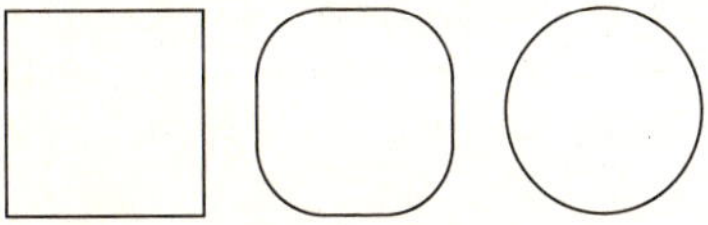

Balken...

werden mit dem Rechteck-Werkzeug gezogen. In aktiviertem Zustand kann die Linienart für die Umrandung (oder keine) und die Füllung bestimmt werden.

Bilder und Grafik
im PageMaker plazieren

Im PageMaker können die gängigen Grafikformate plaziert werden: Halbton-Bilder im Tiff-Format, Bitmap-Grafik im MacPaint-Format sowie PostScript-Bilder und Vektorgrafik im Pict 1 und -2 Format.

Halbton-Bilder als Tiff-Formate können im PageMaker unter *Bild nachbearbeiten...* verändert werden. Tiff-Formate sind in der gesamten Bildfläche deckend, das heißt Elemente die hinter dem Bild liegen, werden nicht mitgedruckt.

Durch das Positionier-Symbol zeigt das Programm vor dem Plazieren, um welche Art einer Bilddatei es sich handelt. Seit der Version 4.0 können die plazierten Bilder mit den Original-Dateien verbunden werden und lassen sich über den Befehl *Verbindung...* automatisch aktualisieren, wenn in der Original-Datei eine Veränderung vorgenommen wurde.

Bilder im Paint-Format können ebenfalls unter *Bild nachbearbeiten...* verändert werden. Paint-Bilder sind an den weißen Stellen transparent.

PostScript- und Pict-Formate lassen sich im PageMaker nicht weiter bearbeiten. Flächen in PostScript-Zeichnungen (z.B. aus Illustrator und FreeHand) sind dann transparent, wenn sie keine Füllung – also auch kein Weiß – enthalten. Für Pict-Formate gilt dasselbe.

Größer, breiter, höher…
oder Bilder plazieren ist noch längst nicht alles

Ein plaziertes Bild wird im PageMaker durch Anklicken mit dem Pfeil aktiviert. An den Ecken und Kanten erscheinen dann Punkte, an denen das Bild vergrößert und verkleinert oder verzerrt werden kann: Mit dem Pfeil einen der Punkte bei gedrücktem Mausschalter verschieben.

Um proportional zu verkleinern oder zu vergrößern, wird gleichzeitig die Shift-Taste gedrückt. Eine numerische Größenveränderung der Bilder gibt es in PageMaker nicht. Hier entscheidet allein das Auge.

Die punktorientierten Bild-Formate (Tiff- und Paint-Formate) können aufgerastert (aufgehellt) oder eingefärbt werden.

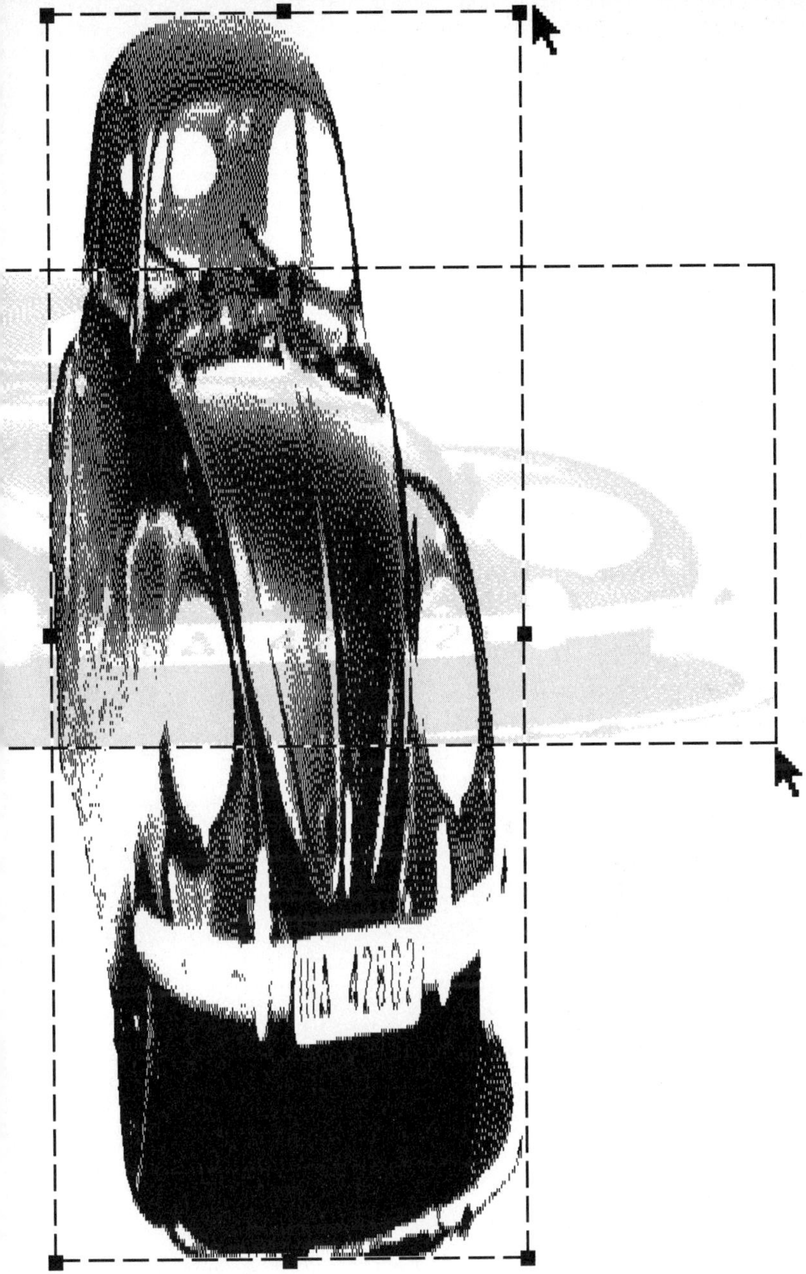

Passepartout
Bilder beschneiden im PageMaker

Mit dem Schneide-Werkzeug aus der Funktionen-Box können plazierte Bilder beschnitten werden: Mit dem Werkzeug das Bild anklicken, dann einen der Punkte auf dem Bildrahmen mit gedrücktem Mausschalter zur Bildmitte schieben.

Wird mit dem Cut-Tool auf das Bild gedrückt und der Mausschalter gehalten, so erscheint die Hand, mit der das Bild innerhalb des Ausschnitts verschoben werden kann.

Halbton-Bilder
im PageMaker
bearbeiten

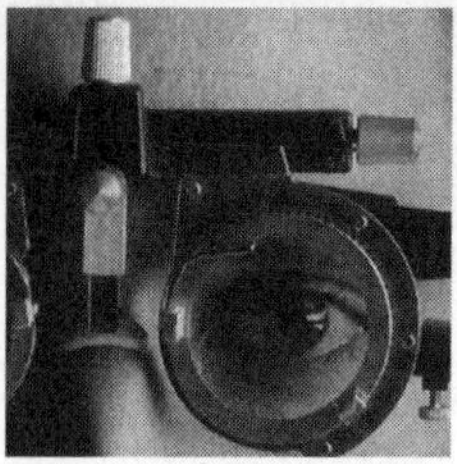

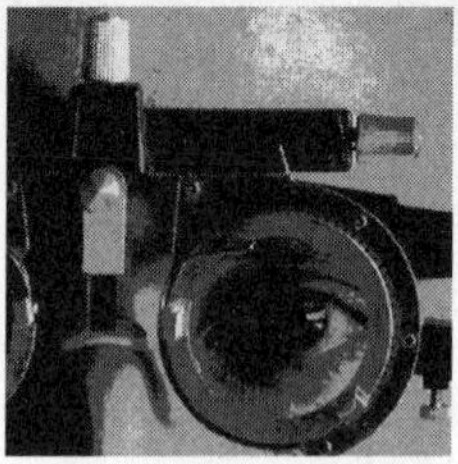

Helligkeit und
Kontrast

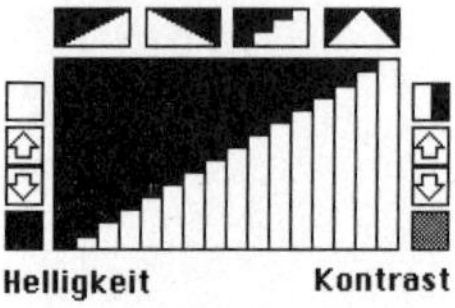

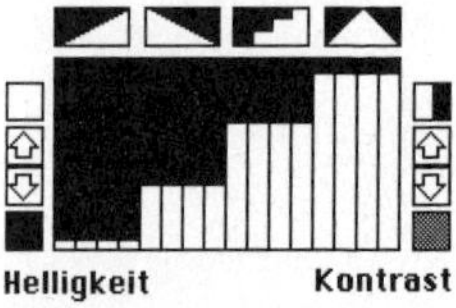

Rasterweite, -art
und -winkel

20 Linien/inch

53 Linien/inch

70 Linien/inch

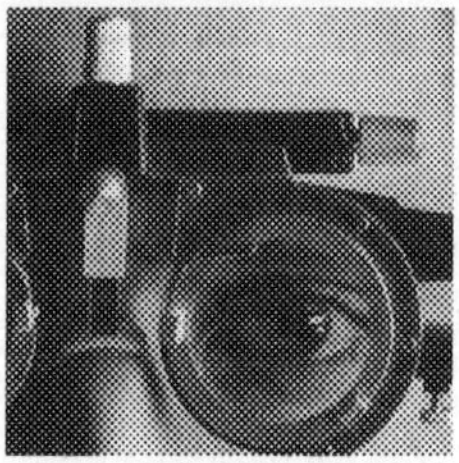

101 Linien/inch

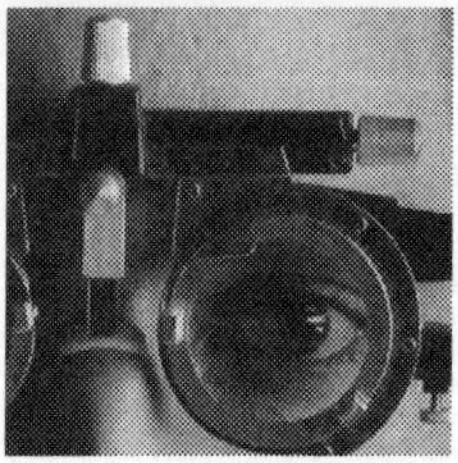

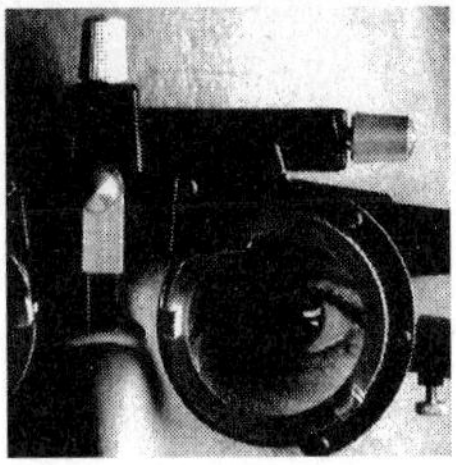

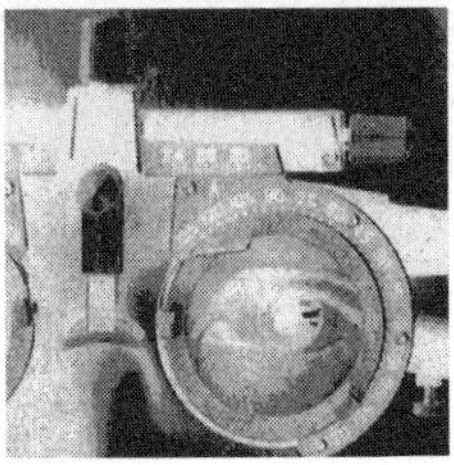

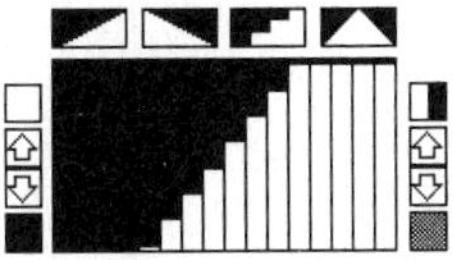

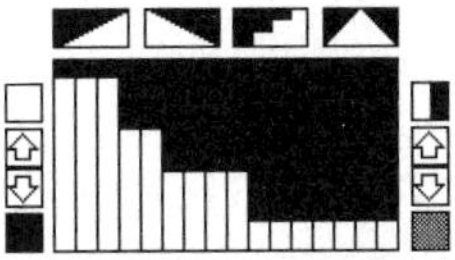

Unter *Bild nachbearbeiten...* können im PageMaker Halbton-Bilder im Tiff-Format in Kontrast und Helligkeit verändert werden. Im abgebildeten Fenster kann mit dem Mauspfeil auf die Pfeile, die Kontrast oder Helligkeit zugeordnet sind, gedrückt werden. Dann verschieben sich die weißen Balken, die grafisch die Hell-Dunkel-Balance des Bildes beschreiben. Neben dieser Methode, die zu einer proportionalen Veränderung führt, können jedoch die weißen Balken auch einzeln verschoben werden.

20 Linien/inch

53 Linien/inch

70 Linien/inch

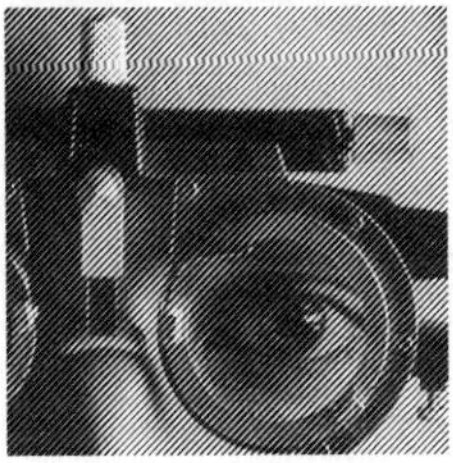

101 Linien/inch

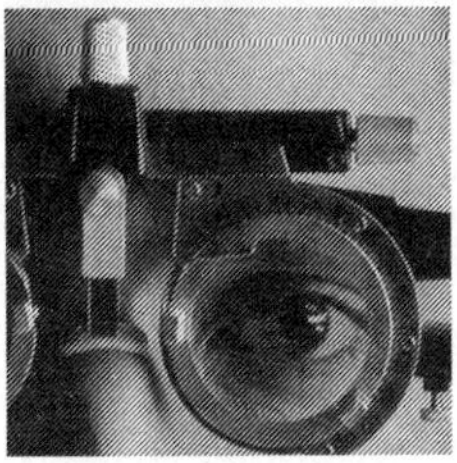

Punkt- oder Linienraster werden im gleichen Fenster eingestellt, indem auf eines der beiden Symbole geklickt wird. Zusätzlich kann der Rasterwinkel sowie die Laufweite des Rasters in Linien pro Inch verändert werden.

Paint-Formate lassen sich ebenfalls nachbearbeiten, wobei hier die Pixel aufgerastert werden. Ein aufgerastertes Paint-Format ist nicht mehr transparent. Paint- und Tiff-Formate können auch eingefärbt werden.

Layouten in XPress
Haargenaue Spalten

QuarkXPress®

Die folgenden Seiten sind in XPress 3.0 gestaltet. Alle Bildschirm-Abbildungen sind mit Capture 2.0 direkt im Programm aufgenommen und über *Einsetzen...* in den Bildrahmen plaziert.

Das Layout-Programm XPress ist im Gegensatz zu PageMaker ein rahmen-orientiertes Programm. Hier ist jedes Element einer Seite an seinen Rahmen gekoppelt. Die Stellung der Rahmen kann auf tausendstel Millimeter genau bestimmt werden. Damit ist XPress prädestiniert für organisierte Layoutarbeit, bei der es auf höchste Genauigkeit ankommt. Seit der Version 3.0 können alle Rahmen auch außerhalb der Layoutseite auf der Montagefläche abgelegt werden oder über eine Doppelseite und mehr positioniert werden.

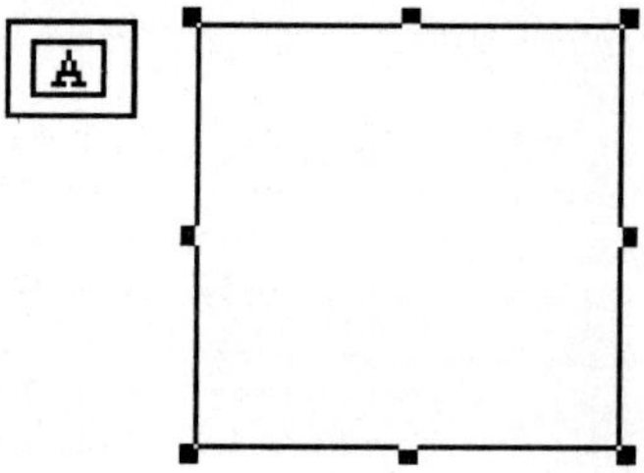

Textrahmen und Werkzeug-Symbol aus XPress

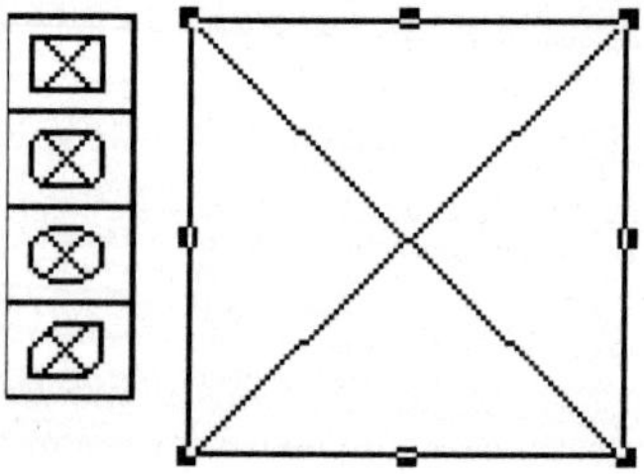

Bildrahmen und Werkzeug-Symbole für verschiedene Rahmenformen aus XPress

Der Zukunft einer modular aufgebauten Software, bei der durch Anwender und Programmierer zusätzliche Eigenschaften in das Programm intergriert werden können, entspricht XPress durch eine offene Schnittstelle für externe Zusatz-Programme oder Brücken zu anderen Anwendungen: sogenannten XTensions. Die Integration dieser XTensions ist denkbar einfach: Sie müssen nur im selben Ordner wie das Programm abgelegt sein und sind sofort unter Menü Hilfsmittel zugänglich.

Beliebig viele zusätzliche Befehle können durch die XTensions unter Menü Hilfsmittel eingerichtet werden. Beispielsweise Befehle zur differenzierten Bearbeitung von Buchstaben-Abständen bestimmter Schriften unter *Unterschneidung bearbeiten* oder der Zugriff aus dem Programm auf einen Video-Digitizer namens *Screen Machine.*

Die Arbeitsfläche in XPress
Alle Seiten im Überblick

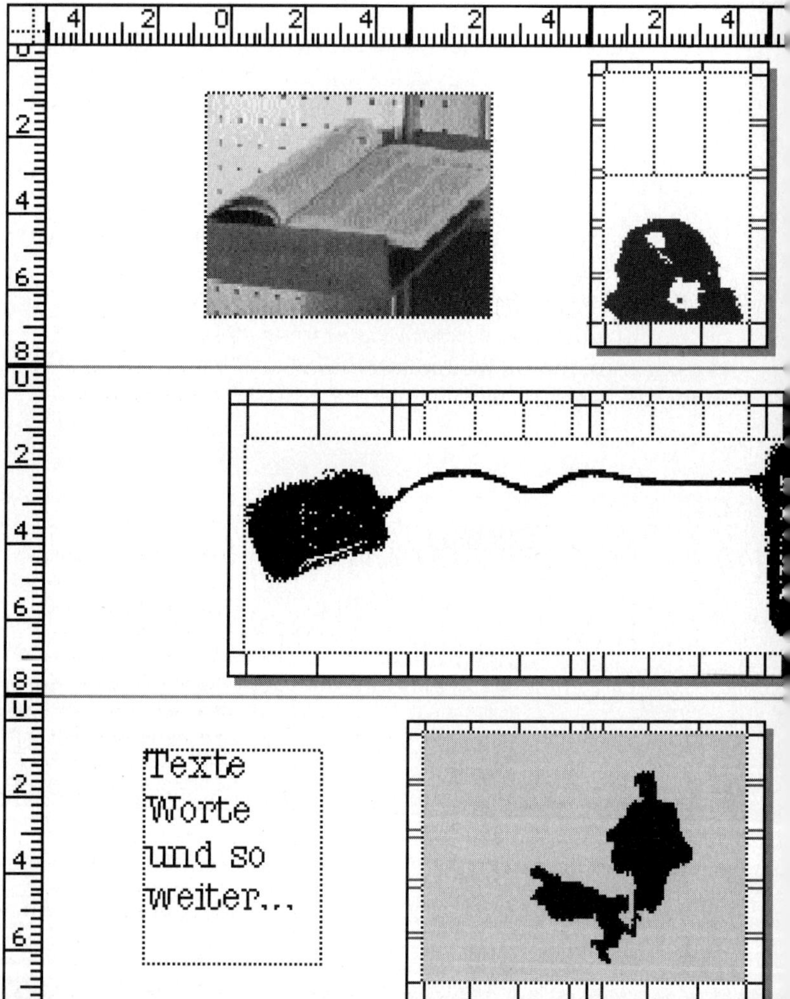

Objekt-Werkzeug zum Verschieben und aktivieren von Rahmen. (Die Rahmen sind das Objekt – nicht der Inhalt.)

In das Objekt-Werkzeug verwandelt sich jedes andere Werkzeug durch die Command-Taste.

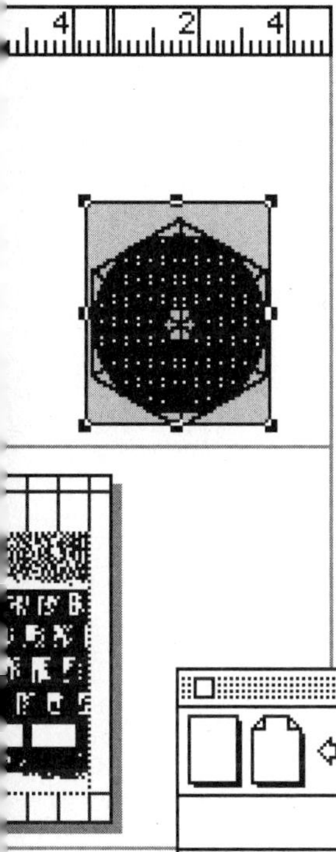

Wie die Abbildung zeigt, geht XPress einen bedeutenden Schritt über die Montagefläche hinaus: Es können sowohl mehrere Seiten untereinander dargestellt und bearbeitet werden – die Elemente lassen sich mit dem Objekt-Werkzeug über die gesamte Arbeitsfläche von einer Seite auf eine beliebige andere ziehen – als auch mehrere Seiten nebeneinander angelegt werden. Bilder- und Textrahmen können, wie das Beispiel mit Maus und Tastatur zeigt, über mehrere nebeneinander liegende Seiten plaziert werden.

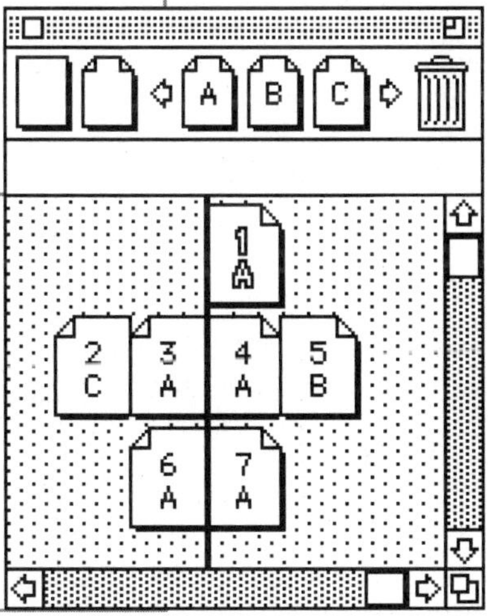

Das Fenster für das Seitenlayout ist frei auf dem Bildschirm beweglich. Doppelklick auf eine der Seiten bringt diese auf den Schreibtisch. In der oberen Leiste sind die Musterseiten abgebildet. In XPress können beliebig viele Musterseiten angelegt werden (hier gekennzeichnet durch A,B,C), die einfach mit der Maus in das darunterliegende Fenster gezogen werden, und dann als Layoutseite zur Verfügung stehen.
Im Papierkorb werden die Seiten gelöscht.

Musterseiten einrichten

Satzspiegel und Layoutraster in XPress

In XPress können sämtliche detail- (das sind Zeichen- und Wortabstand betreffende Eigenschaften) und makro-typografischen Merkmale als Gestaltungs-Elemente definiert und in Stilvorlagen festgelegt werden. Beschränken wir uns hier auf die Einrichtung eines Layoutrasters auf den Musterseiten und die Festlegung der Schriftarten.

Wir zeigen das Einrichten der Musterseiten am Beispiel einer Serie von Produkt-Manuals, die wir für die Firma Wilkhahn gestaltet haben.

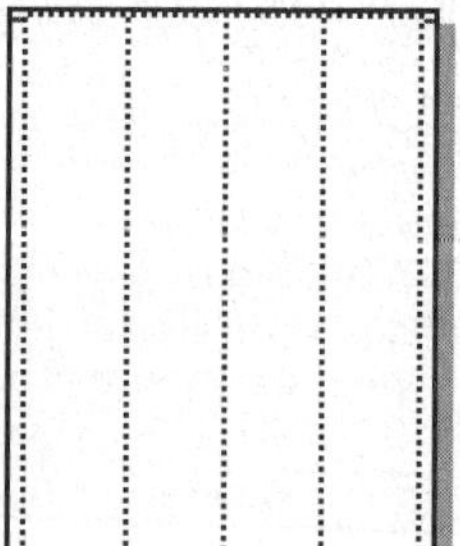

Das Firmen-Erscheinungsbild für Drucksachen sieht einen festen Satzspiegel und Layoutraster, Schrifttypen und -größen vor. Alle diese Werte, die noch aus einer Vor-Mac-Zeit stammen, lassen sich präzise in ein XPress-Dokument übertragen und dort als Musterseiten festlegen.

Beim Neu-Anlegen eines Dokuments wird das Seitenformat angegeben und der Satzspiegel durch die Breite der Stege bestimmt.

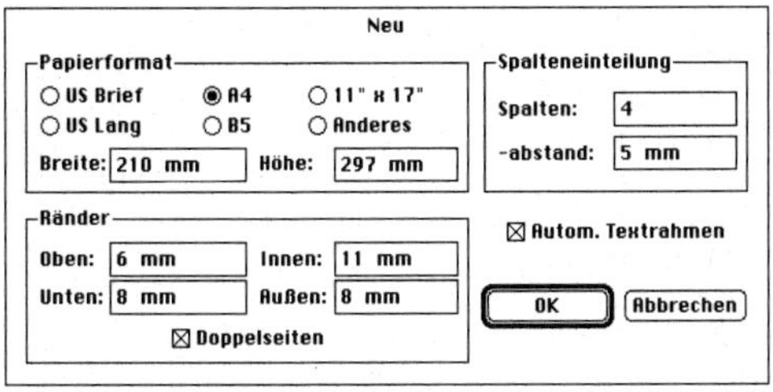

Die Anzahl der Spalten eines Layouts wird beim Anlegen des Dokuments festgelegt, die Hilfslinien für ein Layoutraster werden anschließend auf den Musterseiten erstellt. Durch Doppelklick auf das Musterseiten-Symbol in der Seitenlayout-Palette lassen sich die Musterseiten bearbeiten.

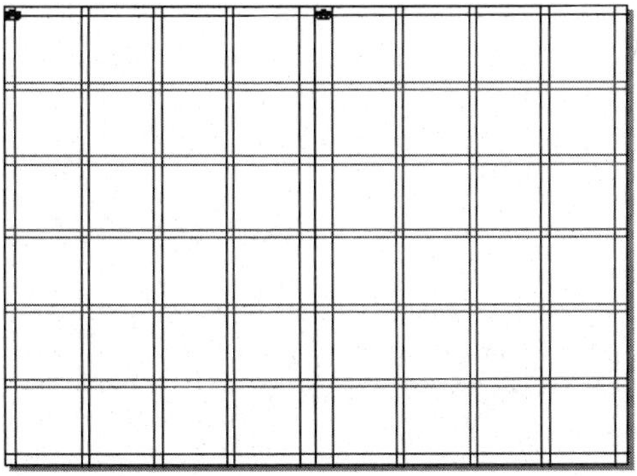

Horizontale Hilfslinien zur Erstellung des Layoutrasters können per Hand aus den Linealen gezogen und an diesen orientiert gesetzt werden. Mit einer entsprechenden XTension lassen sich die horizontalen Hilfslinien auch genau nach numerischen Eingaben plazieren.
Für die Layout-Hilfslinien können «magnetische» Eigenschaften festgelegt werden, die beim Plazieren von Text- oder Bildrahmen ein zugleich präzises und schnelles Arbeiten im Layoutraster ermöglichen.

Schriftformate als Stilvorlagen

Layoutschriften in XPress

Alle Schriftarten, die in einem Layout verwendet werden sollen, können unter Menü Bearbeiten mit dem Befehl *Stilvorlagen...* definiert und mit eigenen Tastaturbefehlen versehen werden. Dafür lassen sich bei der erweiterten Tastatur beispielsweise die Festtasten benutzen oder auch Kombinationen aus Control-Taste und Tasten des Zahlenblocks, die das Programm von den Zahlen des Tastaturblocks unterscheidet.

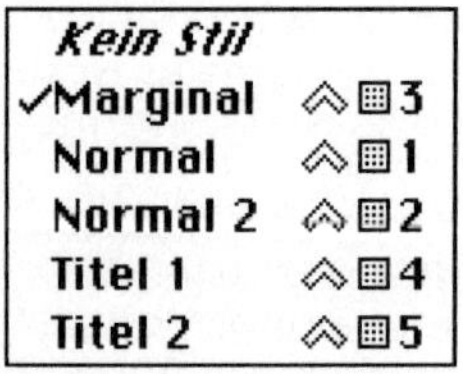

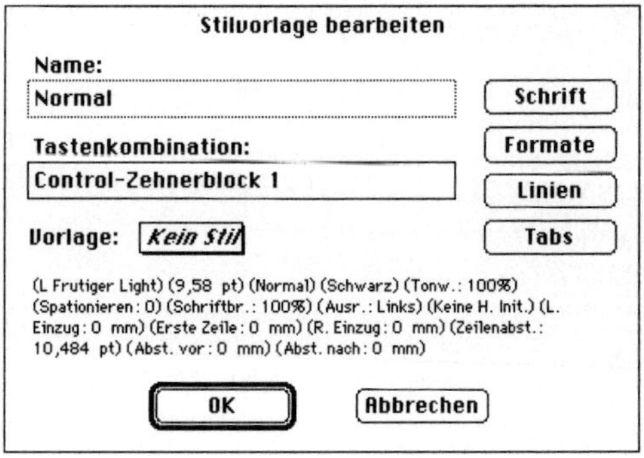

PopUp-Menü der Stilvorlagen und Menü Stil und das Fenster aus XPress zum Einrichten oder nachträglichen Bearbeiten der Schrift-Vorgaben.

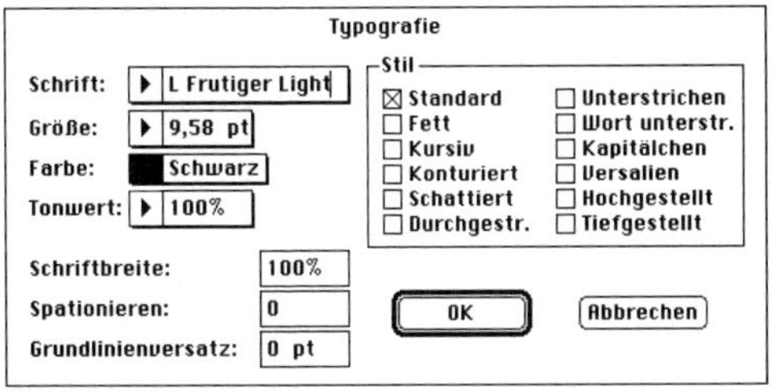

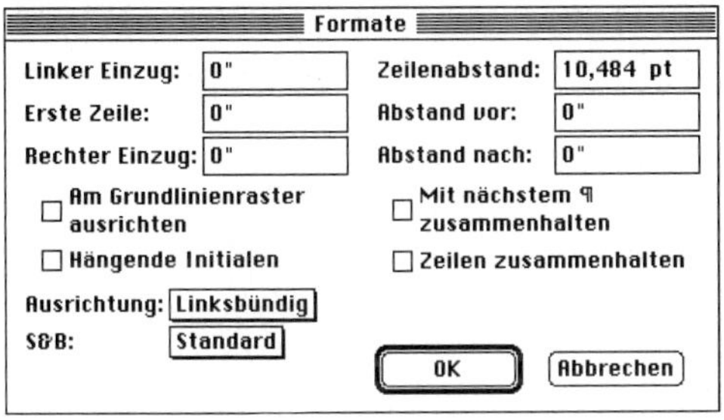

Unter Menü Bearbeiten mit *Stilvorlagen...* erreicht der XPress-Layouter mehrere Fenster. Davon wollen wir hier nur die wichtigsten zeigen:
Das Typografie-Fenster zur Eingabe von Schriftschnitt, -größe und -stil. Sowie das Fenster für die Festlegung von Zeilenabstand, Einzügen und Ausrichtung.

Unter S&B können Blocksatz-Spezifikationen, aber auch die Trennungs-Optionen für Rauhsatz eingestellt werden.

Die nächste Doppelseite zeigt ein Beispiel aus Produkt-Manuals, die nach den hier beschriebenen Layout-Vorgaben gestaltet wurden.

Die Verbindung
Ein patentierter Bajonett-Verschluß

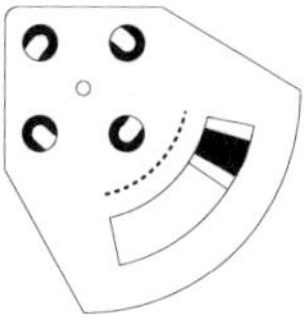

Der patentierte Bajonett-Verschluß ist so konstruiert und angeordnet, daß man Palette nicht von vornherein das Systemmöbel ansieht: Beim Einzeltisch nimmt der Verschluß alle vier Bolzen des Tischbeins auf und verbindet sie fest mit der Platte.

Sollen mehrere Tischplatten miteinander verbunden werden, so ist das Tischbein zugleich Adapter, indem es mit nur je zwei Bolzen in die Bajonettverschlüsse der nebeneinander liegenden Platten greift.

Mit dem Bajonettverschluß werden Tischplatten und -beine zu beliebigen Gruppierungen fest verbunden – ohne Werkzeug oder zusätzliche Teile.

Doppelseite aus einer Serie von Produkt-Manuals – siehe auch Layout-Werkstatt

Konstruktion:

- Der Bajonett-Verschluß aus Zinkdruckguß wird von einer Stahlplatte abgedeckt.
- Durch eine Drehbewegung des Verschlußhebels werden die Bolzen der Beine fest an die Platte gepreßt.
- Beim Einzeltisch werden alle vier Bolzen gleichzeitig arretiert.
- Bei Verbindung von zwei Platten werden je zwei Bolzen unter jeder Platte arretiert.
- Der Verschlußhebel hat eine Kunststoffkappe mit Klemmschutz. Dadurch sind Verletzungen ausgeschlossen.
- Die Verbindungsmechanik ist schwarz beschichtet.

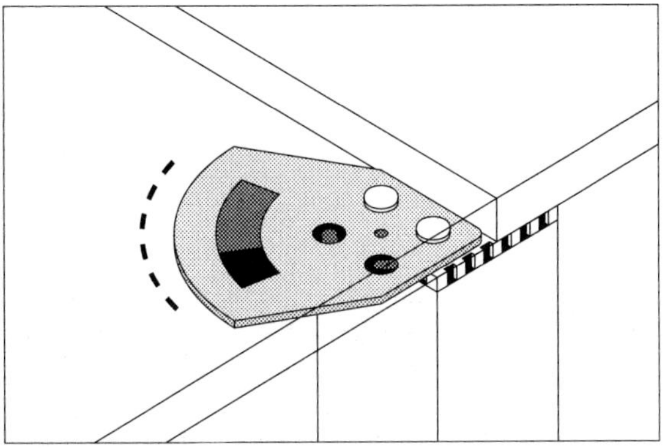

Zwei Handgriffe genügen, um Palette-Tische miteinander zu verbinden: Der Bajonettverschluß wird geöffnet, die Tischplatte ein wenig angehoben und das Bein um zwei Bolzen versetzt. Die nächste Platte läßt sich nun auf die freien Bolzen aufsetzen, und der Bajonettverschluß wird wieder verriegelt.
Das ist alles.

Typografie in XPress
Arbeit mit der Maßpalette

XPress unterscheidet als objektorientiertes Programm zwischen dem Rahmen und dem Inhalt. Für beide Ebenen steht eine Vielzahl an Möglichkeiten typografischer Bearbeitung zur Verfügung.

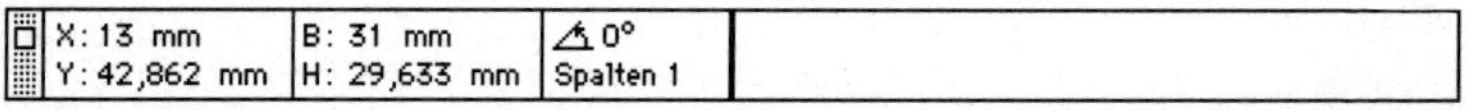

In der linken Hälfte der Maßpalette können die X/Y-Koordinaten der linken oberen Ecke, Höhe und Breite, Drehung und Spaltenanzahl des Rahmens bestimmt werden.

Textrahmen werden mit dem Objekt-Werkzeug aktiviert.

Als frei bewegliches Window ist die Maßpalette mit den ersten drei Feldern für die Veränderung des Rahmens zuständig: Hier können Werte direkt eingegeben werden, die anschließend mit der Reset-Taste oder Maus-Klick auf einer beliebigen Stelle am Bildschirm umgesetzt werden.

Textrahmen (mit Inhalt) lassen sich kontinuierlich drehen: Freihand mit dem Werkzeug aus der Tool-Box oder durch numerische Eingabe in der Maßpalette.

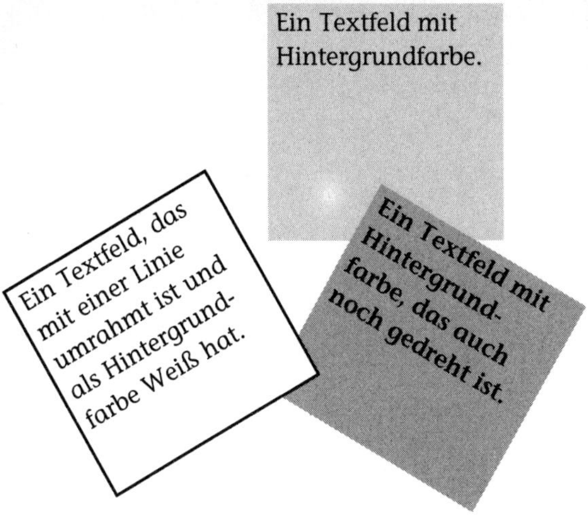

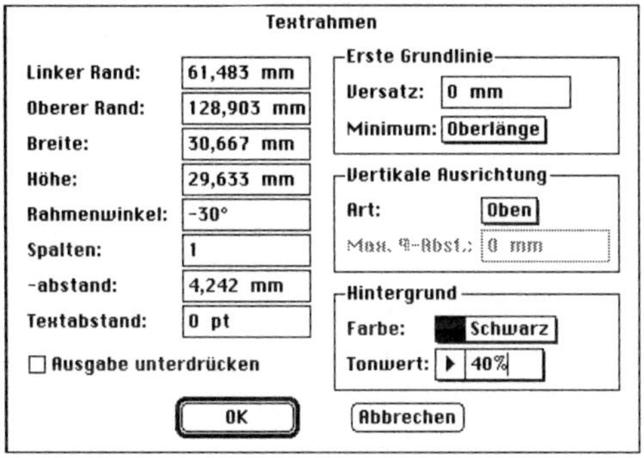

Zusätzlich zur Maßpalette bietet XPress unter Menü Objekt den Befehl *Modifizieren…*, der ein Fenster öffnet, in dem weitere Vorgaben für den Rahmen, z.B. die Aufteilung in Spalten, sowie für den Textabstand zu den Rahmenkanten eingestellt werden können.
Ebenfalls in diesem Fenster wird die Hintergrundfarbe sowie der Tonwert (Aufhellung) für den Textrahmen bestimmt.

Schrift in gedrehten Textrahmen läßt sich weiterhin editieren.

Wer Schrift farbig oder mit einem Tonwertraster anlegen will, muß sie aktivieren und unter Menü Stil die entsprechenden Befehle geben.

Textrahmen und Inhalt
Typografische Feinarbeit

Aktivieren

Wird der Textinhalt eines Rahmens mit dem Texthaken/Hand-Werkzeug aktiviert, so erscheinen in der rechten Seite der Maßpalette zusätzliche Werte und Felder, die alle numerisch oder mit Hilfe kleiner Pfeil-Tasten verändert werden können.

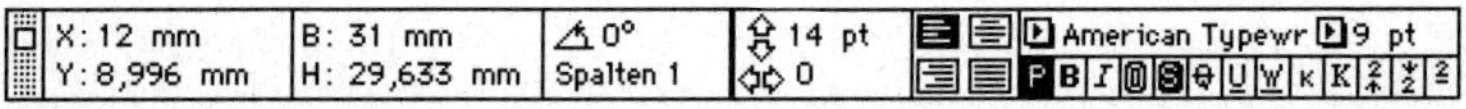

Im rechtenTeil der Maßpalette können Zeilenabstand, Punktgröße, Schriftart und -schnitt, sowie die Satzarten gewählt werden.

Schrift wird mit dem Texthaken durch Drüberfahren aktiviert.

Mit den Pfeilen, die auf- und abwärts zeigen, kann der Zeilenabstand point-weise verändert werden. Mit jenen, die nach links und rechts zeigen, kann der Buchstabenabstand gesperrt oder unterschnitten werden. Dazu wird der Texthaken zwischen zwei Buchstaben gesetzt, deren Abstand verändert werden soll. Wird ein ganzen Wort oder ein Textabschnitt aktiviert, so wird bei allen Zeichen der Abstand verändert.
In die Felder lassen sich aber auch numerisch Zahlen bis auf drei Stellen hinter dem Komma eingeben. Dabei bedeutet 1 = 1/200 Geviert.

Geviert 0 = Normal

Geviert Ein gesamtes Wort um -10 = 1/20 Geviert unterschnitten und um

G e v i e r t +10 = 1/20 Geviert gesperrt.

Einstellungen für typografische Feinarbeit in der Maßpalette.

Satzart

Typografie als modifizierbarer Inhalt

Typografie als modifizierbarer Inhalt

Zeilenabstand

Typografie als modifizierbarer Inhalt

Typografie als modifizierbarer Inhalt

Typografie als modifizierbarer Inhalt

Unterschneiden

Typografie als modifizierbarer Inhalt

Sperren

T y p o g r a f i e a l s m o d i f i - z i e r b a r e r I n h a l t

Schriftschnitt

Typografie als modifizierbarer Inhalt

Schriftgrößen

Typografie als modifizierbarer Inhalt

Kapitälchen

TYPOGRAFIE ALS MODIFIZIERBARER INHALT

Exponenten

Typografie als modifizier^barer^ Inhalt

Bilder in XPress

Die Rahmen-Werkstatt

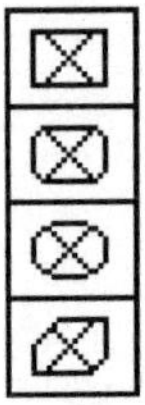

Für verschiedenene Rahmenformen stehen Werkzeuge von Polygonen bis Kreisen zur Verfügung.

Bilder werden in XPress in der gleichen Prozedur plaziert wie Texte: Erst wird ein Rahmen erzeugt, dann die Bild-Datei mit *Bild laden…* im Rahmen positioniert. Alle gängigen Formate können in XPress plaziert werden: Paint-, Tiff-, PostScript-, Pict- und Riff-Formate.

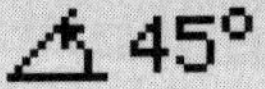

Foto: Lewis W. Hine

Die äußere Rahmenform, Größe, Position, Drehung sowie die Skalierung und der Stand des Bildes innerhalb des Rahmens können in der Maßpalette numerisch festgelegt oder verändert werden.
Ein Bild läßt sich im Rahmen drehen und scheren.

X: 9,757 mm	B: 31 mm	30°	X%: 100%	X+: -45,589 mm	0°
Y: 111,159 mm	H: 29,633 mm	0 mm	Y%: 100%	Y+: -34,154 mm	0°

Mit Command B können verschiedene Randstile für Rahmen editiert werden. Command M öffnet ein Window, in dem sich Hintergrundfarben definieren lassen. So sind die Bildrahmen-Werkzeuge auch zum Anlegen von farbigen Flächen einsetzbar.

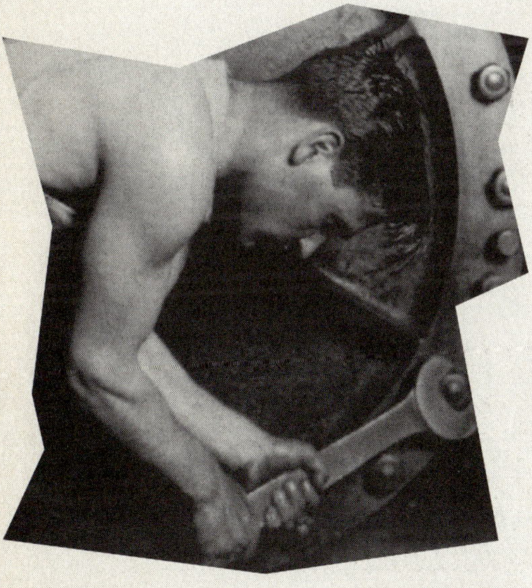

Bilder nachbearbeiten

Helligkeit, Kontrast und Raster

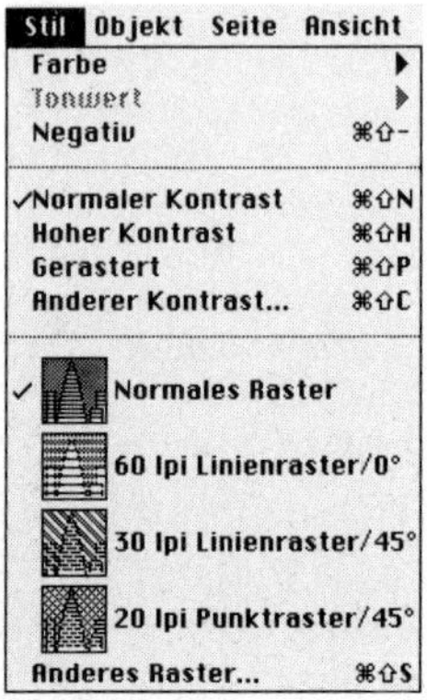

Bilder der punktorientierten Formate, also Tiff-, Riff- und Paint-Formate, können in XPress nachbearbeitet und manipuliert werden. Unter Menü Stil finden sich vorbereitete Raster, aber auch die Möglichkeit, eigene zu definieren. Bei transparenten Bildformaten (das sind alle Paint-Formate und PostScript-Zeichnungen aus Illustrator oder FreeHand mit nicht-gefüllten Flächen) kann unter Command M im Bildrahmen-Fenster der Hintergrund mit verschiedenen Helligkeiten nach Prozent gefärbt werden. (So wurde das Hintergrundraster für nebenstehende Menü-Abbildung – ein Paint-Format – erstellt.)

Ähnlich wie im PageMaker kann im Bildkontrast die Hell-Dunkel-Verteilung verändert werden.

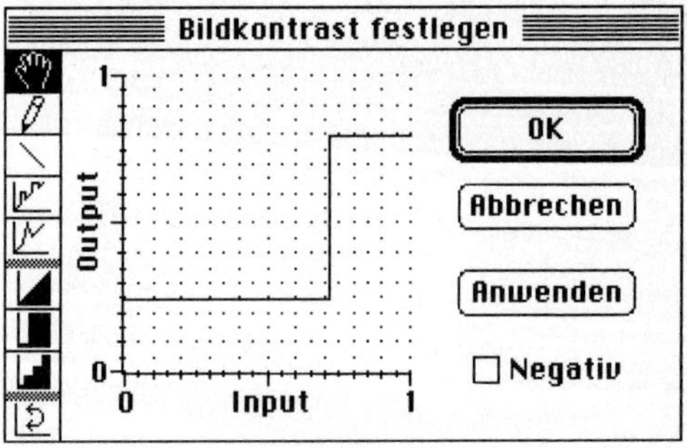

Einstellung unter Menü Stil mit *Anderes Raster*: 30 lpi/45° Quadrat-Raster

Einstellung unter Menü Stil mit *Anderer Kontrast*: siehe nebenstehendes Window

Vorkonfektioniertes Raster unter Menü Stil: 30 lpi Linienraster/45°

Die Bibliothek in XPress

Fundus für Text- und Grafik-Elemente

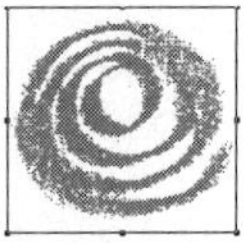

Unter den Hilfsmitteln findet sich in XPress eine Einrichtung, wie sie auch aus CAD-Programmen bekannt ist: Eine programmintegrierte Bibliothek, in der alle möglichen Grafik- und Bildformate sowie Textblöcke abgelegt werden können.

Der Befehl *Bibliothek...* öffnet schon vorhandene oder editiert neue Bibliotheken, die auf dem Bildschirm frei bewegliche Fenster darstellen, wie z.B. die Maßpalette.

In einem Dokument können beliebig viele Bibliotheken verwendet werden.

Um ein Element in die Bibliothek aufzunehmen, wird es mit dem Objektwerkzeug aktiviert und mitsamt dem Rahmen auf das Fenster der Bibliothek verschoben. Das ist alles: Das Element bleibt auf der Seite, wo es war, und ist gleichzeitig in der Bibliothek.

Doppelklick auf ein Element öffnet ein Feld für Einträge, in dem jedem Element ein eigener Name gegeben werden kann. Im Kopf des Bibliothek-Fensters befindet sich ein PopUp-Menü, das alle Namen der Elemente aufführt.

In der Layout Werkstatt
Beispiele

Innenseite und Umschlag einer Studie zur Büro-Organisation.

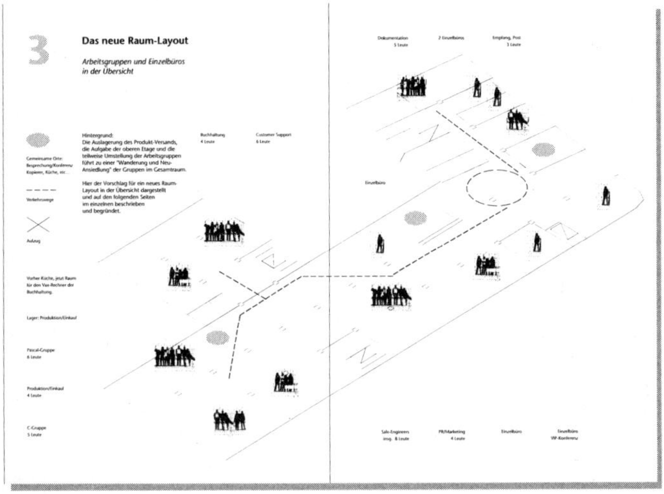

Die Einrichtung einer Seite ähnelt prinzipiell dem Einrichten und Organisieren eines Grundrißplans. In beiden Fällen soll die zur Verfügung stehende Fläche so strukturiert werden, daß die einzelnen darin organisierten Teile eine gute funktionale Beziehung zueinander und zum Benutzer beziehungsweise zum Leser aufnehmen können.

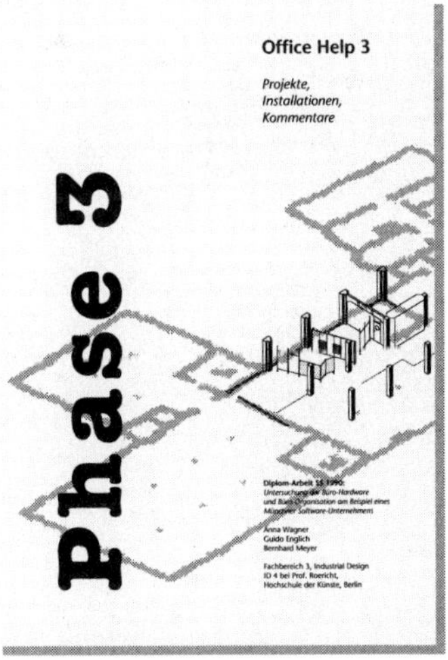

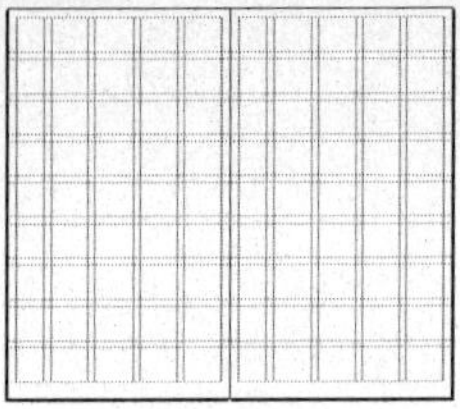

Programmheft für ein Software-Festival

Ein fünfspaltiges Layout mit jeweils einer schmalen Kolumne am linken Seitenrand, in der hochkant die unterschiedlichen Schwerpunkte des Festivals benannt sind.
Die Farbabbildungen sind herkömmlich reproduziert und montiert.

Format: 130 x 220

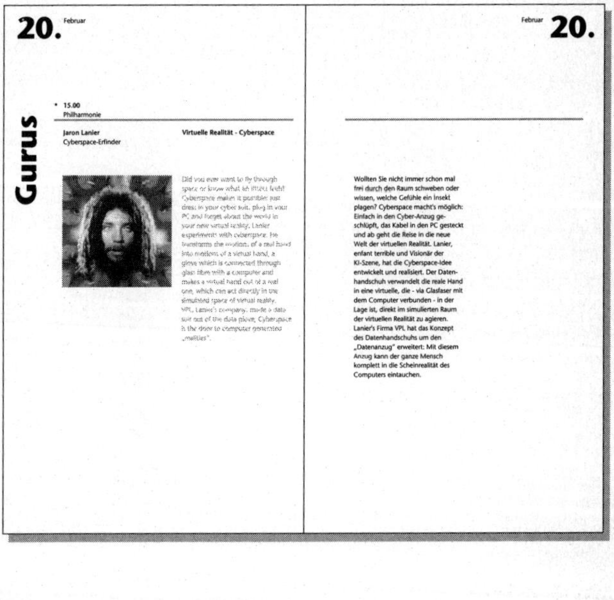

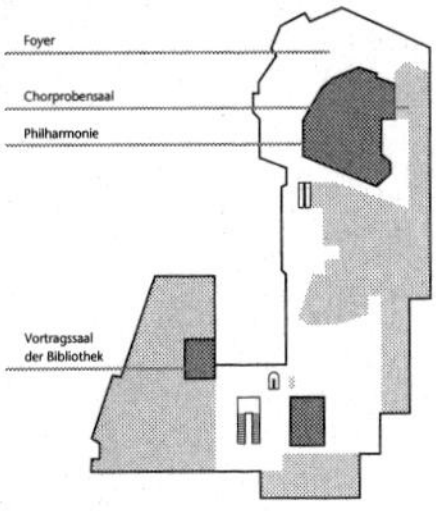

European Software Festival
im Gasteig Kulturzentrum
Rosenheimerstraße 5
8000 München 80
S-Bahn Rosenheimer Platz

Aufbruch ins dritte Jahrtausend

Am 19. und 20. Februar in München, im Gasteig

Wie gut vertragen sich Kultur und Computer? Dieser Frage möchte diese Software-Veranstaltung nachgehen. Am 19. und 20. Februar 1991 erlebt das Münchner Kulturzentrum Gasteig einen Ansturm geballter Computer-Prominenz. Es geht um die Medienwelt für morgen, übermorgen und den Tag danach, die in den führenden kreativen Köpfen der Referenten aus Computer-, Musik-, Philosophie-, Psychologie- und Literaturwelt heute schon besteht.

Zwei Tage lang suchen ungewöhnliche Denker in Vorträgen und Workshops frische Antworten.
Die Teilnehmerliste liest sich wie die Mannschaftsaufstellung einer weltweiten (Computer)-Genie-Mannschaft: Marvin Minsky (der Guru der Künstlichen Intelligenz, der von Maschinen fordert, sie sollen wie Menschen denken - und nicht umgekehrt), Niklaus Wirth (Pascal-Erfinder und Sprach-Revoluzzer mit seiner neuen Kreation Oberon), sein indirekter Zögling Anders Hejlsberg (der mit seinem Turbo-Pascal-Compiler die Sprache aus der Universitätswelt befreite), Joseph Weizenbaum (der sich genauso als Experte wie als philosophierendes enfant terrible der Computer-Gesellschaft gibt), Bjarne Stroustrup (der als Entwickler von C++ die heutigen Programmierer zu immer neuen Höchstleistungen treibt), Jaron Lanier (Visionärer Cyber-spacer), Philippe Kahn (der seine Pfunde in der Jazz-Szene mindestens so wuchten kann, wie als Vordenker neuer Technologiestrategien für Software) und Tod Machover (bei dem der Computer die erste Geige spielt).

Die Liste ist so lang, daß wir, die Firma Borland, die Philharmonie und weitere Räume im Gasteig mieten mußten, um diese special guests zusammen mit Ihnen im angemessenen Rahmen unterbringen zu können.

Einen Zipfel ihrer Genialität lüften Minsky, Machover & Co., wenn sie am 19. und 20. Februar bei Ihnen in München sind, um sich, uns und der Welt zu beweisen:
The future is now!

19.-20 Februar

Gurus

Übersicht

19. Februar
Philharmonie

- **8.15**
  Bjarne Stroustrup
  C++ Erfinder
  Der leichte Einstieg in C++
- **10.00**
  Philippe Kahn
  Borland-Gründer
  Back to the Future
- **11.00**
  Alan Kay
  Computer-Revolutionen

  12.00 Pause
- **13.00**
  Marvin Minsky
  KI-Papst
  Personal Software oder Programme, die dich kennen
- **14.30**
  Tod Machover
  Musik und Medien,
  Media Lab
  Konzert mit Computern
  Mit einer Einführung von Prof. Klaus Brunnstein

20. Februar
Philharmonie

- **8.15**
  Niklaus Wirth
  Pascal-Erfinder
  Das Oberon-System
- **10.00**
  Sherry Turkle
  Professorin für Soziologie und Psychologie am Massachusetts Institute of Technology (MIT)
  Computer and the Human Spirit oder Die Wunschmaschine
- **11.00**
  Podiumsdiskussion
  Thema und Teilnehmer noch offen

  12.00 Pause
- **13.00**
  Joseph Weizenbaum
  Software-Philosoph und -Kritiker
  Zauberlehrlinge
- **15.00**
  Jaron Lanier
  Cyberspace-Erfinder
  Virtuelle Realität - Cyberspace

Februar 19.-20.

Workshop

Übersicht

**Dienstag
19. Februar**
Vortragssaal der Bibliothek

- **9.00**
  Herbert W. Franke
  Experimentelle Ästhetik Programmierkunst
- **10.30**
  David Galloway
  Das elektronische Atelier

  12.00 Pause
- **13.00**
  Maya Augenmusikorchester
  Virtuelle Landschaften Künstlerische Cyberspace-Bilder
- **14.30**
  Joseph Weizenbaum
  Eliza und die Folgen - Warum ein Software-Philosoph heute anders denkt als früher

Chorprobensaal

- **9.00**
  Klaus Brunnstein
  Informatik: Eine Pandorabüchse des Wunschdenkens
- **10.30**
  Niklaus Wirth
  Workshop zum neuen Programmiersystem Oberon

  12.00 Pause
- **13.00**
  Thomas von Randow
  Kjell-Owe Widmann
  Roman Schwarz
  Workshops zur Kryptologie

**Mittwoch
20. Februar**
Vortragssaal der Bibliothek

- **9.00**
  Marvin Minsky
  Künstliche Tiere
- **10.30**
  Alan Kay
  Computer-Revolutionen

  12.00 Pause
- **13.00**
  Werner Kunzel
  Mittelalterliche Computertheorien

Chorprobensaal

- **9.00**
  Herbert Heckmann
  Automaten in der Literatur
- **10.30**
  Bjarne Stroustrup
  C++ und objektorientiertes Software-Design

  12.00 Pause
- **13.00**
  Hans-Jürgen Zimmermann
  Fuzzylogic
- **14.30**
  Maya Augenmusikorchester
  Chamäleon 3D-Projektionen

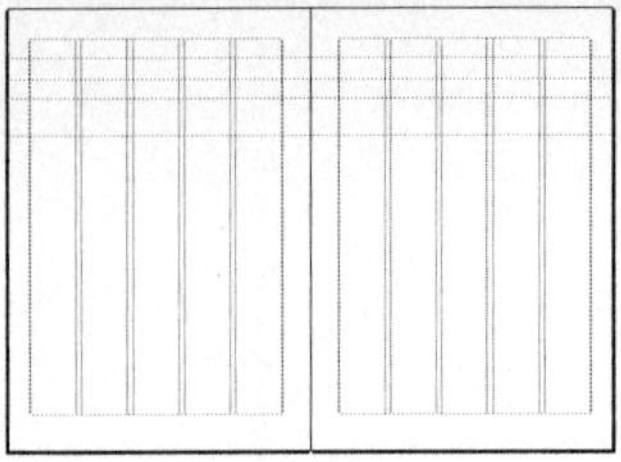

Borland's Schulungszentrum

Angela Remus leitet das Borland Software- und Schulungs-Zentrum

Die Firma Borland hat die Branche immer wieder durch ihre kundenfreundlichen Prinzipien bereichert.

Die Programm-Schulung ist ein logischer Schritt nach dem technischen Service durch Customer Support und Hotline. So gibt es seit April 1989 das hauseigene Schulungszentrum im Lindwurmhof.

Von dieser direkten Verbindung zu Borland profitieren die Schulungsteilnehmer enorm. Sie haben hier die Möglichkeit, Borland-Software aus erster und berufenster Hand kennenzulernen.

Denn wer erfährt schneller von neuen Versionen, Tips & Tricks und Tools als der Hersteller selbst?
Interne Informationen, neue Features und ergänzende Tools werden für den Schulungsbetrieb ausgewertet und aufbereitet.

Die Seminare sind für unterschiedliche Kenntnisstufen angelegt:

- in kleinen Gruppen
- nach Vorkenntnissen abgestuft
- in Workshops
- Intensivtrainings
- speziell für Händler und Systemberater
- Inhouse-Schulungen

Das Schulungs-Programm schickt Ihnen der Customer Support gerne zu.

8

Sales-Broschüre für ein Software-Unternehmen

Fünfspaltiges Layout mit einem Kopf-Register, an dem Fließtexte und Analogie-Bilder «anhängen». Farbbilder als Repros montiert, Illustrationen als grob gerasterte Tiff-Formate gescannt.

Format: 210 x 297

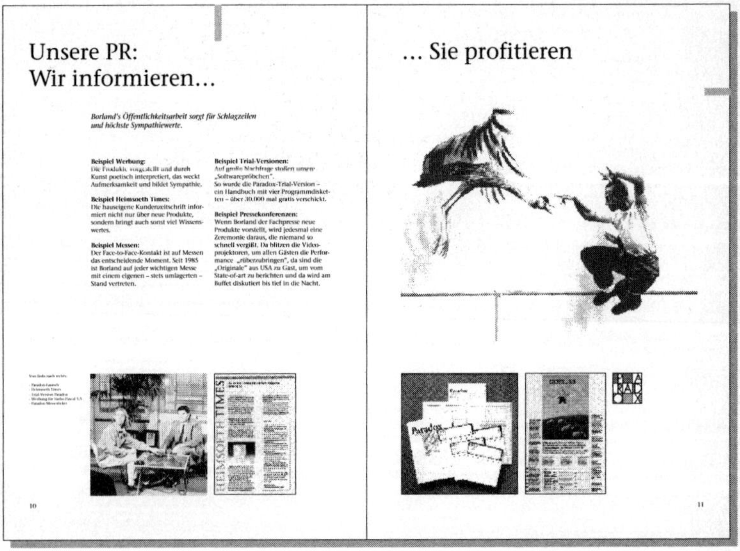

Unsere PR: Wir informieren…

Borland's Öffentlichkeitsarbeit sorgt für Schlagzeilen und höchste Sympathiewerte.

Beispiel Werbung:
Die Produkte vorgestellt und durch Kunst poetisch interpretiert, das weckt Aufmerksamkeit und bildet Sympathie.

Beispiel Heimsoeth Times:
Die hauseigene Kundenzeitschrift informiert nicht nur über neue Produkte, sondern bringt auch sonst viel Wissenswertes.

Beispiel Messen:
Der Face-to-Face-Kontakt ist auf Messen das entscheidende Moment. Seit 1985 ist Borland auf jeder wichtigen Messe mit einem eigenen – stets umlagerten – Stand vertreten.

Beispiel Trial-Versionen:
Auf große Nachfrage stoßen unsere „Softwareprößchen".
So wurde die Paradox-Trial-Version – ein Handbuch mit vier Programmdisketten – über 30.000 mal gratis verschickt.

Beispiel Pressekonferenzen:
Wenn Borland der Fachpresse neue Produkte vorstellt, wird jedesmal eine Zeremonie daraus, die niemand so schnell vergißt. Da blitzen die Videoprojektoren, um allen Gästen die Performance „rüberzubringen", da sind die „Originale" aus USA zu Gast, um vom State-of-art zu berichten und da wird am Buffet diskutiert bis tief in die Nacht.

10

… Sie profitieren

11

Anwender unter sich: Die User Groups

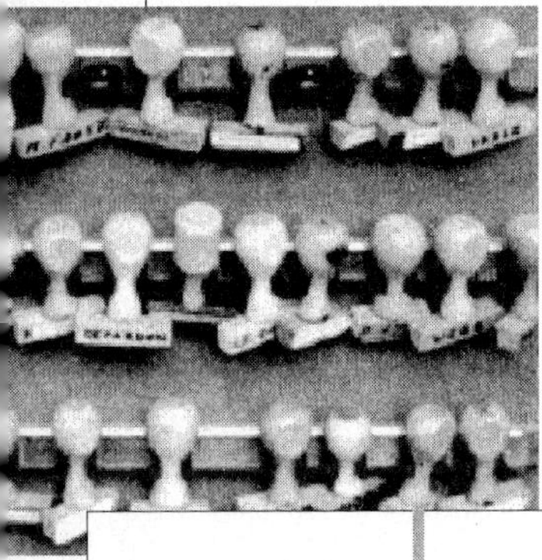

Die Paradox-User-Group

Ein Forum für den Erfahrungsaustausch zum Thema Paradox zwischen Programmierern und Anwendern ist die erste Borland-User-Group.

Die Erfahrungen – von kleinen aber entscheidenden Tricks bis zu fertigen Problemlösungen – werden oft von Kunden gemacht oder angeregt.

Die User Group wird organisatorisch von Borland unterstützt.
Außerdem erhalten die Mitglieder aktuelle Informationen, z.B. über neue Paradox-Versionen, Presseartikel, Tools und Utilities.

Geplant sind die Herausgabe einer Paradox-User-Zeitschrift, Anwender-Meetings und eine Mailbox.

Paradox-Engine für C und Pascal

Die Paradox-Engine ist eine Bibliothek von Funktionen, die dem Pascal- und C-Entwickler die Paradox-Architektur öffnet.
Sie ist das einzige hochentwickelte Programmier-Werkzeug, das eigene Anwendungen mit der Leistungsstärke von Paradox kombinieren kann.

Mit der Engine haben wir eine gemeinsame Basis für alle Borland-Produkte geschaffen. Bisher war die problemlose Zusammenarbeit der Businessprodukte bei Borland durch einen gemeinsamen Datenbestand möglich. Durch die Engine kann jetzt auch von Pascal und C auf diese Basis zugegriffen werden.

Brücke zwischen Sprache und Anwendung

Alle Eigenschaften, die Paradox so beliebt machen, werden transparent an den Programmierer weitergegeben.

Die Engine erlaubt den Zugriff auf Paradox-Datenbanken, sowohl im Einzel- als auch im Mehrplatznutzersystem.

File- und Record-Locking sind ebenso realisiert, wie eine ausgefeilte Password-Technik.

Die Paradox-Engine übernimmt von Paradox die Datenhandhabung und die Mehrbenutzer-Technologie. Sie stellt dem Programmierer ein Application Programming Interface (API) mit über 70 Funktionen zur Verfügung. Diese Funktionen sind in C als eine kompakte Bibliothek und in Pascal als eine Unit realisiert.

Mit der Paradox-Engine haben Anwender und Programmierer die volle Freiheit in der Verwendung von Produkten aus dem Borland-Angebot. Die Konsistenz und Integrität der Daten ist zu jedem Zeitpunkt sichergestellt, egal ob bei Quattro Pro, Paradox oder den Pascal- bzw. C-Anwendungen mit der Paradox-Engine.

26 27

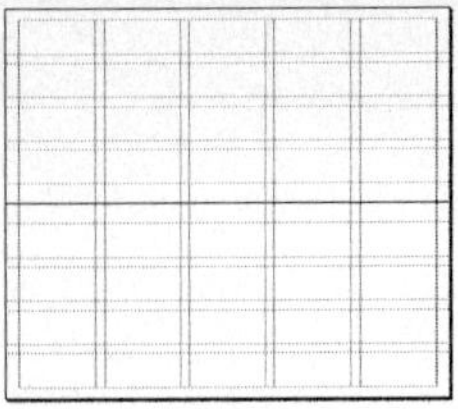

Produkt-Manual für ein Wartemöbel-Programm

Fünfspaltiger Satzspiegel mit einem halb-quadratischen Raster. Prototypen-Abbildungen als gescannte Paint-Formate und Isometrien als PostScript-Zeichnungen.

Format: 256 x 109

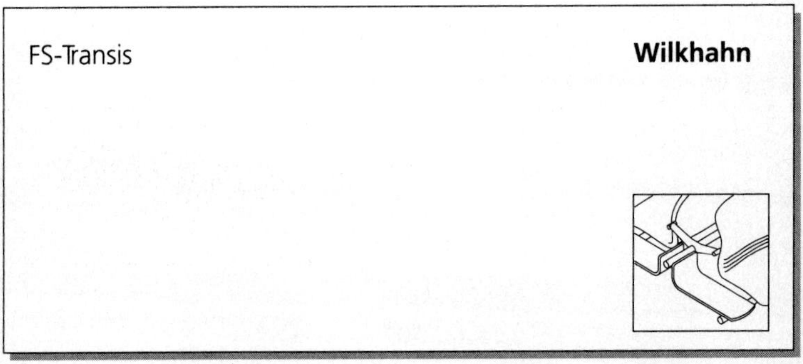

FS-Transis

Wilkhahn

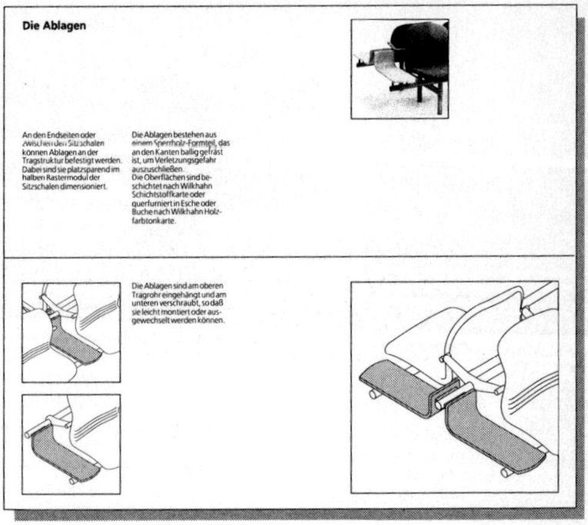

Die Ablagen

An den Endseiten oder zwischen den Sitzschalen können Ablagen an der Tragstruktur befestigt werden. Dabei sind sie platzsparend im halben Rastermodul der Sitzschalen dimensioniert.

Die Ablagen bestehen aus einem Sperrholz-Formteil, das an den Kanten ballig gefräst ist, um Verletzungsgefahr auszuschließen. Die Oberflächen sind beschichtet nach Wilkhahn Schichtstoffkarte oder querfurniert in Esche oder Buche nach Wilkhahn Holzfarbtonkarte.

Die Ablagen sind am oberen Tragrohr eingehängt und am unteren verschraubt, so daß sie leicht montiert oder ausgewechselt werden können.

Die Sitzschale

Die Schalen des Programms FS 217 sind aus Polypropylen gefertigt und in den Farben Pergament, Platin, Schiefer, Graphit und Schwarz lieferbar. Für die Polsterung stehen zwei Ausführungen zur Verfügung. Das Polster als Formschaumteil oder mit umlaufendem Polsterboden und Schafwoll-vliesauflage.

Schalen- und Polsterwechsel

Am unteren Tragrohr ist die Sitzschale in einer Schnappverbindung gesichert. Durch eine Drehbewegung kann sie aus der Halterung im Tragarm gelöst werden.

Die Polster sind durch ein integriertes Klemmprofil abnehmbar mit der Schale verbunden.

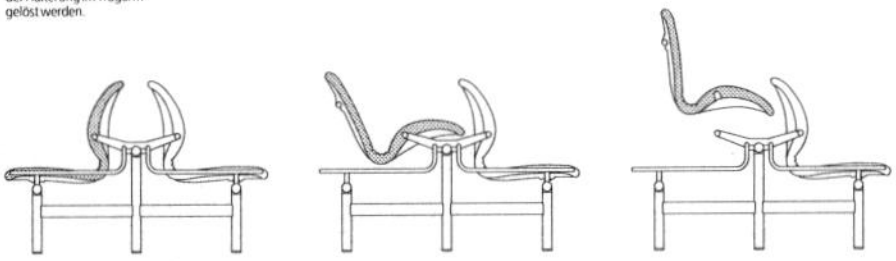

Programm FS-Transis

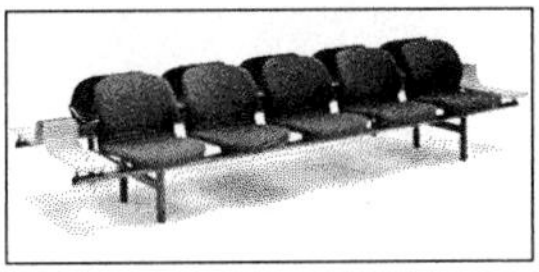

FS-Transis ist ein modulares Wartemöbel-Programm für den öffentlichen Bereich.

Sitzschalen der FS-Linie und Ablagen im halben Rastermodul der Sitze werden in einer Rohrkonstruktion zu Bank-Elementen verbunden. Die Stützstruktur ist so konzipiert, daß sie unterschiedlichen Planungsvorgaben angepaßt werden kann.

FS-Transis mit 10 Sitzplätzen und vier Ablagen

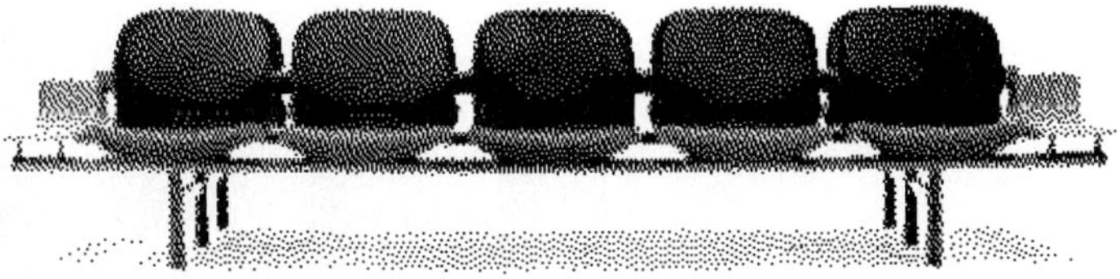

Who is who?

oder die Kunst, ein Stuhl zu sein

Zugegeben: Stühle gibt's wie Sand am Meer. Und Stile fast genauso viele. Warum also noch einen Stuhl, noch dazu einen wie Versal, der so gar nicht lautstark ist im „Hintergrundrauschen" seiner Gattung?

Bei der Entwicklung von Versal stand die Absicht im Vordergrund, ein Sitzmöbel zu schaffen, das bei allem Komfort neutral genug ist, um in den unterschiedlichsten Innenraum-Konzepten verwendet werden zu können. Versal hat den Anspruch, angenehm in der Benutzung und zeitlos in der Gestalt zu sein. Dieser Stuhl ist kein dominierendes Objekt, sondern ein integrierbarer Bestandteil im Besprechungs- oder Konferenzraum.

Seinen Reiz gewinnt Versal im praktischen Umgang und durch seine technisch raffiniert gestalteten Bauteile.

Die Versal-Story

oder was ein Stuhl mit Typografie zu tun hat

Der Name „Versal" ist aus der Typografie entlehnt. Als Versalien werden im Alphabet die Großbuchstaben bezeichnet. Wer Versal genau betrachtet, wird eine formale Verwandtschaft zwischen den Versalien einer klassischen Antiqua-Schrift und dem Erscheinungsbild von Versal entdecken.

Die Konsequenz in der senkrechten und waagerechten Linienführung gibt dem Stuhl eine Kontur, die sich der Architektur des Raumes einfügt. Nur da, wo der Körper der Sitzenden es verlangt, tritt bei Versal das strenge Gestaltungsprinzip zurück.
Das gilt für die leicht nach hinten geneigte, gewölbte Rückenlehne und für die geschwungenen Armlehnen mit ihren weich geformten Übergängen.

Produkt-Manuals für
Konferenz-Programme

Vierspaltiges Layout mit einem quadratischen Raster. Produktfotos als Graustufen-Scans, Illustrationen im Paint-Format und als PostScript-Zeichnungen.

Größe: 210 x 297

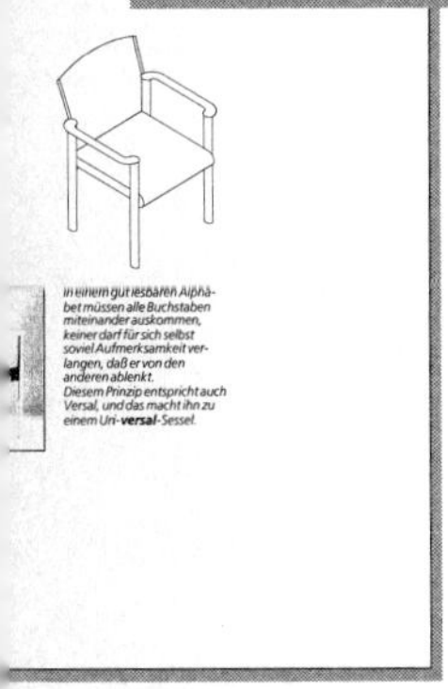

Speicher-Formate
und ihr Transfer durch die Programme

PAINT-Format
Punktorientiertes Grafik-Format, auch als Bitmap bezeichnet. Jedem Bildschirmpunkt (Pixel) wird ein on- oder off-code zugeschrieben, entweder schwarz oder weiß.

Prinzip bei Macintosh ist die weitestgehende Kompatibilität der Programme über ihre Daten-Formate.

Abhängig von der verwendeten Software gibt es bei der Arbeit mit Macintosh verschiedene Speicher- oder Datei-Formate. Viele Programme sind in der Lage, mehrere Formate zu öffnen, erneut zu bearbeiten und im selben oder einem anderen Format zu speichern. So ist es also auch möglich, mit bestimmten Programmen Formate umzuwandeln, wenn es für die Weiterverarbeitung notwendig sein sollte. Nicht selten braucht ein gestalterisches Ergebnis Vorarbeiten in verschiedenen Programmen, wobei die Kompatibilität der Programme untereinander berücksichtigt werden muß.

MacPaint	O/S
SuperPaint	O/S
MacDraw	–
FreeHand	Plaziert und bearbeitet
Illustrator	öffnet als Template
Zing	–
Super 3D	–
ModelShop	–
Draw Over	–
MacVision	S
Cirrus	S
Streamline	–
PhotoShop	O/S
PageMaker	Plaziert
XPress	Plaziert

O : öffnet und bearbeitet
S : speichert

PICT-Format Vektor-Grafik-Format, Zeichnungen werden als mathematische Objekte behandelt. Pict 1 sichert acht Farben, Pict 2 in 8-Bit-Grau- und 32-Bit-Farbtiefe.	**PostScript-Format/EPSF** Komplexe Seitenbeschreibungs-Sprache, die alle Elemente mathematisch als «grafische Gestalt» beschreibt. Encapsulated PostScript «kapselt» punktorientierte Formate in PostScript-Sprache.	**TIFF-Format** Punktorientiertes Standard-Format für Graustufen- oder Farbbilder. Durch unterschiedliche Bit-Tiefe wird definiert, wie viele Graustufen/Farben pro Bildschirmpunkt gespeichert werden.
–	–	–
O/S	S (Illustrator 1.1)	–
O/S	–	–
Plaziert	Plaziert Eps + S	Plaziert + bearbeitet
öffnet als Template	Plaziert Eps + S	–
S	S (Illustrator-Format)	–
öffnet als Hintergrund/S	exportiert EPS-Format	–
S	–	–
O	S (Illustrator-Format)	–
S	S	O/S
S	S	O/S
–	S (eigenes PostScript)	O (1 bit Tiff)
O/S	S	O/S
Plaziert	Plaziert/S (eigenes EPSF)	Plaziert + bearbeitet
Plaziert	Plaziert/S (eigenes EPSF)	Plaziert + bearbeitet

LiteraTour

Otl Aicher: **Typografie.** Berlin: Ernst & Sohn, 1988.

Muriel Cooper: **Computers and Design,** Design Quaterly 142. Massachusetts Institute of Technology, 1989.

Emigre Graphics: **Emigre Magazine.** Berkeley. (Für dieses Magazine entstanden die Schriften von Zuzana Licko)

Villem Flusser: **Schrift.** Göttingen: European Photography, 1987.

EYE: Internationale Fachzeitschrift für Grafik-Design. London: Wordsearch Ltd.

Karl Gerstner: **Kompendium für Alphabeten.** Teufen: Arthur Niggli, 1972.

Edward M. Gottschall: **Typografic Communications Today.** MIT Press Edition, 1989.

April Greiman: **Hybrid Imagery – The fusion of technology and graphic design.** New York: Watson-Guptill Publications, 1990.

Gabriele Günder: **Desktop Design.** Düsseldorf: Publishing Partner, 1988.

Jost Hochuli: **Bücher machen.** München: Deutscher Kunstverlag, 1990.

Jost Hochuli: **Das Detail in der Typografie.** München: Deutscher Kunstverlag, 1990.

Hans-Rudolf Lutz: **Ausbildung in typografischer Gestaltung.** Zürich, 1987.

Andreas Maxbauer: **DTP-Typomaß** und Broschüre. Hannover, 1990. (Vertrieb über Page-Magazin)

Octavo: Zeitschrift für Typografie. Insbes. die Ausgabe 87.4: Wolfgang Weingarts '**How Can One Make Swiss Typographie**'. London: Eight Five Zero, 1987.

Ruedi Rüegg: **Typografische Grundlagen: Gestaltung mit Schrift.** Zürich: Weltwoche-ABC-Verlag, 1989.

Oliver Scotti/avviso: **Typo im Quadrat.** Leverkusen: Agfa Gevaert, 1990.

Erik Spiekermann: **Ursache & Wirkung: Ein typografischer Roman.** Erlangen: Context, 1982.

Erik Spiekermann: **Studentenfutter.** Nürnberg: Context GmbH, 1989.

Anton Stankowski, Karl Duschek: **Visuelle Kommunikation.** Berlin: Reimer, 1989.

tztom Toda: **pro-gram; Processing of graphlc-materials.** Tokio: Graphic-tech World, 1990.

Jon Wozencroft: **The Graphic Language of Neville Brody.** London: Thames and Hudson, 1988.

Index

Begriffe und Programme

Die Autoren

Welcome to Macintosh
oder ein Vorwort von hinten

Wie es Reiseführer so an sich haben, schildern sie die subjektive Erlebniswelt derjenigen, die eine Reise beschreiben. Entweder rundum Informationen über Land und Leute, die wichtigsten Verkehrsverbindungen und kulturelle Highlights…
… oder die vertiefende Beschreibung einer bestimmten Region…
… oder selektive Erkundungen für einen bestimmten Lebensentwurf, beispielsweise aus der Sicht eines Rucksacktouristen, Feinschmeckers oder Tiefseetauchers.

Der MacReiseführer ist ein Erfahrungsbericht über ein Werkzeug unseres täglichen Umgangs als Designer. Ausgehend von einem gestalterischen Anlaß, zeigen wir nicht nur Ergebnisse, sondern beschreiben den Weg – das eigentlich Interessante an jeder Reise – mit den passenden Programmen für den jeweiligen Zweck.

Anna Wagner und Guido Englich sind Industrie Designer und arbeiten seit 1989 im…

MacLab, Büro für Produktentwicklung, Visuelle Kommunikation
Fon 030/861 76 43
Fax 030/861 53 64

MacReiseführer ist gemacht für…
… Einsteiger und Neuankömmlinge im Vielvölkerstaat Mac zur bilderstarken Orientierung durch die unterschiedlichen Programme.
… den routinierten Mac-Maniac zur Vertiefung, Erinnerung oder Auffrischung von Bekanntem und Vergessenem.

Spätestens hier wollen wir den Freunden und Kollegen für Rat und Tips danken sowie den begeisterungsfähigen Mitarbeitern aus der Mac-Branche für ihre Unterstützung:

Burkhard Schmitz + Nick Roericht (SimuLab Ulm)
Bruno Bakalovic + Dominika Hasse (K/PLEX Berlin)
Bernhard Meyer (á go go Berlin)
Krypton Kolbe (BigCity Berlin)
Yuki Guni (Sushi Bar Berlin)
Bernd Aumann (Schwäbisch Gmünd)
Praler + Uwe Arens (Fotografen Berlin)
Gertrud Unger (Apple München)
Stephanie Schmitt (Aldus Hamburg)
Bernd Kelling (Interprom/Adobe München)
Paul Hörbelt (Prisma Hamburg)